ADAC Reiseführer

Italienische Adria

Von Gerd

Intro

Unterwegs

Karten und Pläne

Service

Leserforum

Die Meinung unserer Leserinnen und Leser ist wichtig, daher freuen wir uns von Ihnen zu hören. Wenn Ihnen dieser Reiseführer gefällt, wenn Sie Hinweise zu den Inhalten haben – Ergänzungs- und Verbesserungsvorschläge, Tipps und Korrekturen – dann schreiben Sie uns bitte:

Redaktion ADAC Reiseführer
ADAC Verlag GmbH
81365 München
verlag@adac.de
www.adac.de/reisefuehrer

Italienische Adria Impressionen

Adriatische Versuchungen

Ein sanftes, warmes Meer, goldgelber Sand unter den Füßen, Sonne auf der Haut, magisches Licht, weiche Luft, Süden, Fülle, Weite. Das sind die Attraktionen, die Sommer für Sommer Millionen Badegäste an die **Adriaküste** locken, zu Ausflügen nach Venedig und in das an Kunst reiche Hinterland verführen. Italiens beliebteste Urlaubsküste, den **Regionen** Friuli-Venezia Giulia, Veneto, Emilia Romagna, Marche und Abruzzo zugehörig, ist vielgesichtig, oft bilderbuchschön, eine erstaunliche, unverwechselbare, sensible, noch immer im Werden begriffene Landschaft. Dicht hinter den überfüllten **Stränden** findet man ein Land voller Wunder: stille Seen, Augebiete wie riesige Feuchtbiotope und Vogelparadiese an der Nordküste, **Städte** wie Ravenna, Padua, Ferrara oder Urbino voll von Kunst und Kulturgütern im Nahbereich der Badeorte, mächtige, der Zeit trotzende **Burgen** in San Marino und im Montefeltro und rührende, festungsgleiche **Hügelstädte** in den Regionen Marken und Abruzzen, die tief im Inland zu den Gipfeln, Schluchten und Bergseen des Apennin vordringen. Das große Erlebnis liegt im spannungsgeladenen Nebeneinander von Ferienseligkeit, sensationeller Architektur, tief wurzelnder Geschichte und magischen Landschaften.

Heiteres Meer – endlose Strände

Die Adria ruht sich an der flachen Südwestküste von der Dramaturgie ihrer **Steilküste** im Nordosten aus. Vom italienischen Ufer aus wirkt das *Nebenmeer* des Mittelmeeres sanft, fast schläfrig, wenn es die breiten Sandstrände seiner Küsten bespült, und romantisch, wenn es gegen die weiß-grauen Kalkfelsen im **Golf von Triest**, gegen die Apennin-Ausläufer südlich von Ancona und gegen die schroffen Hänge der **Halbinsel Gargano** im Süden brandet. Doch auch hier ist nichts kleinräumig, das Wasser gurgelt nur selten in Felsbuchten. Manchmal scheint es, als träumten das Meer und seine Küste den Traum der Unauffälligkeit. Der *Tidenhub* ist niedrig, das Meer weithin flach und kinderfreundlich, Wellenbrecher bändigen die Wogen schon im Anrollen.

Nie fand sich die Adria jedoch in ihrem **Nordbecken** mit dem Finale einer Küstenlinie ab, sondern schuf im Kampf mit den mündenden **Alpenflüssen** und ihrem Geschiebe, im Ringen von Salzwasser gegen Süßwasser, die bizarre

Landschaft einer teils wachsenden, teils versunkenen Welt. Nun ist der Saum des **Veneto** und die Küste der nördlichen **Emilia Romagna**, halb Wasser, halb Land, grün und blau, zerrissen, durchlöchert wie Häkelspitze. Kanäle und **Lagunen**, winzige Inselchen, dünnhäutig, wie aus dem Meer ausgetrieben, werden bei Flut unsichtbar und die gras- und schilfgesäumten **Fischtäler** *(Valli)* bei Grado, Caorle, in der südlichen Laguna Veneta und bei Comacchio bringen unvergleichliche Eindrücke.

Nur an der Küste der südlichen Romagna, der Marken und Abruzzen, bekommt das helle, pastellfarbene Meer kräftigere Nuancen, und sein kompakter, hier fast inselloser Küstensaum erhält durch den gebirgigen Hintergrund ein ernsteres Profil. Überall sprüht jedoch das Licht, und alles ist geradlinig: die

Unten links: *Fruchtbare Landschaften, wohl bestellt und wie gemalt, trennen die Hügelstadt Fermo vom Meer*
Oben: *Geschichte und Geschichten nisteten sich in den wehrhaften Mauern der Altstadt von Vasto ein*
Unten: *Kein Raum für Träume von Einsamkeit am Strand von Cattolica*

Strände mit den exakt ausgerichteten Sonnenschirmen und Liegen, die überaus dicht stehenden *Hotelzeilen*, die in den *Häfen* aufgereihten Boote, die peniblen Pfahlreihen der Muschelzuchten, die gespannten Netze der Fischer, und selbst die Flugenten ziehen in der Morgendämmerung eine akkurate Bahn über die Lagunen. Die Regionen **Molise** mit Termoli und den Tremitischen Inseln und **Apulien** *(Puglia)* mit dem Stiefelsporn des Gargano-Massivs bilden den kontrastreichen, felsigen Abschluss der besprochenen Küstengebiete.

Die touristischen **Sommerorte**, allen voran die beinah legendären Bäder Jesolo, Lignano, Caorle, Grado, Milano Marittima, Cesenatico, Rimini und Cattolica, auf *Massenerholung* eingerichtet, muss man als solche begreifen. Längst haben sie sich von ihren Gründerstädten abgenabelt und eine neue, eigenständige, rationelle, oft uniforme **Vitalität** geschaffen. Ihre Hotels stehen mit den Zehen im Sand, allzuoft trennen sie jedoch breite Straßen vom Meer. Dem tagträumerischen **Badeleben** an den bis 200 m breiten feinen Sandstränden, die jedem Gast dennoch nur eine winzige Parzelle zugestehen, und den schier grenzenlosen **Sport- und Freizeitmöglichkeiten** steht ein lautes, buntes Après-Angebot gegenüber, das lange, schrille Nächte füllt. Doch nur wenige Kilometer vom Trubel entfernt ist das amphibische Land an der **oberen Adria** wieder still, das an der **unteren Adria** bukolisch und rustikal.

Oben: *Spätgotisches Fresko im Oratorio di San Giovanni von Urbino*
Unten: *Hoch über dem Marecchiatal drängen sich die Dächer Verucchios*
Oben rechts: *Viel bewunderte Kunst aus Byzanz – goldgrundiges Apsismosaik in Ravennas Basilica di San Vitale*
Unten rechts: *Ein Straßenmaler schmückt die Piazza della Madonna von Loreto*

Barfuß im Wasser: Venedig, die Königin der Adria

Venedig wuchs vom Beginn des 9. Jh. an aus dem Nichts, aus dem **Meer**. Es wurde auf eingedeichten Böden, auf in Schlick gerammten *Holzstämmen*, auf winzigen, in Ebbe und Flut driftenden *Inseln* erbaut. Die Möglichkeiten der ersten Bewohner waren eingeschränkt, sie konnten entweder Fischer, Schiffsbauer oder Kauffahrer werden. Doch dieses zähe, fleißige, listige, macht- und geldlüsterne Volk machte aus der schwimmenden Plattform, die ihm die Adria bot, das faszinierendste **Freilichtmuseum** der Welt. Basilica di San Marco, Palazzo Ducale, die prächtigen Gelöbnis- und Grablegekirchen, die 200 grandiosen Paläste am **Canal Grande**, wunderbare Bauten voll venezianischer Eigenart und voller orientalischer Inspirationen, entstanden aus den Gewinnen des **Seehandels**.

Noch heute feiert Venedig die *Festa della Sensa* als Erinnerung an jenen Himmelfahrtstag des Jahres 1177, als *Doge Sebastiano Ziani* von seinem Prunkschiff aus einen goldenen Ring in das Adriawasser warf, um die Stadt symbolisch mit dem Meer zu vermählen. Ohne das Meer wäre Venedig nie geworden, was es ist, würde es nicht alljährlich 17 Mio. Besucher anlocken. Über das Meer kamen *Luxusgüter* zuhauf, die ausgespähten Geheimnisse orientalischer Kunsthandwerker und viele erbeutete, geraubte und manchmal auch gekaufte *Kunstschätze*, die mit unglaublicher Ästhetik in venezianische Bauten eingefügt wurden, als wären sie hier entstanden.

Erst nach dem Verlust der **Weltmachtstellung** im 15./16. Jh. verspürten die Venezianer Lust auf ihre *Gegenwelt*, auf festen Boden, Hügel, Gärten, Bäume, Weite.

Auf der bereits längst eroberten **Terra ferma**, dem venezianischen Festlandbesitz, von den Toren Mailands bis Istrien und von den Alpen bis Chioggia, ließen sie ihre heute noch von Adriaurlaubern so viel bewunderten palastartigen **Landgüter** bauen. Und so, wie sich die Venezianer den Traum vom zeitweiligen Leben auf dem Festland erfüllten, nahmen ab der Mitte des 19. Jh. die fern des Meeres lebenden **Touristen** die endlosen Adriastrände in Sommerbesitz. In Grado, Caorle, Rimini, Riccione und Cattolica wurde der *Grundstein* für die Eroberung der Küste gelegt, die, ganz dem Badetourismus hingegeben, zwischen Oktober und Mai unendlich verlassen und einsam wirkt.

Kultur mit tiefen Wurzeln

Griechen, Etrusker, Veneter und Römer gründeten die ersten **Städte** am Küstensaum. Sie erstrahlten einst im augusteischen Glanz, gingen jedoch im Ansturm der Völkerwanderer unter. Nur in **Ravennas** Mausoleo di Galla Placidia zeigte das sterbende *Westrom* im 5. Jh. noch einmal herrliche Mosaikkunst, ehe sich der Stil von *Byzanz* durchsetzte, der die ravennatischen Kirchen im 6. Jh. mit seinen goldgrundigen Mosaiken schmückte. Ein kunsthistorischer Bogen spannt sich von den schönsten Bauwerken der **Romanik**, der Basilika von Grado, dem Dom von Aquileia und der Abbazia di Pomposa, bis

Oben links: *Lust auf Genuss weckt der Fischmarkt von Chioggia*
Oben rechts: *Leonardo da Vinci plante den Hafenkanal von Cesenatico, die bunten Boote verleihen ihm noch heute Charme und heitere Harmonie*
Unten: *Weiße Würfelhäuser geben Peschici am Monte Gargano ein orientalisches Flair*
Rechts: *Mußestunden im berühmten Caffè Florian an der Piazza San Marco in Venedig*

zur **Gotik**. Diese manifestierte sich, sieht man von den Mischstilen wie bei der Basilica di Sant'Antonio in Padua und den Kathedralen von Triest und Ancona ab, vorwiegend in Venedigs prunkvollen *Palästen*.

Ab dem 13. Jh. zog **Venedig** alle Macht und Aufmerksamkeit, die großen *Bau-*

meister und *Maler* an. Nur Giotto di Bondones Fresken in der **Cappella degli Scrovegni** von Padua bildeten einen Glanzpunkt abseits der Serenissima, in der 100 Jahre später Jacopo Bellini und Andrea Mantegna die typisch **venezianische Malerei** begründeten. Deren berühmteste Vertreter Giovanni Bellini, Giorgione, Tizian, Tintoretto, Paolo Veronese und Giovanni Battista Tiepolo füllten Kirchen, Paläste und später herrliche Museen wie Venedigs Gallerie dell'Accademia mit ihren Werken.

Am umfassendsten prägte die **Renaissance** die Kunst der Region. Venedig gab sich ihr mit der Architektenfamilie Lombardo, mit Mauro Codussi, Jacopo Sansovino und Andrea Palladio – ausgehend von der Frührenaissancekirche *Santa Maria dei Miracoli* – voll und ganz hin. Ferrara, Rimini, Pesaro und Urbino folgten mit Palästen und z. T. unvollendeten Kirchen. Der Überschwang des *Barock* hingegen konnte sich in Venedig und den Küstenstädten nie wirklich durchsetzen. Venedigs mächtige Paläste pendelten denn auch eigenwillig zwischen Barock und Klassik. Bald darauf endete das große Bauen, nur Triest mit seinen Jugendstilpalästen setzte neue Akzente.

Die Städte am Küstensaum sind zwar viel älter als Venedig, doch die ›Königin der Adria‹ ist noch immer der beste Ausgangspunkt, um dieses Meer, diese Küste, dieses Hinterland kennen zu lernen.

Der Reiseführer

Dieser Band stellt die **Urlaubsregion Adria** in 11 Kapiteln vor. Die Autorin beschreibt die Städte, Strände und Landschaften von **Venedig** aus. Die folgenden zwei Abschnitte stellen die Lagunen- und Karstküste bis **Triest** dar. Brenta und **Po-Delta** sind Ausgangspunkte für die nach Süden führende Beschreibung der übrigen Kapitel. **Übersichtskarten** und **Stadtpläne** erleichtern die Orientierung. Die **Top Tipps** bieten Empfehlungen zu Sehenswürdigkeiten, Restaurants, Hotels etc. Den Besichtigungspunkten sind jeweils **Praktische Hinweise** mit Tourismusbüros sowie Hotel- und Restaurantadressen angegliedert. **Italienische Adria aktuell A bis Z** bietet Nützliches von Informationen vor Reiseantritt über Essen und Trinken bis zu Verkehrsmitteln. Hinzu kommt ein umfassender **Sprachführer**. Ein **Kaleidoskop** von Kurzessays zu interessanten Adria-Themen rundet den Reiseführer ab.

Geschichte, Kunst, Kultur im Überblick

Von heiß umkämpften Küstenmächten zum heiß geliebten Ferienparadies

ab 5000 v. Chr. Lockere Besiedlung durch verschiedene Völkerstämme im gesamten Adriaraum.

um 2000 v. Chr. Auf den Hügeln von Istrien und Friaul entstehen die ersten durch Ringwälle geschützten Dörfer (Castellieri).

2000–1800 v. Chr. Die bronzezeitliche Terramare-Kultur (durch Wälle und Gräben geschützte Rundhäuser auf Pfählen) breitet sich im Adriaraum aus.

um 1000 v. Chr. Friedliche illyrische Veneter, Pferdezüchter und Händler, besiedeln die Po-Ebene und die nördliche Adriaküste. Ihre Hauptzentren sind Este und Padua.

1000–900 v. Chr. In den Regionen Abruzzen und Marken entfaltet sich die Piceno-Kultur (Nekropole in Petrarca).

um 900 v. Chr. Einwanderer bringen die Villanova-Kultur, benannt nach dem bedeutendsten archäologischen Fundort bei Bologna, in die Romagna.

ab 600 v. Chr. Vorstoß der kulturell hoch stehenden Etrusker aus Latium und der Toskana bis an die romagnolische Adriaküste. Ravenna, Rimini und das später versunkene Spina werden ihre Hafenorte.

510 v. Chr. Vertreibung der etruskischen Könige aus Rom. Beginn der römischen Republik.

400–383 v. Chr. Keltische Stämme fallen in Oberitalien ein und plündern 386 Rom. Niedergang des Etruskerreiches.

350–250 v. Chr. Rom erstarkt und dehnt seine Macht immer weiter aus, seit dem Jahr 272 auch auf alle Gebiete südlich der Poebene.

Etruskische Schönheit. Fresko-Porträt auf einem Grabmal nahe Orvieto

220–18 v. Chr. Gallia Cisalpina (das Po-Gebiet) wird römische Provinz. Über die neue Via Flaminia von Rom nach Rimini und die Via Aemilia nach Piacenza werden Krieger, Sklaven, Beutegüter und Handelswaren transportiert.

181 v. Chr. Römer gründen Aquileia als Vorposten gegen die Kelten und unterwerfen Istrien. Die ›Regio Venetia et Histria‹ mit Zentrum Aquileia entsteht.

um 115 v. Chr. Zwischen den neuen Römerstädten Mediolanum (Mailand), Ticinum (Pavia), Aquileia und Tergeste (Triest) entsteht ein Netz von Handelsstraßen. Im Land breitet sich Wohlstand aus.

49 v. Chr. Gaius Julius Caesar, Statthalter der im Jahr 89 in das Reich eingegliederten Provinz Gallia Cisalpina, entfesselt im Kampf gegen Pompeius den zweiten römischen Bürgerkrieg, aus dem er als Alleinherrscher hervorgeht. Seine Ermordung im Jahr 44 bedeutet das Ende der römischen Republik und den Beginn der Kaiserzeit.

30 v. Chr. Kaiser Augustus verkündet die ›Pax romana‹. Seine Friedenspolitik lässt die Städte erblühen. Foren, Tempel, Villen und Theater werden gebaut. Roms Adriaflotte ankert in den Häfen von Ravenna, Aquileia, Gradate (Grado) und Ariminum (Rimini).

1.–4. Jh. n. Chr. Christenverfolgung. Sie wird 313 durch das Toleranzedikt von Mailand beendet und die ersten Kirchen entstehen.

395 Das Römische Reich zerfällt in Westrom (Hauptstadt Mailand) und Ostrom (Hauptstadt Konstantinopel). Italiens Adriaküste fällt vorerst an Westrom.

ab 402 Plündernd ziehen die Westgoten unter Alarich durch das Land.

410 Kaiser Honorius verlegt seine Residenz von Mailand nach Ravenna. Die Stadt blüht auf. Es entstehen grandiose frühchristliche Mosaikzyklen.

452 Attilas Hunnen brechen in den nördlichen Adriaraum ein. Flucht der Bevölkerung in die Lagune.

476 Das Weströmische Reich ist am Ende. Der Heruler Odoaker setzt Kaiser Romulus Augustulus ab und begründet die erste germanische Herrschaft in Italien.

493 Der gotische Heerkönig Theoderich rückt vom Balkan vor, besiegt Odoaker und errichtet das Ostgotenreich mit Residenzen in Ravenna, Pavia und Verona. In Ravenna entstehen wiederum prachtvolle byzantinische Mosaiken.

536–572 Justinian, Kaiser von Byzanz, versucht in einer gewaltigen Kraftanstrengung ›Roma aeterna‹ wieder herzustellen. Ganz Italien wird oströmische Provinz, doch das Land kommt nicht zur Ruhe. Langobarden überschreiten 568 die Alpen und errichten ein von kämpferischen Herzögen verwaltetes Königreich.

638 Die Bevölkerung Venetiens leidet unter den Langobarden, die Inseln werden zum Refugium. Um die bereits früher erbauten Kirchen entstehen Siedlungen.

697 In Eraclea, nordöstlich von Venedig, residiert der erste Dux (Herzog, später Doge).

756 Frankenkönig Pippin III. besiegt die Langobarden und unterstellt Ravenna und den Küstenstrich zwischen Rimini und Ancona dem Papst (Pippinsche Schenkung). Diese Gebiete sind Teil des kommenden Kirchenstaats.

774 Karl der Große erobert das Langobardenreich und dehnt die Herrschaft der Franken auf ganz Norditalien (bis Chieti) aus. Nur Venedig bleibt vorerst ausgespart.

Erste Besiedlung der Lagune. Fantasievedute (16. Jh.)

809–811 Franken fallen in Venetien ein, zerstören die Küstenorte und dringen in die Lagune vor. Byzanz kommt den Seevenetern zu Hilfe. Der Doge Agnello Partecipazio verlegt den Regierungssitz nach Rialto. Venedig entsteht.

812 Byzanz erkennt im Frieden von Aachen das Kaisertum Karls d. Gr. an und erhält im Gegenzug Seevenetien zurück.

Mitglieder des Großen Rats verlassen den Palazzo Ducale über die Scala dei Giganti (16. Jh.)

1000 Der Norden Italiens gehört nun zum Römischen (deutschen) Reich. Rom ist die Residenz des Kirchenstaates, der für Jahrhunderte die Adriaküste der Romagna und der Marken einschließt. Venedig, nun beinahe unabhängig von Byzanz, sichert sich durch militärische Interventionen an der istrischen und dalmatinischen Küste die Vorherrschaft in der Adria.

1075 Höhepunkt des Investiturstreites zwischen Kaiser und Papst, dem 1077 die Aussöhnung folgt (Gang Heinrichs IV. nach Canossa).

1133 Normannen bringen die Region Abruzzen unter ihre Kontrolle und gliedern sie dem Königreich Sizilien (später Neapel) an. Die Eingliederung bleibt 700 Jahre bestehen.

1172 In Venedig wird der Große Rat gebildet, der die Adelsherrschaft des Stadtstaates bis zum Ende der Republik sichert.

1204 Kreuzfahrer unter Führung des Dogen Enrico Dandolo erobern Konstantinopel. Raub von Kunstschätzen zum Nutzen Venedigs. Die ersten veneto-byzantinischen Paläste entstehen.

ab 1212 Beginn des Streits zwischen papsttreuen Guelfen, die den Städten mehr Unabhängigkeit zubilligen, und den Ghibellinen, die eine kaiserliche Universalherrschaft anstreben.

ab 1250 Bildung von Stadt- und Fürstenstaaten im politisch zerrissenen Italien. Condottieri und Feudalherren lösen die republikanische Verfassung auf und gründen erbliche ›Signorie‹.

1378–81 Der Kampf der Seemächte um die Vormachtstellung auf den Meeren endet im Chioggia-Krieg mit einem Sieg Venedigs über Genua.

1382 Triest sucht bei Österreich Schutz vor venezianischen Angriffen und begibt sich in eine Jahrhunderte dauernde Abhängigkeit.

1404–35 Venedig verstärkt seine Präsenz auf der Terra ferma (Festland). Der venezianische Staat erreicht um die Mitte des 15. Jh. seine größte Ausdehnung vom Po bis zu den Alpen.

ab 1440 In Venedig, Ferrara, Ancona und Urbino entstehen prächtige Renaissancepaläste.

ab 1450 Die Künstlerfamilie Bellini (Jacopo, Gentile und Giovanni) prägt den typisch venezianischen Malstil.

1453 Die Türken erobern Konstantinopel. Venedig wird vom Fernhandel abgeschnitten.

1481 Venedig okkupiert das Land im Delta del Po.

1492–98 Christoph Kolumbus entdeckt Amerika, Vasco da Gama findet den Seeweg nach Ostindien. Die Adria verliert zunehmend an Bedeutung, Venedig büßt seine Vormachtstellung ein.

1505 Venedig gibt dem Kirchenstaat die Besitzungen in der Romagna zurück, mit Ausnahme von Rimini und Faenza.

1508 In der Liga von Cambrai verbünden sich Frankreich, Deutschland und Spanien mit Papst Julius II. gegen Venedig. Venedig muss Gebietsverluste auf der Terra ferma hinnehmen.

ab 1510 Das ›Goldene Zeitalter‹ der venezianischen Kunst bricht an: Die Maler Vittore Carpaccio, Tizian, Tintoretto, Palma il Vecchio, Lorenzo Lotto, Paolo Veronese und die Baumeister Pietro Lombardo, Andrea Palladio, Jacopo Sansovino und Baldassare Longhena sind in Venedig tätig.

1571 Sieg der Heiligen Liga (Kirchenstaat, Venedig, Spanien) in der Seeschlacht von Lepanto über die Türken.

1707 Die Region Abruzzen kommt als Teil des Königreiches Neapel an Österreich.

1718 Venedig verliert seinen gesamten Kolonialbesitz (Griechenland und die griechischen Inseln), erlebt aber dennoch eine letzte künstlerische Blüte.

1748 Alle Besitzungen rund um Venedig fallen an Österreich.

1796–1805 Napoleons Truppen fallen in Norditalien ein und besetzen 1797 Venedig. Der letzte Doge Lodovico Manin dankt ab. Wechselnde französisch-österreichische Besatzung.

1814/15 Der Wiener Kongress beschließt die Wiederherstellung des unter Napoleon aufgelösten Kirchenstaates. Venedig, Venetien, Friaul und die Lombardei fallen an Österreich.

ab 1843 In Rimini und Venedig (1857) nimmt der Adriatourismus mit ersten Strandbädern seinen Anfang.

1849–71 Die nationale Einigung Italiens, das Risorgimento, beginnt. 1861 erfolgt die Proklamation des Königreiches Italien. Im Krieg mit Österreich 1866 gewinnt Italien Venedig, die Region Veneto und den westlichen Teil Friauls zurück. 1871 ist die Einigung vorerst abgeschlossen, Rom ist Hauptstadt, und nur Triest und die Küste bis Grado bleiben unter der Kontrolle Österreichs.

1915 Italien tritt gegen Deutschland und Österreich-Ungarn in den Ersten Weltkrieg ein. Am unteren Isonzo finden schwere Kämpfe statt.

1919 Ende der Habsburgermonarchie. Triest und Istrien (1920) fallen an Italien.

1922 Benito Mussolini übernimmt die Staatsgewalt in Italien.

1940 Italien tritt in den Zweiten Weltkrieg ein.

1945–47 Im Friedensvertrag von Paris tritt Italien

Istrien an Jugoslawien ab. Triest wird Freistaat unter alliierter Oberaufsicht.

1955 Einsetzen des großen Touristenbooms in den adriatischen Küstenorten.

1964 Schaffung der Autonomen Region Friuli-Venezia Giulia.

1966 Schwere Hochwasserkatastrophe in Venedig.

2000 Parco Le Navi, Europas größter Meerpark, wird bei Cattolica eröffnet.

2001 Im November ruft die Regierung den Notstand in Venedig aus, Schäden an der Bausubstanz und häufige Überschwemmungen (etwa 80 pro Jahr) bedrohen die Existenz der Stadt.

2003 Auf der Laguneninsel San Giuliano eröffnet der größte städtische Park Europas. Das Großprojekt ›Mose‹ soll mit der Erhöhung der Mole und Barrieren an den Laguneneinfahrten effektiven Hochwasserschutz für Venedig bringen.

2004 Im November wird das 1996 abgebrannte und nun wieder hergestellte Gran Teatro La Fenice in Venedig mit Giuseppe Verdis ›La Traviata‹ feierlich neu eröffnet.

2005 Bei den Kommunalwahlen im April erleiden die an der Regierungskoalition Silvio Berlusconis beteiligten Parteien eine verheerende Niederlage. Nur in Venetien und in der Lombardei behalten sie die Mehrheit.

2006 Die Parlamentswahlen im April gewinnt das Mitte-Links-Bündnis l'Unione mit Romano Prodi, der als neuer Ministerpräsident Silvio Berlusconi nach dessen fünfjähriger Regierung ablöst.

2007 Nach schweren Ausschreitungen am Rande eines Fußballspiels auf Sizilien, bei denen ein Polizist stirbt, werden mehrere italienische Fußballstadien vorübergehend für Besucher gesperrt, darunter jene von Triest und Pescara.

Acqua alta – Hochwasser auf der Piazzetta von Venedig, 1966

Pomp am Ende des 19. Jh.: Hotel Excelsior am Lido

Venedigs Kleinod
Santa Maria della Salute

Unterwegs

Venedig – Schatzhaus im Wasser

Venedig ist eine beispiellose Erfolgsgeschichte in Stein, das kompakteste **Museum** der Welt, der bedeutendste Bauplatz für Paläste. Ihre Lage im Wasser, in dem sich die Pracht der Stadt spiegelt, macht sie unvergleichlich. Auf der touristischen Weltkarte steht die einstige ›**Serenissima**‹ der Dogen oben-an. Still, voll dekadentem Charme im Winter, überfüllt im *Karneval*, der Jahr für Jahr aufs Neue fasziniert durch seine geheimnisvollen Maskeraden, und ächzend zwischen Frühling und Herbst unter dem Gedränge und Geschiebe ihrer Besucher, ist die **Lagunenstadt** dennoch der beste Ausgangspunkt für Reisen längs der Adriaküsten.

1 Venedig

Plan Seite 20

Die kostbarsten ›Sestieri‹ (Stadtsechstel) der Erde. Tausend Jahre Arbeit für Konservatoren.

Das alte römische Reich war schon untergegangen, als sich im 5./6. Jh. die ersten Flüchtlinge aus Venetien auf den *Laguneninseln* niederließen. Der 25. März 421, als **Gründungsdatum** Venedigs festgelegt, ist allerdings eine Fiktion. Die Inselsiedlungen auf Malamocco, Torcello und Burano, ab 533 dem byzantinischen Exarchat von Ravenna unterstellt, mussten erst ihren politischen Mittelpunkt finden. 697 wurde Paoluccio Anafesto zum ersten **Dux** (Doge) mit Sitz in Eraclea ernannt. 742 verlegte man den Dogensitz auf die Insel Malamocco, und erst 810/811 regierte der 11. Doge, Agnello Partecipazio, von der neuen Residenz **Rialto** (lat. Rivus altus, hohes Ufer) aus. Nun erst konnte sich aus dem Schlick, auf Millionen in die Mergelschicht eingerammten Baumstämmen, das spätere Venedig entwickeln.

Das erste *Dogenkastell*, die ersten Holzhäuser wurden gebaut, der erste Heilige, Theodor mit dem Krokodil, erkoren, jedoch schon 828 gegen die in Alexandria entführten Reliquien des **hl. Markus** ausgetauscht. San Marco wurde zum Stadtpatron, sein Wappentier, der geflügelte *Löwe*, zum Wahrzeichen der Stadt.

Beflügelt war auch ihr Aufstieg: Rasch wurde sie zum Warenumschlagplatz zwischen Orient und Okzident, zum **Handelsplatz** von Holz, Sklaven, Seide aus China, Klingen aus Damaskus, Gewürzen aus Indien, Flachs, Leinen und Edelsteinen aus Ägypten. Byzanz und Reichs-

Welch ein Eingangstor für eine Stadt! Die Piazzetta verbindet Palazzo Ducale und Libreria, Meer und Land, Vergangenheit und Gegenwart, Natur und Baukunst ▷

italien räumten venezianischen Kaufleuten große Privilegien ein. Durch militärische Erfolge dehnte der Stadtstaat um 1000 seine Macht über die östliche Adriaküste aus.

Im 12./13. Jh. kam es zu einer Neudefinition der Republiksverfassung. Die Wahl und Kontrolle des ursprünglich vom Volk gewählten Dogen erfolgte nun durch den mächtigen **Maggior Consiglio** (Großer Rat), dem ab 1297 nur noch Mitglieder der 287 im *Goldenen Buch* verzeichneten Adelsfamilien angehören durften. Die Regierung der *Republik San Marco* bestand aus dem Kollegium des Dogen und sechs Beratern, aus dem Großen Rat als gesetzgebender Autorität und aus dem **Senat** als regierendem Parlament. Später wurde sie um die **Quarantia** (Gerichtshof) und den **Consiglio dei Dieci** (Rat der Zehn) ergänzt.

1204 zogen die Venezianer im 4. Kreuzzug gegen Konstantinopel und legten die Hauptstadt der einstigen Schutzmacht in Schutt und Asche, stürzten die byzantinische Dynastie und setzten das lateinische Kaisertum ein. Venedig gewann 3/8 des Byzantinischen Reiches, sowie Kreta und die Kykladen und damit den Status einer **Großmacht**. Ein Status, der durch den Sieg über die Seemacht Genua 1378 bei Chioggia noch gefestigt wurde.

Im 14. Jh. erreichte der Stadtstaat den Gipfel seines Glanzes und erweiterte nach 1400 sein Machtgebiet auf der Terra ferma, dem Festland. Padua, Vicenza, Verona, Bergamo und Brescia wurden eingegliedert. Gleichzeitig avancierte Venedig zu einem **Zentrum der Künste**. Die Familien Bellini und Vivarini begründeten den Ruhm der venezianischen Malerei.

Doch bald erwies sich, dass die Macht der Lagunenstadt nicht unantastbar war. Im Osten drangen die Türken immer weiter in die Interessensphären Venedigs ein. 1453 fiel Konstantinopel in ihre Hand. Durch die **Entdeckungen** von Christoph Kolumbus und Vasco da Gama verlor Venedig Ende des 15. Jh. die führende Rolle auf den Meeren an Spanien, Portugal, England und die Niederlande. Auf dem Festland verbündeten sich 1508 in der Liga von Cambrai der deutsche Kaiser

Maximilian I., Papst Julius II., Frankreichs König Louis XII. und Spaniens Oberhaupt Ferdinand von Aragon gegen Venedig, und die Serenissima büßte einige Gebiete ein.

Trotz allem blühte die Kunst in der Lagunenstadt: Tizian, Giorgione, später Tintoretto, Lorenzo Lotto und Paolo Veronese malten geradezu wie besessen. Mit dem Bildhauer Pietro Lombardo und seinen Söhnen hatte gegen Ende des 15. Jh. die Frührenaissance Einzug gehalten. Im 16. Jh., der Epoche der Hochrenaissance, bestimmte Jacopo Sansovino Architektur und Bildhauerkunst. Gleichzeitig investierten Venezianer nun verstärkt in die Terra ferma, in jene palastartigen **Landgüter**, die Andrea Palladio so meisterhaft entwarf.

Es folgte eine politisch glücklose Periode. Die Auseinandersetzungen mit dem Papst eskalierten, der Handel ging zurück, die Pest forderte 50 000 Opfer, und die Türken griffen an. Venedig verlor im 18. Jh. den gesamten Kolonialbesitz und damit den Großmachtstatus. Trotz allem schwang sich die Stadt noch einmal zur künstlerischen Blüte auf. Antonio Canaletto, Francesco Guardi, Giambattista Tiepolo und sein Sohn Giandomenico gaben ihr den letzten Glanz.

1797 drang **Napoleon** in die Stadt ein, und der letzte Doge *Lodovico Manin* dankte ab. Die Republik war kurzzeitig französisch, dann österreichisch, dann wiederum französisch und fiel 1815 an das habsburgische Königreich Lombardo-Venetien, ehe sie 1866 Teil des Königreichs Italien wurde.

Im 20. Jh. schuf man festländische **Industriezonen** in Mestre und Marghera, die zur Abwanderung großer Bevölkerungsteile aus dem *Centro Storico* führten. Die Fahrrinnen für Schiffe wurden erheblich vertieft und dem Boden damit große Grundwassermengen entzogen. Dadurch sank er immer schneller ab, und die Kanäle wurden zu Aufmarschstraßen für die Adriafluten. 1966 kam es zu einer schrecklichen **Hochwasserkatastrophe**.

Innenhof des Palazzo Ducale mit Blick auf den Repräsentationsbau des Arco Foscari (links) und die Scala dei Giganti, den Aufgang zum imposanten Ostflügel (rechts)

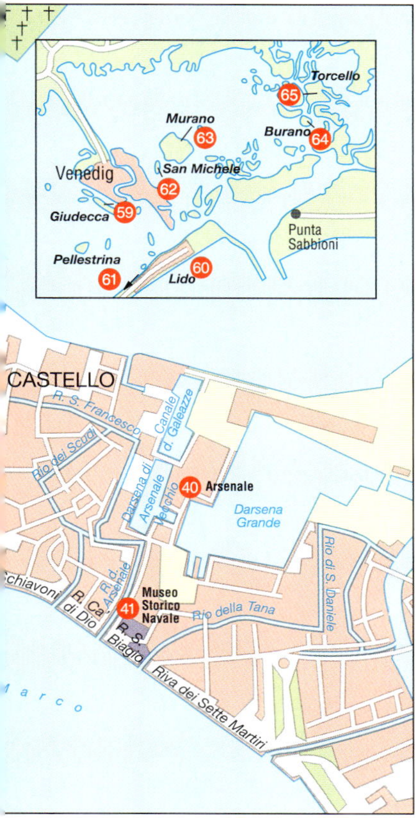

Schutzmaßnahmen wurden seither nur teilweise realisiert, nun soll das Großprojekt ›Mose‹ durch Erhöhung der Mole und durch Barrieren vor den Laguneneinfahrten endlich das Problem der immer häufiger auftretenden *Acqua alta* lösen.

Piazzetta und Piazza San Marco

Schöner könnte der Eintritt in eine Stadt kaum sein: Vieles spricht dafür, den ersten Rundgang an der zum Meer hin offenen **Piazzetta San Marco** 1, die in die Piazza San Marco übergeht, zu beginnen. Die beiden **Säulen** am Molo, *Colonna di Marco* und *Colonna di Todaro*, ließ Doge Sebastiano Ziani 1172 aufstellen. Sie verdeutlichen Weltläufigkeit: Die Monolithe stammen aus Tyrus, der geflügelte Löwe aus Persien, die Marmorstatue des hl. Theodor auf dem Krokodil ist in Teilen römischer Herkunft. Obwohl die Säulen wie ein freundliches Eingangstor wirken, ist ihre Geschichte eher blutrünstig, denn zwischen ihnen befand sich bis ins 16. Jh. der Richtplatz.

TOP TIPP

Palazzo Ducale 2

Die monumentale Westfassade des Palazzo Ducale (Dogenpalast, Tel. 04 15 20 90 70 oder 04 12 71 59 11, www.museicivicivene ziani.it, April–Okt. tgl. 9–19, Nov.–März tgl. 9–17 Uhr, letzter Einlass 1 Std. vor Schließung, gemeinsame *Museum-Card* für die vier Museen der Piazza San Marco) nimmt die gesamte Länge der Piazzetta ein. Eine erste befestigte *Wohnburg* des Dogen Agnello Partecipazio stand hier schon im Jahr 812. Nachfolger gaben mehrere Umbauten in Auftrag, doch in der stets von Mord und Verschwörung knisternden Atmosphäre war ihr Dogat oft kürzer als erwünscht. Größere Vorhaben wurden nicht zu Ende gebracht, so manche Ansätze gingen in Flammen auf.

Der heutige Palast, auf einem gewaltigen Rost aus Baumstämmen und Stein erbaut, blickt auf eine lange Bauzeit (1340–1550) zurück. Zuerst entstand der zum Bacino di San Marco hin ausgerichtete **Südflügel**. Stämmig wirken die Erdgeschosssäulen mit ihren überreich gearbeiteten Kapitellen, zierlich die *Loggia* darüber mit ihren Dreipassbogen. Ihre schlanken in Kleeblattrosetten endenden Säulen scheinen die ganze Last des massigen Oberbaus zu tragen, dessen Schwere durch ein rautenförmiges Marmormuster, durch gotische Bogenfenster, eine reich verzierte kostbare Mittelloge und durch zinnenähnlichen morgenländischen Zierrat aufgelockert wird.

Der zur Piazzetta gewandte **Westflügel** wurde ab 1424 in der gleichen gotischen Form errichtet, während der 100 m lange **Ostflügel** am Rio del Palazzo, nach einem Brand ab 1483 erneuert, bereits den Einfluss der Frührenaissance zeigt.

Würdevolle Gotik schmückt die von der Piazzetta ausgehende **Porta della Carta**. Durch das Prunktor, das Giovanni und Bartolomeo Bon 1438–42 schufen, betreten Besucher das Palastareal. Im Innenhof befindet sich das **Museo dell' Opera** (Museum der Bauhütte) mit Architekturteilen des originalen Fassadenschmucks, die aufgrund der starken Umweltbelastung in Sicherheit gebracht wurden. Die schöne Sammlung leitet in den *Cortile del Palazzo* über, dem die ab 1483 von Antonio Rizzo dekorativ im Renaissancestil gestaltete Hoffassade Feierlichkeit und Würde verleiht. Ein besonderer Blickfang ist die 1491 vollendete **Scala dei Giganti** (Treppe der Giganten) mit Jacopo Sansovinos Skulpturen Mars und Neptun, Symbolen der Macht zu Wasser und zu Lande.

Fotogen von außen, traurig von innen. Über die Seufzerbrücke führte der direkte Weg ins Staatsgefängnis

Die **Scala d' Oro** (1577), eine von Jacopo Sansovino entworfene überreich mit vergoldetem Stuck geschmückte Treppe, führt zunächst in das 1. Obergeschoss mit dem **Apartamento del Doge**, in dem Gemälde von Giovanni Bellini, Tizian etc. zu sehen sind, und dann weiter ins 2. Obergeschoss mit seiner Flucht prächtig ausgestatteter ehem. *Amts-* und *Repräsentationsräume*. Viele der Dekorationen, ursprünglich von Guariento, Antonio Vivarini, Giovanni Bellini, Vittore Carpaccio und Tizian geschaffen, fielen Bränden zum Opfer und wurden von Jacopo Robusti, dem einst Tizian den Namen *Tintoretto* (Färberchen) gab, und von *Paolo Veronese* erneuert. Das große Thema der Malereien ist die ›Verherrlichung Venedigs‹, die glanzvolle Selbstdarstellung der Republik.

Auf den **Atrio Quadrato** mit einem Deckengemälde Tintorettos von 1561–64 folgt die nach Plänen von Andrea Palladio gestaltete **Sala delle Quattro Porte**. Tizian begann 1550 das Bild des knienden Dogen Antonio Grimani an der Eingangswand (Mitte), vollendet hat es Marco Vecellio. In der anschließenden kleineren **Sala dell'Anticollegio** warteten die ausländischen Gesandten auf eine Audienz. Ihnen wurde Macht und Reichtum Venedigs im mythologischen Bildprogramm demonstriert. So steht Tintorettos ›Vermählung des Bacchus mit Ariadne‹ symbolhaft für die Vermählung Venedigs mit dem Meer. Eindrucksvoll ist auch Paolo Veroneses ›Raub der Europa‹. Die **Sala del Collegio**, Empfangssaal des Staatsrats für allerhöchste Besucher, besticht durch die Wandbilder Tintorettos und den prächtigen Zusammenklang des geschnitzten, vergoldeten *Soffitto* (Kasset-

Das Spiel von Licht und Schatten auf Tintorettos Paradies-Gemälde (nach 1588) an der Stirnwand der Sala del Maggior Consiglio suggeriert den Eindruck ständiger Bewegung

tendecke) mit den Deckenbildern von Paolo Veronese (ab 1575). In der **Sala del Senato**, dem Senatssaal, entschied man einst unter Tintorettos Bild ›Venedig als Herrin der Meere‹ über wichtige Angelegenheiten wie Krieg und Frieden.

Auf der anderen Seite der Scala d'Oro befinden sich die Räume des *Consiglio dei Dieci*. Diese seit 1310 bestehende Verfassungsschutzbehörde umgab sich mit allen Schrecken einer geheimen Macht. Angeklagte nahmen in der **Sala degli Inquisitori** (Folter erlaubt) unter Tintorettos Deckengemälde ›Der verlorene Sohn‹ Aufstellung, sie warteten in der **Sala della Bussola** auf Hochverratsurteile, die in der **Sala del Consiglio dei Dieci** im goldstrotzenden Ambiente unter Paolo Veroneses Deckengemälde ›Zeus schleudert seine Blitze gegen die Laster‹ (Kopie) ausgesprochen wurden.

Im Südflügel des 1. Obergeschosses (Zugang über die Scala dei Censori) liegt die 1350 m^2 große **Sala del Maggior Consiglio**, der Saal des Großen Rates. Von der ursprünglichen Ausmalung konnten nach dem Brand von 1577 nur Teile vom ›Paradies‹ des Guariento gerettet werden (Sala del Guariento). Die Neuausschmückung erfolgte ab 1578. Zur Ausstattung gehören Wandgemälde mit historischen Themen und Tintorettos berühmtes ›**Paradies**‹. Das größte Ölgemälde der Welt (22 x 7 m) bevölkern 500 Figuren. Bemerkenswert ist auch ein Fries mit Dogenbildnissen – das Bild des enthaupteten Marino Falier ist geschwärzt. Darüber erhebt sich der prachtvolle **Soffitto** mit Veroneses ›Apotheose Venedigs‹, ein kongenialer Rahmen für die Ratssitzungen! Nicht weniger von Venedigs Größe umschmeichelt, traf man im Ambiente von Seeschlachten und Siegen (Tintorettos ›Einnahme von Zara‹) in der **Sala dello Scrutinio** die Vorbereitungen zu Dogenwahlen.

Vom Loggiengeschoss des Palazzo Ducale gelangt man zum frühbarocken **Ponte dei Sospiri** (Seufzerbrücke, 1603), der den Palast mit den **Prigioni Nuove,** dem im 16. Jh. entstandenen Gefängnis, verbindet. Über die Brücke gingen die Verurteilten entweder zur Hinrichtung, wie Casanova in die *Piombi* (Bleikammern) unter dem Dach oder zu den *Pozzi* (Brunnen), den feuchten Zellen auf Wasserniveau. Auch die alten Verhör- und Folterkammern können heute im Rahmen der *Itinerari Segreti* (Geheimrundgänge) besichtigt werden.

Libreria Sansoviniana 3

Die **Renaissance-Fassade** der Libreria rahmt die Westseite der Piazzetta. Der 1536 von Jacopo Sansovino begonnene, 1588 von Vincenzo Scamozzi vollendete Bau ist leicht, luftig, verspielt, durch Dekorationsplastik aufgelockert – Schauarchitektur in Vollendung. Die den Bogen vorgesetzten Säulen geben der Arkaden-

Von den teuersten Caffè-Sesseln Venedigs die Fassade der Basilica di San Marco betrachten und den Touristenstrom vorbeiziehen lassen – gibt es Genüsslicheres?

wand Tiefe, Plastizität und ein bewegliches Schattenspiel. Die Bibliothek ist ein Meilenstein im Wandel von gotisch-venezianischen Bauformen zur Renaissance. Ihr mächtiges Mittelportal, das karyatidengerahmte Treppenhaus, die **Antisala** mit Tizians ›Weisheit‹ an der Decke und die **Sala Dorata** (Goldener Saal) mit Medaillons berühmter venezianischer Maler in der Deckenwölbung zeigen sich prunkvoll. Im Bibliotheksbau, der heute auch Sansovinos **Zecca** (Münze) an der Wasserfront einschließt, sind die **Biblioteca Nazionale Marciana** (Piazzetta San Marco 7, Tel. 04 12 40 72 11, www. marciana.venezia. sbn.it) und das **Museo Archeologico Nazionale** (Tel. 04 15 22 59 78, www.artive. arti.beniculturali.it, beide April–Okt. tgl. 9–19, Nov.– März tgl. 9–17 Uhr), eine wertvolle Antikensammlung, untergebracht. Das Museum, die Sali Monumentali der Bibliothek und das Museo Correr können vom Eingang in der Ala Napoleonica (s. u.) aus gemeinsam besichtigt werden.

An der Nahtstelle von Piazzetta und Piazza San Marco steht der 98 m hohe **Campanile di San Marco** 4 (Tel. 04 15 22 40 64, April–Juni, Sept., Okt. tgl. 9–19, Juli, Aug. tgl. 9–21, Nov.–März tgl. 9.30–16.15 Uhr). Auffallend ist der Kontrast seiner Backsteinfarbe zum Blütenweiß des arkadenverzierten Glockengeschosses. Seine Baugeschichte begann im Jahr 890, sie war von Unglücksfällen gezeichnet. Zuletzt stürzte im Sommer 1902 der Campanile infolge von Gewitterstürmen ein. Zwei Jahre später war er wieder aufgebaut und der schier unverzichtbare Ausblick von der Glockenstube wieder möglich.

Der einstürzende Koloss ruinierte auch die Triumpharchitektur von Jacopo Sansovinos **Loggetta** 5 (1537–49) zu seinen Füßen. Die Wiederherstellung der schönen ›Wandelhalle der Patrizier‹ erfolgte jedoch sehr sorgfältig unter Verwendung der Originalteile, selbst die ›Venezia‹ im Relief der Attikazone sitzt wieder auf ihrem Löwenthron.

Caffè Florian an der Piazza San Marco: eine lebende Legende, ein historischer Ort für meditative Untätigkeit, ein Platz zum Träumen, Sehen und Gesehenwerden

Weltweit gilt die **Piazza San Marco** 6 als eines der schönsten Platzensembles. Sie wird gerahmt von den lang gestreckten Arkadenbauten der **Procuratie** 7, den nördlichen Procuratie Vecchie (1512 erneuert), den südlichen Procuratie Nuove (1583–1640) und der beide verbindenden **Ala Napoleonica** 8 (1810), die Napoleon erdachte. Von den Procuratie aus wurden einst die Prachtbauten und andere Immobilien des Staates verwaltet. Sammlungen zur Stadtgeschichte, Arbeiten des Bildhauers Antonio Canova und eine wunderbare Bildergalerie zeigt das **Museo Correr** (Piazza San Marco, Eingang Ala Napoleonica, Tel. 04 15 20 90 70 oder 04 12 40 52 11, www.museicivicivenezianí.it, April–Okt. tgl. 9–19, Nov.–März tgl. 9–17 Uhr).

Auf der Piazza ist alles Geschichte, selbst die berühmten **Caffè Florian**, **Caffè Quadri** [s. S. 40] und *Gran Lavena*, Nachfahren des ersten, 1683 unter den Neuen Prokuratien eröffneten Kaffeehauses.

TOP TIPP Basilica di San Marco 9

Die Mitte Venedigs, gleichzeitig Kirche des historischen Staatskults und Nationalheiligtum, ist die Basilica di San Marco (www.basilicasanmarco.it, Tel. 04 15 22 52 05, Kirche und Museo Marciano April–Okt. Mo–Sa 9.45–17, So 14–16 Uhr, Nov.–März Mo–Sa 9.45–16, So 14–16 Uhr, Pala d'Oro und Tesoro wie oben, jedoch So 14–17 bzw. 13–17 Uhr). Seit dem 9. Jh. dreht sich ihre *Baugeschichte* um die Reliquien des hl. Markus. Die erste Markuskirche (829–836) brannte 976 nieder, die zweite (976–1000) riss man aus Eitelkeit ab. Die *dritte Kirche* wurde 1063 nach dem Vorbild von Justinians Apostelkirche in Konstantinopel errichtet. Dieser Bau über kreuzförmigem Grundriss blieb im Kern bis heute erhalten einschließlich seiner fünf Kuppeln, den ›Abbildern des Himmels‹.

Ein *Mosaik* aus dem 13. Jh. über der **Porta Sant'Alippio** (links außen) zeigt, wie die Kirche damals aussah: die Kuppeln überhöht, die zweistöckige, mosaikgeschmückte Schauseite noch ganz ohne gotischen Zierrat. Später mischten sich die Stile: Die Säulen sind antik, viele Kapitelle byzantinisch, viele Reliefs veneto-byzantinisch. Romanik prägt die überreich gearbeiteten Tornischen und die **Porta dei Fiori** an der Nordfassade. Die *Gotik* steuerte Statuen, vergoldete Türmchen und Giebelspitzen bei.

Die zweistöckige **Hauptfassade** gliedern fünf tiefe Portalnischen mit Mosaiken im Tympanon – darüber eine Galerie und fünf mosaikverzierte Blendbogen. Die fantastischen **Bronzepferde** (4.–3. Jh. v. Chr.), in Konstantinopel erbeutet, standen seit dem 13. Jh. über dem Hauptportal, ehe sie Napoleon raubte. Im 19. Jh. zurückgebracht, wurden sie inzwischen durch Kopien ersetzt. Die Originale befinden sich im Museo Marciano. Andere venezianische Beutestücke außerhalb der Basilika sind: die **Pietra del Bando**, ein Säulenstumpf aus Porphyr an der Südwestecke, die **Pilastri Acritani** mit herrlichem Reliefschmuck (1256 in Acri erbeutet) und die weltberühmten rätselhaften Porphyrfiguren der **Tetrarchen** im Bereich der Südfassade.

Den Kirchenraum betritt man durch das byzantinische Hauptportal und die mosaikgeschmückte **Vorhalle** (1177 kniete hier Kaiser Friedrich Barbarossa vor dem Papst). Im 13. Jh. entstanden die schönen Kuppelmosaiken mit Darstellungen des Alten Testaments. Das Innere wirkt aufgrund der kuppeltragenden Pfeiler und Säulenarkaden dreischiffig. Der Anblick erscheint höhlenhaft, geheimnisvoll, im Dämmerlicht fast düster. Alle Kuppeln, die dazwischen liegenden Tonnengewölbe und die oberen Wandabschnitte sind mit prächtigen **Goldmosaiken** auf einer Gesamtfläche von 4000 m² bedeckt. Diese überwältigende Bilderwelt entstand im 12. Jh. und wurde bis ins 18. Jh. immer wieder ergänzt und erneuert. Über den Darstellungen von Aposteln, Engeln und den Heiligenlegenden in der Wandzone steigen die **Kuppelmosaiken** in den himmlischen Bereich auf. Vom Eingang aus folgen Pfingstkuppel, Himmelfahrtskuppel und die Kuppel im Chorbereich mit dem ›Segnenden Christus‹ aufeinander. In der Kuppel des linken Querschiffs ist das Leben Johannes d. Ev., im rechten Querschiff sind vier Heilige dargestellt.

Aus der Überfülle der Ausstattung ragt der **Hauptaltarbereich** heraus: Prachtvoll gearbeitet ist die *Ikonostasis* mit dem

Markus, der entwendete, verlorene, geheimnisvoll wieder gefundene Evangelist

Die Entführung des Evangelisten

Groß war die Begeisterung der Venezianer, als die Tribunen Rusticus und Bonus 828 die Reliquien des San Marco an Land brachten. Einfallsreich ist die Geschichte, wie sie die Gebeine des **Evangelisten Markus**, im Reisekorb, mit Schweinefleisch bedeckt, aus dem sarazenischen Alexandria schmuggelten. Mosaiken in der **Basilica di San Marco** und Gemälde Tintorettos in der Accademia [s. S. 30] erzählen die Geschichte dieser ›Translatio Sancti Marci‹. Die Reliquien waren Anlass zum Bau der ersten Markuskirche (829–836). Sie brannte 976 vollständig ab, und die Gebeine des Staatspatrons gingen verloren.

Ihr Verlust wurde nie eingestanden und blieb folglich ohne Einfluss auf die glänzende Ausweitung des **Markus-Kultes**. Erst beim dritten Neubau der Markuskirche stellte man fest, dass die heiligen Reliquien nicht mehr auffindbar waren. Doge Vitale Falier (1084–96) und die hohe Geistlichkeit beteten um das Wunder der Wiederfindung. Und siehe da, die Erde bebte, das Mauerwerk eines Kirchenpfeilers öffnete sich und gab die Reliquien frei. Am **Inventio Sancti Marci** (Fest der Wiederfindung), wie sie auf einem Mosaik in der Basilika dargestellt wird, nahm auch der deutsche Kaiser Heinrich IV. teil. Erneut wurden die Reliquien an einem geheimen Ort verborgen. Denjenigen, die die Existenz der Reliquien bezweifelten, beschwor Doge Andrea Dandolo Mitte des 14. Jh.: »Glaubt einem, der es gesehen hat, denn er weiß, dass es die Wahrheit ist«.

Im Namen des Evangelisten, unter dem Markusbanner, wurden Luxuswaren, Raubgut und Sklaven importiert, und Kriege geführt. Während die **Republik** immer mächtiger wurde, gingen die Reliquien noch einmal für Jahrhunderte verloren. Erst in napoleonischer Zeit wurden sie in der **Krypta** der Basilika wieder gefunden und 1835 unter dem **Hauptaltar** der Kirche beigesetzt.

Blick in das Mittelschiff der Basilica di San Marco. Der lückenlose Goldgrund der Mosaiken geht in das Gold der Pala d'Oro hinter dem Hauptaltar über

figurentragenden Säulenaufbau von Jacobello und Pierpaolo dalle Massegne (1394–1404). Szenen aus der Markusgeschichte zeigen die *Bronzereliefs* von Jacopo Sansovino an den seitlichen Sängertribünen. Der **Hochaltar**, in dem die heiligen Reliquien aufbewahrt werden, wurde im 19. Jh. aus alten Teilen zusammengesetzt. Alles dies überstrahlt jedoch die kostbare **Pala d' Oro**, ein 1,40 x 3,45 m großer Altaraufsatz aus Gold und Silber mit herrlichen Emailbildern und reichem Edelsteinschmuck (10.–14. Jh.). Der dem Palazzo Ducale zugewandte **Tesoro** (Schatzkammer) bewahrt Kostbarkeiten aus Byzanz und 110 Reliquienbehälter einer großen Heiligenschar. Das **Museo Marciano** (Aufgang durch die Vorhalle, tgl. 9.45–16.45 Uhr) zeigt neben den echten *Bronzepferden* der Hauptfassade byzantinische Skulpturen und Gobelins.

Das volkstümliche Wahrzeichen der Piazza San Marco ist der Uhrturm **Torre dell'Orologio** 10 (Tel. 04 15 20 90 70, www.museicivicivenezia ni.it, tgl. 12–16 Uhr, Besucher müssen mind. 12 Jahre alt sein), der nach Entwürfen Mauro Codussis 1496–99 errichtet wurde. Das Renaissance-Ensemble mit Kunstuhr, Madonnenstatue, dem geflügelten Löwen vor einem stilisierten Sternenhimmel und den beiden, den Stundentakt hämmernden bronzenen ›Mori‹ auf dem Dach markiert den Beginn der eleganten Einkaufsstraße Merceria dell' Orologio.

Wasserreise am Canal Grande

Kostbarer wurden Ufer nie bebaut: Venedigs reiche Patrizier schufen sich an der Schleife des einstigen Flusslaufes der Brenta ihre wasserreiche 3,8 km lange Via triumphalis. Sie bauten Palazzi, die sie Casa oder Ca' nannten, mit Warenlagern im Erdgeschoss und Repräsentationsräumen im *Piano Nobile*. Vom Piazzale Roma (Parkplatz) bis zur Chiesa Santa Maria della Salute fährt man mit den Linienbooten *(Vaporetti)* durch ein Bilderbuch der venezianischen Baugeschichte. Hier einige Glanzpunkte:

Die Kuppel der kleinen Kirche **San Simeone Piccolo** 11 (18. Jh.), die so gerne dem römischen Pantheon ähneln würde, und die **Chiesa degli Scalzi** 12 (17. Jh.), Baldassare Longhenas Spätwerk (Fassade von Giuseppe Sardi), leiten zum Ensemble von **San Geremia** 13 mit Carlo Corbellinis Kuppelkirche (18. Jh.), dem uralten Campanile (12. Jh.) und dem *Palazzo*

Labia (Tel. 041 78 11 11, zzt. wegen Renovierung geschl.) an der Mündung des Cannaregio-Kanals über. Tiepolo malte im zweigeschossigen Ballsaal des Palazzo theatralische Szenen aus dem Leben der Kleopatra. Fremdartig wirkt der **Fondaco dei Turchi** 14 (Handelshaus der Türken) im byzantinisch-venezianischen Mischstil (13. Jh.) am rechten Ufer. Ehemals im Besitz der Herzöge von Ferrara, wurde der Palast 1621 vom Staat an türkische Kaufleute vermietet. Diplomatie und Raffinesse waren im Spiel: Man wollte die feindlichen Händler im Auge behalten. 1880 rekonstruiert und um die Fassadentürme ergänzt, ist der Fondaco heute Sitz des **Museo Civico di Storia Naturale** (Tel. 041 275 02 06, Di–Fr 9–13, Sa, So 10–16 Uhr) mit Aquarium und Dinosauriersaal. Gegenüber steht der **Palazzo Vendramin-Calergi** 15, ein schönes Beispiel venezianischer Frührenaissance, das Mauro Codussi 1481 begann und Tullio Lombardo 1509 vollendete. Richard Wagner starb in diesem Palast am 13. Februar 1883, heute ist hier das **Casino Municipale di Venezia** untergebracht.

Am jenseitigen Ufer lasse man die Augen an den barocken Fassaden des Palazzo Belloni-Battagia (17. Jh.) und an der preisgekrönten Fassade der barocken Chiesa **San Stae** 16 entlanggleiten. Nur mehr sehr geringe Freskenreste erinnern am linksufrigen **Palazzo Barbarigo** 17 an die Fassadenmalereien, die Venedigs Palazzi im 16. Jh. so unvergleichlich machten. Der Feuchtigkeit sind auch die Fresken des benachbarten *Palazzo Gussoni-Grimani della Vida* zum Opfer gefallen, den einst Tintoretto bemalte. Fast zu gewaltig steht die von Baldassare Longhena konzipierte, von Antonio Gaspari 1710 fertig gestellte, 2003 restaurierte **Ca' Pesaro**, heute **Galleria Internazionale d'Arte Moderna** 18 (Tel. 041 524 06 95, www.museicivicivenezianі.it, April–Okt. Di–So 10–18 Uhr, Nov.–März 10–17 Uhr), am gegenüber liegenden Ufer. Die lebendig gegliederte Fassade mit den Doppelsäulen über einem Sockelgeschoss aus Diamantquadern findet sich, nur wenig abgewandelt, im benachbarten **Palazzo Corner della Regina** 19 wieder. In seinem Vorgängerbau wurde tatsächlich eine spätere Königin geboren: 1468 heiratete Caterina Cornaro 15-jährig (per procura) den zypriotischen König. Venedig entließ die erklärte ›Tochter der Republik‹ listig, mit einem Notariatsakt als Morgengabe, der den König verpflichtete, falls er ohne Erben bliebe, Caterina das Königreich zu schenken. Der König starb sehr plötzlich, Caterina erbte und wurde veranlasst, zugunsten der Serenissima abzudanken.

Welch ein Unterschied zum kraftstrotzenden Palazzo Pesaro ist die **Ca' d'Oro** 20 gegenüber. Das ›Goldene Haus‹ prä-

Dogenmacht, gepaart mit Reichtum, Geschmack und Kunstverstand, ließ vor mehr als einem Halbjahrtausend die Ca' d'Oro, den schönsten Palast venezianischer Gotik entstehen

Unzählige venezianische Romanzen hat er schon erlebt – der Ponte di Rialto zieht mit seinem Flair und seinen eleganten Geschäften noch heute Liebhaber zu Tausenden an

sentiert sich als Venedigs zierlichster, zugleich architektonisch reichster spätgotischer Palast mit ehemals vergoldeter Fassade. In einem ›Spitzenmuster aus Stein‹ mit verschwenderischem Maßwerk, mit graziösen Spitzbogen und Rosettenfeldern ließ sich *Marino Contarini* 1420–40 von Giovanni und Bartolomeo Bon seinen Palast bauen. Heute ist hier die TOP TIPP **Galleria Giorgio Franchetti** (Calle di Ca' d'Oro, Cannaregio, Tel. 04 15 20 03 45, Mo 8.15–14, Di–So 8.15–19.15 Uhr) untergebracht. Die ursprüngliche Privatsammlung zeigt flämische Wandteppiche, Skulpturen, edle Gemälde und die Reste der abgenommenen Fresken Tizians und Giorgiones vom Fondaco dei Tedeschi. Ferner besitzt sie *Glanzstücke* wie Tizians berühmte ›Venus mit dem Spiegel‹ und Andrea Mantegnas ›Hl. Sebastian‹.

Um Fisch und Meeresfrüchte dreht sich alles im neogotischen Bau der **Pescheria** 21 (Fischmarkt) gegenüber. Der Markt für Obst und Gemüse befindet sich in der *Erberia*. Am linken Ufer fallen die schlanken Säulen der **Ca' da Mosto** 22 (13. Jh.) ins Auge. Alvise da Mosto lebte hier, ehe er auszog, in portugiesischen Diensten Heinrich des Seefahrers den Senegal und die Kapverden zu entdecken. Damals stand auch schon der **Fondaco dei Tedeschi** 23, der deutsche Handelshof. Als er 1505 abbrannte, schmückten Giorgione und der junge Tizian den Neubau – heute Hauptpostamt – mit Fassadenfresken.

Elegant wölbt sich der **Ponte di Rialto** 24 über den Kanal. Eine erste Holzbrücke war schon 1252 entstanden. 1588–91 erbaute Antonio da Ponte die heute noch bestehende Brücke mit dem graziös geschwungenen Marmorbogen und den beiden Ladenzeilen. Ihrem gewaltigen Schub dient der **Palazzo dei Camerlenghi**, ein Frührenaissancebau, als Gegengewicht.

Hinter Jacopo Sansovinos Fassade ist im **Palazzo Dolfin Manin** 25 die Banca d'Italia eingezogen. In den nun folgenden **Palazzi Loredan-Corner** und **Farsetti-Dandolo** 26 ist das Rathaus untergebracht. Beide Bauten gehen auf das 13. Jh. zurück, wurden jedoch später mehrfach verändert. Michele Sanmicheli entwarf 1484 den kraftvollen und schweren **Palazzo Grimani** 27. Leichter und heiterer wirken dagegen die Renaissancefassade des **Palazzo Corner-Spinelli** 28 von Mauro Codussi und der elegante **Palazzo Contarini delle Figure** 29, der beinah mit den **Palazzi Mocenigo** verbunden ist. Als Gast der Mocenigo schrieb hier George Byron 1818 seinen ›Don Juan‹.

An der **Volta del Canal** (Kanalbiegung), wo sich die Ziellinie für die Regata Storica befindet, steht neben dem Palazzo Balbi die schöne spätgotische **Ca' Foscari** 30 (15. Jh.), heute Sitz der *Universität*. Der Doge Francesco Foscari hatte sich einen Palast gewünscht, der alle anderen überragen sollte.

Der strenge, klassizistische, nur durch venezianische Rundbogen aufgelockerte **Palazzo Grassi** 31 (18. Jh.), heute für große Kunstausstellungen genutzt, war der letzte große Palastbau am Canal Grande. Architekt Giorgio Massari bewahrte ein würdevolles Maß. Das hielt ihn jedoch nicht davon ab, die **Ca' Rezzonico** 32 gegenüber nach langem Baustillstand im Barockstil – nach dem Entwurf Baldassare Longhenas – zu vollenden. Die Rezzonico, durch Geld und einen Papst in der Familie geadelt, machten den Palast in der 2. Hälfte des 18. Jh. zum kulturellen Mittelpunkt der Stadt. Die prunkvollen Festsäle (Deckengemälde von Tiepolo) beherbergen das **Museo del Settecento Veneziano** (Tel. 04 12 41 01 00, www.museiciviciveneziani.it, April–Okt. Mi–Mo 10–18 Uhr, Nov.–März Mi–Mo 10–17 Uhr). In dieser Gemäldegalerie des 18. Jh. hängen Veduten von Francesco Guardi und Canaletto, Gemälde von Giambattista Tiepolo und Pietro Longhi.

TOP TIPP

Napoleon bestimmte die Profanierung des uralten Klosterensembles **Santa Maria della Carità**, seit 1817 Sitz der **Gallerie dell' Accademia** 33 (www.gallerieaccademia.org, Tel. 041 52 22 247, Ticket-Reservierung Tel. 04 15 20 03 45, Mo 8.15–14, Di–So 8.15–19.15 Uhr). In den 24 um Innenhöfe gruppierten Sälen ist die kostbarste Sammlung Venedigs zu sehen. Sie beginnt mit Werken von Paolo und Lorenzo Veneziano im 14. Jh. und setzt in kleineren, intimeren Sälen Bilder von Giovanni Bellini (Pala aus der Kirche San Giobbe), Andrea Mantegna (›Hl. Georg‹), Giorgione (›Das Gewitter‹), Cosmè Tura (›Madonna‹), Lorenzo Lotto (›Bildnis eines Edelmannes‹) und Tizian (›Johannes d. T.‹) ins richtige Licht.

Große Säle bekamen Paolo Veroneses meisterhaftes ›Gastmahl im Hause des Levi‹ (1573), Tizians im Todesjahr gemalte ›Pietà‹ (1576), Tintorettos ›Entführung des

Atemberaubender Flug – Tintoretto inszenierte 1548 mit dem ›Wunder des hl. Markus‹ (Gallerie dell'Accademia) die Errettung eines zur Folter verurteilten Sklaven durch den Evangelisten

Auf vielen Venedig-Veduten bildet die grandiose Votivkirche Santa Maria della Salute einen herausragenden Blickpunkt. Im Hintergrund die Insel Giudecca mit ›Il Redentore‹

hl. Markus aus Alexandria‹ (1566) und die großformatigen Bilder von Bernardo Strozzi und Giambattista Tiepolo (17. und 18. Jh.). Weitere Bildwerke des 16.–18. Jh. und Arbeiten aus der Scuola San Giovanni Evangelista und der Scuola di Sant' Orsola (Bilderzyklus ›Legende der hl. Ursula‹) befinden sich in den Gängen des Konventtraktes und in kleineren Sälen.

Der Palazzo Contarini dal Zaffo leitet über zum **Palazzo Venier dei Leoni** 34. Peggy Guggenheim, die millionenschwere exzentrische Erbin und Sammlerin avantgardistischer Kunst lebte hier 1949–79. Großartig sind die Bestände der **Collezione Peggy Guggenheim** (www.guggenheim-venice.it, Tel. 04 12 40 54 11, Mi–Mo 10–18 Uhr): Gemälde, Skulpturen, Objekte der klassischen Moderne von Künstlern wie Picasso, Chagall, Matisse, Klee, Kandinsky, Moore und Giacometti. Der **Palazzo Corner** 35 gegenüber, auch *Ca' Grande* genannt, den Jacopo Sansovino 1537 im Stil der venezianischen Hochrenaissance errichtete, ist heute Sitz der Stadtpräfektur. Mit dem ungemein schmalen spätgotischen **Palazzo Contarini-Fasan** 36, der legendären *Casa di Desdemona*, geht die Palastreihe am linken Ufer zu Ende.

Rechts beschließt die **Ca' Dario** 37 (1486/87) den Reigen der Schönen. Farbiger Marmor und Porphyr sind die Materialien der mit Inkrustationen verzierten Renaissancefassade.

Der Canal wird nun breiter und öffnet sich. Seinen grandiosen Abschluss bilden Baldassare Longhenas in überschwenglichem venezianischen Barock erbaute Kuppelkirche Santa Maria della Salute und das Zollamt Dogana da Mar. Um ein Gelöbnis des Pestjahres 1630 zu erfüllen, wurde **Santa Maria della Salute** 38 (tgl. 9–12 und 15–18 Uhr) 1631–87 erbaut. Über 1 Mio. Holzstämme wurde für die weiße Marmorkirche über oktogonalem Grundriss mit den beiden gewaltigen Kuppeln in den Boden gerammt. Baldassare Longhena hat ihre Fertigstellung und die Vollendung der dem Canal zugewandten Triumphbogenfassade nicht mehr erlebt. Der eher kühle Zentralraum, von kreisförmig angeordneten Kompositsäulen optisch eingegrenzt, ist ganz auf die Theatralik des *Hochaltars* ausgerich-tet. Im Mittelpunkt steht das Gnadenbild, eine byzantinische *Marienikone*. Juste le Courts Skulpturengruppe ›Venezia bittet Maria um Befrei-

TOP TIPP

Modell des einst so prunkvollen Staatsschiffs Bucintoro im Museo Storico Navale

ung von der Pest‹ bildet den krönenden Abschluss. Eine Fülle von qualitätvollen Gemälden findet man in der *Sakristei* und im *Seminario Patriarcale*, darunter Deckenbilder von Tizian und Tintorettos ›Hochzeit von Kanaa‹.

Wie der Bug einer Galeere schiebt sich die Punta della Dogana mit der **Dogana da Mar** 39, dem früheren Zollamt, an den Ausgang des Canal Grande. Effektvoll ist die von Atlanten getragene vergoldete Weltkugel mit der windanzeigenden leichtfüßigen Fortuna.

Von Santa Maria Salute aus lässt sich die Wasserreise bis zum **Arsenale** 40 ausdehnen. Die 1104 in Betrieb genommene, einst größte *Werft* der Welt findet ihre Entsprechung in den reichhaltigen Sammlungen des **Museo Storico Navale** 41 (Arsenale, Castello 2148, Tel. 0415200276, Mo–Sa 8.45–13.30 Uhr). Schiffsoriginale und -modelle, darunter das vergoldete Staatsschiff ›Bucintoro‹, sind eine Augenweide.

TOP TIPP

Spaziergänge durch die Sestieri

Hinter der spröden Bezeichnung ›Sestieri‹ verbergen sich Venedigs *Stadtsechstel* San Marco, Castello, San Polo, Cannaregio, Santa Croce und Dorsoduro. Jeder

Königinnen der Lagune

Das Baudatum der ersten Gondeln ist nicht gesichert. Zwar berichtet Flavius Cassiodorus im 6. Jh. höchst verwundert, dass die Seeveneter statt eines Pferdes ein Boot an die Haustüre binden, doch hatten diese Boote mit den

›**Königinnen der Lagune**‹ noch wenig Ähnlichkeit. Wahrscheinlich haben sich die Gondeln aus den **Sandoli**, flacheren und einfacheren Booten, entwickelt. Erste Ansätze der klassischen Form zeigen die Gondeln auf Carpaccios Gemälde ›Wunder der Kreuzreliquie‹ (1494, Gallerie dell' Accademia). Die Konstruktion der heutigen Gondeln, die sich seit etwa 200 Jahren kaum verändert hat, steckt im Vergleich dazu voller Besonderheiten: Gondeln werden aus bis zu acht verschiedenen Hölzern gebaut, sie sind knapp über 10 m lang und 1,40 m breit, wegen der geringen Wassertiefe **kiellos**, und ihr linker Teil ist 24 cm breiter als der rechte. Diese **Asymmetrie** ist nötig, um das Gewicht des seitlich am Heck stehenden **Gondoliere** auszugleichen.

Wichtige Ausstattungsstücke sind die Forcola, die auf die Größe und Bewegungsart des Gondoliere abgestimmte, geschnitzte **Rudergabel**, die mit ihren Einkerbungen bis zu acht Ruderstellungen zulässt, und die Remi genannten **Ruder**, früher wie heute vorzugsweise aus Buchenholz von der istrischen Küste gefertigt. Der Ferro, das **Bugeisen**, dessen sechs Zacken unter dem stilisierten Dogenhut die Sestieri Venedigs und die siebente, entgegengesetzte, die Insel Giudecca symbolisieren, ist nicht Schmuck allein, sondern dient der Stabilität und der **Manövrierfähigkeit**. Opulenter Gondelschmuck, einst pompös und kapriziös mit vergoldetem Schnitzwerk, wurde 1562 verboten. Nun ist die Gondelfarbe nobles, mattes Schwarz, bar aller Extravaganzen.

dieser Stadtteile lässt eigene kleinere Rundgänge zu.

San Marco

Als Ausgangspunkt für den Sestiere San Marco in der Kanalschleife bietet sich die Piazza San Marco an. Wenige Schritte hinter der Ala Napoleonica folgt man der Salizada San Moisè zum *Campo San Moisè*. Theatralisch barock, dem spanischen Plateresken-Stil verwandt, ist die von Alessandro Tremignon 1668 errichtete Chiesa **San Moisè** 42. Der Österreicher Heinrich Meyring kreierte den plastischen Schmuck der Fassade, die szenische Inszenierung im Altarraum ›Moses empfängt die Gesetzestafeln‹ und den kulissenhaft nachgebauten Berg Sinai. Von der Calle Larga XXII Marzo mit ihren feinen Läden führt etwa in der Mitte die Calle Veste zum stimmungsvollen *Campo San Fantin*. Ein Kleinod mit einem vergoldeten Zuschauerraum, mit viel Marmor, Spiegeln und Stuck ist das **Gran Teatro La Fenice** 43 (Tel. 0412424, www.teatrolafenice.it, tgl. Führungen). Das Gebäude (1790–92) wurde 1836 und 1996 ein Opfer der Flammen. Die Wiedereröffnung des nun zum zweiten Mal aus der Asche neu entstandenen Hauses fand Ende 2004 statt. Nahebei stehen die kleine Renaissancekirche **San Fantin** 44 (16. Jh.), die Jacopo Sansovino ausstattete, und die einstige **Scuola di San Girolamo** mit ihrer eleganten figurengeschmückten Fassade.

Südwestlich von hier liegt der *Campo San Maurizio*. Sehr alte, sehr würdige Paläste umstehen die Chiesa **San Maurizio** 45, ein verkleinerter Nachbau von Sansovinos zerstörter Kirche San Geminiano (Piazza San Marco). Den Rio Santo Stefano querend, öffnet sich die Calle Spezier dem erstaunlich weiten *Campo Santo Stefano*, der sich im *Campo San Vidal* fortsetzt. Die gotische Säulenbasilika **Santo Stefano** 46 (14./15. Jh.) beeindruckt durch ein gewaltiges Holzgewölbe im Inneren. Ihre Kostbarkeiten, Gemälde von Tintoretto, bewahrt sie in der Sakristei.

Reizvoll wirkt das Ensemble um den Palazzo Loredan und die Chiesa **San Vidal** 47, für die Vittore Carpaccio 1514 das Hochaltarbild des hl. Vitalis malte.

Über den nordöstlich anschließenden *Campo Sant'Angelo*, den gotische Fassaden eindrucksvoll säumen, folgt man der Calle di Spezier und Calle della Mandola zum gotischen **Palazzo Fortuny** 48, auch

Die Fassade von San Moisè – eine allzu üppige barocke Inszenierung

Palazzo Pesaro degli Orfei, am Campo San Benedetto. Der Palast gehörte dem Designer Mariano Fortuny y Madrazo, dem Erfinder jener hauchzarten plissierten *Seidenroben*, die von ihren Besitzerinnen wie Schätze gehütet werden. Das hier ansässige **Museo Fortuny** (Tel. 0412747607, www.museicivicveneziani.it, Di–So 10–18 Uhr) ist vorerst nur im Rahmen von Wechselausstellungen geöffnet.

Der Weg führt nun vorbei am Teatro Rossini und über den Rio di San Luca zur Chiesa **San Luca** 49. Die Kirche wird vor allem wegen ihres *Hochaltarbildes* besucht, das Paolo Veronese 1581 schuf. Über den Campo Manin und durch die Calle della Vidal geht es zum gotischen **Palazzo Contarini del Bovolo** 50 (tgl. 10–16/18 Uhr) mit seinem hinreißend schönen, mit grazilen Marmorarkaden geschmückten *Wendeltreppenturm* von 1499.

Castello

Das Herz des Sestiere Castello ist der **Campo Santa Maria Formosa**. Den traditionsreichen Platz säumen bemerkenswerte Paläste und Mauro Codussis Chiesa **Santa Maria Formosa** 51 (Juli, Aug. Mo–Sa 10–17, Sept.–Juni auch So 13–17

Der kriegerische Condottiere Colleoni überließ nichts dem Zufall – seinen Nachruhm sicherte er durch dieses Reiterstandbild

Uhr). Die heutige Kirche wurde 1493–1500 erbaut, im 17. Jh. kamen die dekorative Schauseite und der fantasievolle barocke Campanile hinzu. Zwei wertvolle Kunstwerke schmücken den *Innenraum*: der Flügelaltar der ›Schutzmantelmadonna‹ (1473) von Bartolomeo Vivarini und Palma il Vecchios ›Barbara-Altar‹ (1505).

Über die Calli Santa Maria Formosa, Trevisana und Bressane gelangt man zum Campo dei Santi Giovanni e Paolo. Andrea Verrocchio schuf das Modell für den **Monumento Colleoni** 52 (1481–88), und Alessandro Leopardi goss dieses Reiterstandbild in Bronze. Bartolomeo Colleoni, der steinreiche Condottiere aus Bergamo, wollte sein Denkmal auf der Piazza San Marco aufstellen lassen und setzte Venedig dafür als seine Erbin ein. Der Staat nahm das Geld zwar an, platzierte das Monument jedoch vor der **Scuola Grande di San Marco** 53. Tatsächlich bietet Pietro Lombardos schöne Frührenaissance-Fassade, der Mauro Codussi figurengekrönte Bogen aufsetzte, einen mehr als würdigen Rahmen für das Standbild.

Den Platz dominiert die gotische Hallenkirche **Santi Giovanni e Paolo** 54 (tgl. 9.30–12.30 und 15.30–19.30 Uhr), von den Venezianern *Zanipolo* genannt. Die *Fassade* der im 13. Jh. als Dogengrablege gestifteten, im 14./15. Jh. erbauten Dominikanerkirche mit dem Bartolomeo Bon zugeschriebenen Mittelportal blieb unvollendet. Im überraschend weitläufigen *Innenraum* berühren sich Geschichte und Kunst. Mehrere Grabmäler im Pantheon der Dogen sind beeindruckende Arbeiten von Pietro und Tullio Lombardo. Herausragend sind die Renaissancegräber der Dogen *Andrea Vendramin* im Presbyterium (Tullio Lombardo, 1492) und *Pietro Mocenigo* (Pietro Lombardo,

Dicht liegen die Dogengräber – rechts das Grabmal für Tommaso Mocenigo – in der Bettelordenskirche der Dominikaner Santi Giovanni e Paolo nebeneinander

Die reiche Bruderschaft der Goldschmiede und Seidenhändler ließ die Scuola Grande di San Marco von Pietro Lombardo im Stil der venezianischen Renaissance entwerfen

1481) beim Eingang. Weitere Kostbarkeiten der überreichen Ausstattung: der Vinzenz-Ferrer-Altar (Seitenaltar links, evtl. von Giovanni Bellini), das ›St. Antonius‹-Gemälde von Lorenzo Lotto im rechten Querhaus, Paolo Veroneses Deckengemälde in der Cappella del Rosario und der barocke Hochaltar von Baldassare Longhena.

Cannaregio

Von Zanipolo führt die Calle Giacinto Gallina über drei Brücken zum Campo dei Miracoli im Sestiere Cannaregio. Die kleine Kirche **Santa Maria dei Miracoli** 55 (Juli, Aug. Mo–Sa 10–17, Sept.–Juni auch So 13–17 Uhr) ist das Hauptwerk Pietro Lombardos (1481–89) und zugleich der *erste Renaissancebau* in Venedig. Die Fassade wurde mit geometrischen Marmorinkrustationen verziert, marmorverkleidet ist auch der saalartige *Innenraum,* der von einer hölzernen Kassettendecke mit Bildern von Propheten und Patriarchen überwölbt wird. Ein Blickfang ist das als wundertätig verehrte Gnadenbild hoch oben auf dem Altar.

Man wendet sich nun der Brücke über den Rio dei Miracoli zu, kommt zum *Campo di Santa Maria Nuova*, folgt der Salizada San Canciano, überquert den Rio di San Giovanni Crisostomo, betrachtet die gut ausgestattete, von Mauro Codussi 1494 entworfene Chiesa **San Giovanni Crisostomo** und erreicht in Kürze den Ponte di Rialto.

San Polo

Das Herz von San Polo, jenseits des Canal Grande, erreicht man über die Schiffsanlegestelle San Tomà. Der Weg führt geradeaus zum kleinen *Campo San Tomà* mit Pfarrkirche und Scuola dei Calegheri (Schuhmacher) und weiter über die Calle Larga Prima zum Campo dei Frari mit der gotischen Basilica **Santa Maria Gloriosa dei Frari** 56 (Mo–Sa 9–18, So, Fei 13–18 Uhr). Rivalität zwischen Dominikanern (Dogengrablege Zanipolo) und Franziskanern war eine der Triebfedern für die bewegte *Baugeschichte* von ›I Frari‹ (13.–15. Jh.). Venezianische Spätgotik prägt den eindrucksvollen Ziegelbau mit dem zweithöchsten *Campanile* der Stadt. Das **Innere** der Kirche war ursprünglich groß aber schlicht gedacht, doch es blieb nicht dabei. Das Mittelschiff scheint ganz auf die marmornen *Chorschranken* zugeschnitten, deren Reliefarbeiten Bartolomeo Bon begann und Pietro Lombardo 1475 beendete. Farbgewaltig, alles überstrahlend – auch das reich geschnitzte *Chorgestühl* mit den Intarsien von 1468 – erscheint im Bogen der Chorschranken **Tizians** berühmte ›Assunta‹ (1516–18). An den Seitenwänden des *Presbyteriums*

Von der Piazzetta, wo jeder Ausblick ein Erlebnis ist, wirkt San Giorgio Maggiore – Andrea Palladios Meisterwerk auf der gleichnamigen Insel – am schönsten ▷

sieht man Grabmäler für die Dogen Nicolò Tron (1479) und Francesco Foscari (um 1457), Meisterwerke der Hoch- bzw. Frührenaissance. Vorüber an der *Cappella Fiorentini* (1. Chorkapelle rechts) mit einer von Donatello 1436 gearbeiteten Holzstatue ›Johannes d.T.‹ gelangt man zum Polyptychon (1482) des Bartolomeo Vivarini und zum Eingang der *Sakristei*, den ein überaus prunkvolles Ehrenmonument für Benedetto Pesaro rahmt. Im Chor der Sakristei entzückt Giovanni Bellinis prächtig gerahmtes Triptychon ›Thronende Madonna mit Heiligen‹ (1488). Geht man zurück in die Kirche, sieht man in der vorletzten *Chorkapelle* links die Grabplatte für den Komponisten Claudio Monteverdi (1567–1643). Die Grablegen der Familie Pesaro befinden sich im *linken Kirchenschiff*: Das Grabmal des Bischofs Jacopo Pesaro, Tizians ›Madonna di Ca' Pesaro‹, und in der Nähe das von Baldassare Longhena um 1660 gestaltete barocke Mausoleum des Dogen Giovanni Pesaro. Erwähnenswert, wenn auch nicht unbedingt wegen ihrer Schönheit, sind die weiße *Grabpyramide*, die das Herz des Bildhauers *Antonio Canova* (1757–1822) enthält, und gegenüber im rechten Seitenschiff das von Canova und seinen Schülern gearbeitete *Grabmal Tizians* (1838–52).

Ein Renaissance-Ensemble stellt der Campo San Rocco mit der Chiesa San Rocco und der **Scuola Grande di San Rocco** 57 (Tel. 04 15 23 48 64, April–Okt. tgl. 9–17.30 Uhr, Nov.–März tgl. 10–17 Uhr) von 1560 dar. Weltberühmt wurde sie durch die Gemälde *Tintorettos*. Der aus acht monumentalen Kompositionen bestehende *Marienzyklus* im Erdgeschoss der Scuola, ganz auf Lichtwirkung und virtuose Komposition bedacht, entstand 1581–88. Faszinierend ist auch die große Sala im Obergeschoss, die Tintoretto vollständig ausmalte: Eindrucksvoll komponierte Szenen aus dem *Alten Testament* gruppieren sich um ›Moses und die eherne Schlange‹ und ›Moses, der Wasser aus dem Stein schlägt‹. An den Wänden sind die Episoden und Wunder aus dem *Leben Jesu* dargestellt. Das Bildprogramm basiert auf durchdachten Bezugspunkten zwischen Altem und Neuem Testament und verweist auf die karitativen Bestrebungen der Bruderschaft. Das Deckenbild ›Der hl. Rochus in der Glorie‹ in der Sala d'Albergo brachte Tintoretto einst heimlich an, um seinen Konkurrenten zuvorzukommen. Er gewann zwar die Ausschreibung, zog sich aber gleichzeitig Tizians lebenslangen Groll zu.

Südliche Lagune

Venedigs südlichstes, kontrastreiches Sechstel **Dorsoduro**, voll von sozialer Tristesse, greift auf die lang gezogene Insel Giudecca jenseits des Canale della Giudecca über. Am besten fährt man mit dem Vaporetto von San Zaccaria zuerst zur Insel *San Giorgio Maggiore*. Ohne das kleine, vor 1000 Jahren von Benediktinern besiedelte Eiland wäre der Ausblick von der Piazzetta San Marco nur halb so schön.

Andrea Palladio entwarf die hiesige Basilica **San Giorgio Maggiore** 58 (Tel. 04 15 22 78 27, April–Okt. tgl. 9.30–12.30, 14.30–17.30, Nov.–März bis 16.30 Uhr). Er starb, ehe sie vollendet war (1580), und hat folglich die weiße *Fassade* mit dem von einer Christusstatue gekrönten Dreiecksgiebel (1610) nie gesehen. Der drei-

schiffige *Innenraum*, hell und klar gegliedert, bildet einen eher zurückhaltenden Rahmen für einige wertvolle Gemälde, aus denen *Tintorettos* Spätwerke ›Letztes Abendmahl‹ und ›Mannalese‹ (1594) herausragen. Der *Campanile* (Aufzug, herrliches Panorama) wurde nach seinem Einsturz im Jahr 1791 wieder aufgebaut. Kloster und Insel befinden sich heute im Besitz der Fondazione Giorgio Cini.

Der Canale San Giorgio trennt San Giorgio Maggiore von der Insel **Giudecca** 60, auf der die Palladiokirche **Il Redentore** (tgl. 7–12, 16–19 Uhr) steht. Palladio begann mit dem Bau dieser ersten von zwei venezianischen Pestkirchen im Jahr 1577. Die tempelartige Fassade am Wasser leitet in einen harmonischen, hellen *Innenraum* über, dessen Blickfang ein wirkungsvoller Hochaltar mit der Kreuzigungsgruppe von Gerolamo Campagna ist.

Von der Riva degli Schiavoni fährt man zum **Lido** 60. Der Lido, grandios beschrieben in Thomas Manns ›Tod in Venedig‹, ist der *Strand* der Lagunenstadt. Er bietet exklusive Hotels, Zuckerbäckerarchitektur, Villen, Badehäuschen von anno dazumal und alljährlich Ende August die *Filmfestspiele*.

Rustikaler und ruhiger ist die Fischerinsel **Pellestrina** 61, wo die gewaltigen Murazzi die Lagune gegen das Meer abschirmen.

Nördliche Lagune

Von den Fondamente Nuove fährt man mit dem Linienboot nach **San Michele** 62. Der erste Eindruck: rote Backsteinmauern, dunkelgrüne Zypressen und Mauro Codussis pittoreske Renaissancekirche **San Michele** aus hellem istrischen Sandstein. Erst im 19. Jh. wurde die einstige Klosterinsel zum *Friedhof* – doch nur für gebürtige Venezianer. Der Platz ist knapp, die Grabstätten sind übereinander getürmt, und doch gibt es Ausnahmen: Der russische Komponist *Igor Strawinsky* und der amerikanische Dichter *Ezra Pound* fanden als Nicht-Venezianer hier ein Grab.

Jahrhundertelang, seit Venedig 1291 die Glashütten per Dekret zwang, nach **Murano** 63 überzusiedeln, lag etwas Geheimnisvolles über dem Fünf-Insel-Archipel. Den Glasmachern, viele im 13. Jh. aus Byzanz verschleppt, waren Auswanderung und die Preisgabe der Herstellungsgeheimnisse bei Todesstrafe verboten.

Maskenball und Mummenschanz

Die Wurzeln des **Carnevale di Venezia** *(www.carnevale.venezia.it)* reichen bis ins Mittelalter zurück. Die ersten **Masken** tauchten 1295 in der Stadt auf, und die Venezianer machten ein halbes Jahrtausend davon Gebrauch. Sie liebten Verkleidungen, das Außergewöhnliche, das Spiel, das Freisein von gesellschaftlichen Schranken und staatlichen Zwängen. Immer länger dehnten sie Il carnevale aus, der offiziell am **2. Weihnachtsfeiertag** begann. Immer eleganter wurden die Kostüme, immer ausgefallener die Ideen. Die prächtigen **Bälle** missachteten die Luxusgesetze. Die Ratsmitgleider verschwiegen sogar einmal wochenlang den Tod des Dogen Paolo Renier, um den Karneval nicht zu beeinträchtigen. Mit dem Einzug **Napoleons** jedoch gingen die Republik und ihre Maskengesellschaft unter.

Erst 1979/80 wurde der venezianische Karneval von Tourismusstrategen und Künstlern reanimiert. Elf Tage dauert nun das Fest, die schönen Masken sind zum Leben erweckte Bilder aus Museen und Figuren der **Commedia dell' Arte**. So ziehen Colombina und Pulcinella, Pantalone und Dottore im Verein mit skurril-modernen Masken durch die Stadt, doch zwischen Arlecchino in seinem Rombengewand und Brighella schreitet noch immer der schwarz gewandete **Tod** mit der faltenlosen weißen Maske. Der venezianische Karneval ist jedoch nicht mehr ein Fest der Venezianer, sondern der Touristen, die schon am Bahnhof von Polizisten in Empfang genommen und zur Piazza San Marco geleitet werden, schiebend, drängend und fotografierend, bis sich das Spektakel am letzten Tag in einem **Feuerwerk** auflöst.

Kristall aus Murano war lange Zeit das kostbarste der Welt. Mittlerweile sind die Geheimnisse um Millefiori-Achat- und Lattimo-Glas längst gelüftet. Die zahlreichen Glasläden auf der *Fondamenta dei Vetrai* führen ein reichhaltiges, stark kommerzialisiertes Angebot. Die wirklichen Kostbarkeiten aus der großen Vergangenheit zeigt das **Museo del Vetro** (Tel. 041 73 95 86, www.museicivicivenezinai.it, April–Okt. Do–Di 10–18 Uhr, Nov.–März Do–Di 10–16 Uhr) im Palazzo Giustiniani.

Auf Murano bilden Kanäle, Brücken, Gärten, Landhäuser und Palazzi eine Art ›Klein-Venedig‹ mit historischen Bezugspunkten: Einiges vom Charme byzantinischen Bauens zeigt die **Basilica dei Santi Maria e Donato** (12. Jh.), eine der ältesten Lagunenkirchen, mit großartigen Säulenarkaturen. Das Votivbild des Dogen Agostino Barbarigo (1488) in der Klosterkirche **San Pietro Martire** malte Giovanni Bellini.

Von der Anlegestelle Faro fahren die Boote nach Burano und Torcello. Das Fischerdorf **Burano** 64 ist malerisch, die Häuser sind bunt, manche krumm und windschief, viele geradezu liebenswert. Dazu passt der extrem geneigte *Campanile* von San Martino. Die Spitze klöppelnden Fischerfrauen von Burano machten die venezianische *Feston-Stickerei* und die *Reticella-Spitze* weltberühmt. Im **Museo del Merletto** (Piazza Galuppi 187, Tel. 041 73 00 34, www.musei civicivenezinai.it, April–Okt. Mi–Mo 10–17 Uhr, Nov.–März 10–16 Uhr) werden die hauchzarten Kostbarkeiten gezeigt.

Ganz im Osten der Lagune liegt **Torcello** 65. Die Insel blühte lange vor Venedig, bereits 639 wurde sie Bischofssitz. Heute wirkt sie verlassen. Besucher zieht es vor allem zur **Cattedrale Santa Maria Assunta**. Sie wurde 639 gegründet, 1008 in die heutige Form gebracht, und im 12./13. Jh. mit bedeutenden *Mosaiken* geschmückt, darunter das fazinierende goldgrundige ›Weltgericht‹ an der Westwand.

Praktische Hinweise

Information

APT, Calle del Rimedio, Castello 4421, Venedig, Tel. 041 5 29 87 69, Fax 041 5 23 03 99, www.turismovenezia.it

IAT, Stazione FS Santa Lucia (Bahnhof), Venedig, Tel. 04 15 29 87 27, Fax 04 15 29 87 54

Venice Card, Tel. 0 41 24 24, www.venicecard.com, online-Vorabbuchung. Bietet verschiedene Ermäßigungen z. B. bei Museen, öffentlichen Verkehrsmitteln, Hotels und Restaurants.

Chorus Pass, Tel. 04 12 75 04 62, www.chorusvenezia.org. Ermöglicht freien Eintritt in Kirchen.

Museen: Einige Museen gewähren Besuchern nur bis 1 Std. vor Schließung Zutritt.

Bahnhof

Stazione FS Santa Lucia, Venedig, Tel. 89 20 21 (nur in Italien, gebührenfrei), www.trenitalia.com

Flughafen

Aeroporto Internazionale Marco Polo, Tessera, Tel. 04 12 60 61 11, www.veniceairport.it. Bus Nr. 5 und 35 bis Piazzale Roma, Boote bis San Marco.

Parkplätze

Isola del Tronchetto (www.veniceparking.it), Mestre-San Giuliano (www.asmvenezia.it), Mestre-Fusina (www.terminalfusiana.it)

Stadtverkehr

Vaporetti (Linienboote). Die ACTV, Tel. 041 24 24, www.actv.it, bietet verbilligte Familien-, 24 Std.-, 3- und 7-Tages-Tickets an. Boote verkehren in kurzen Abständen, auch nachts. Die Schnelllinie heißt Diretto.

Traghetti (Gondelfähren). Zum Übersetzen über den Canal Grande an sechs wichtigen Stellen.

Motoscafi (Wassertaxis). Standplätze bei Großparkplätzen, am Bahnhof, Flughafen, Ponte di Rialto und Molo San Marco. Festtarife bzw. nach Taxameter.

Gondole (Gondeln). Mehrere Standplätze am Canal Grande, Festtarife sind angeschlagen.

Hotels

TOP TIPP *******Cipriani**, Giudecca 10, Venedig, Tel. 04 15 20 77 44, Fax 04 15 20 39 30, www.hotelcipriani.it. Die nobelste Art, fern vom Trubel mit Park und Jachthafen zu wohnen. Shuttle-Service.

*******Danieli**, Castello 4196, Riva degli Schiavoni, Venedig, Tel. 04 15 22 64 80, Fax 04 15 20 02 08, www.luxurycollection.com. Palast-Ambiente, herrlicher Ausblick auf San Giorgio Maggiore.

******Bonvecchiati**, San Marco 4488, Calle Goldoni, Venedig, Tel. 04 15 28 50 17, Fax 04 15 28 52 30, www.hotelbonvecchiati.it. Hübsches Hotel mit Restaurant, einige Zimmer mit Blick auf den Canal.

******Gabrielli Sandwirth**, Castello 4110, Riva degli Schiavoni, Venedig, Tel. 04 15 23 15 80, Fax 04 15 20 94 55, www.hotelgabrielli.it. Vornehmes, aus einem alten Palast entstandenes Hotel in Markusplatz-Nähe mit einer hinreißenden Aussicht. Gartenrestaurant.

******Monaco & Grand Canal**, San Marco 1332, Calle Vallaresso, Venedig, Tel. 04 15 20 02 11, Fax 04 15 20 05 01, www.hotelmonaco.it. Die eleganten Zimmer und das Restaurant blicken auf den Canal Grande und die Chiesa Santa Maria della Salute.

******Saturnia & International**, San Marco 2398, Calle Larga XXII Marzo, Venedig, Tel. 04 15 20 83 77, 04 15 21 07 57, Fax 04 15 20 71 31, www.hotelsaturnia.it. Haus mit viel Charme in einem Palazzo aus dem 14. Jh. Restaurant La Caravelle.

*****Abbazia**, Cannaregio 68, Calle Priuli dei Cavaletti, Venedig, Tel. 041 717333, Fax 041 717949, www.abbaziahotel.com. Reizendes Hotel in einem alten Kloster mit Garten.

Kunstwerke aus Glas entstehen auch heute noch in den Werkstätten Muranos

Bezaubert mit Ambiente und romantischem Flair: Caffè Florian an der Piazza San Marco

*****Accademia Villa Maravege**, Dorsoduro 1058, Fondamenta Bollani, Venedig, Tel. 04 15 21 01 88, Fax 04 15 23 91 52, www.pensioneaccademia.it. Alte Villa mit viel Ruhe und Gartengrün an einem Seitenkanal.

*****Flora**, San Marco 2283 a, Calle Larga XXII Marzo, Venedig, Tel. 04 15 20 58 44, Fax 04 15 22 82 17, www.hotelflora.it. Beliebtes kleines Stadthotel mit einem zauberhaften Garten (nur Frühstück).

****Agli Alboretti**, Dorsoduro 884, Venedig, Tel. 0415 23 00 58, Fax 04 15 21 01 58, www.alboretti.com. Klein, freundlich, familiäschreibschutzr, gemütlich.

****La Residenza**, Castello 3608, Campo Bandiera e Moro, Venedig, Tel. 04 15 28 53 15, Fax 04 15 23 88 59, www.venicelaresidenza.com. Unterkunft in einem alten Palazzo der Gritti in der Nähe des Arsenale.

Hotels am Lido

******Des Bains**, Lungomare Marconi 17, Venedig, Tel. 04 15 26 59 21, Fax 04 15 26 01 13, www.starwooditaly.com. Elegantes Belle-Epoque-Ambiente, großer Park.

******Villa Mabapa**, Riviera San Nicolò 16, Venedig,Tel. 04 15 26 05 90, Fax 04 15 26 94 41, www.villamabapa.com. Haus mit schöner Gartenterrasse an der Lagune.

Restaurants

Antica Trattoria Poste Vecie, San Polo 1608, Pescheria, Venedig, Tel. 041 72 18 22. Das historische Lokal (16. Jh.) serviert köstlichen Fisch.

Antico Martini, San Marco 1983, Campo San Fantin, Venedig, Tel. 04 15 22 41 21. Elegantes, aufwendiges Lokal mit ebensolcher Küche (Di, Mi mittags geschl.).

Antico Pignolo, San Marco 451, Calle Specchieri, Venedig, Tel. 04 15 22 81 23. Groß, hübsch und edel (Di geschl.).

Chat qui rit, San Marco 1131, Calle de Salvadego, Venedig, Tel. 04 15 22 90 86. Selbstbedienung, preisgünstig.

TOP TIPP **Da Fiore**, Calle del Scatelèr 2202, San Polo, Venedig, Tel. 041 72 13 08. Osteria für Feinschmecker. Gehobene Preisklasse.

Da Ivo, San Marco 1809, Ramo dei Fuseri, Venedig, Tel. 04 15 28 50 04. Nettes Bistro-Ambiente.

Do Forni, San Marco 457, Calle Specchieri, Venedig, Tel. 04 15 23 77 29. Rustikal-elegante Trattoria in einer alten Klosterbäckerei.

Harry's Bar, San Marco 1323, Calle Vallaressa, Venedig, Tel. 04 15 28 57 77. Globetrotter trinken ›Bellini‹ auf Hemingways Spuren. Sie kommen nicht in erster Linie wegen der Küche.

La Cusina, Hotel Europa & Regina, San Marco 2159, Venedig, Tel. 04 12 40 00 01. Insbesondere die Terrasse am Canal Grande ist ein schöner Platz, um venezianische Gerichte zu kosten.

Montin Antica Locanda, Dorsoduro 1147, Fondamenta di Borgo, Venedig, Tel. 04 15 22 71 51. Historisches Haus mit schönem Garten, preisgünstig (Di abends und Mi geschl.).

Trattoria Alla Madonna, San Polo 594, Calle della Madonna, Venedig, Tel. 04 15 22 38 24. Gute venezianische Küche, preiswert (Mi geschl.).

Cafés

TOP TIPP **Caffè Florian**, Piazza San Marco 56, Venedig, Tel. 04 15 20 56 41. Goethe, Dickens, Proust, Strawinsky und Modigliani saßen schon an den Tischen des 1720 eröffneten Cafés.

TOP TIPP **Caffè Quadri**, Piazza San Marco 120, Venedig, Tel. 04 15 28 92 99. Erlesen und teuer. Herrlicher Blick über die Piazza San Marco.

Von Venedig nach Grado – Zauber einer amphibischen Landschaft

Wo die Alpen- und Voralpenflüsse Piave, Livenza, Tagliamento und Isonzo ins Adriatische Meer münden, im Wechselspiel von Geschiebe, Ebbe und Flut, entstand eine **filigrane Landschaft** aus Lagunen, Lidi und Inseln, aus schilfbestandenen Wasserflächen, aus großen und kleinen Kanälen. Keine Straße kann die Ansiedlungen an der **nördlichen Adriaküste** in ihrem faszinierenden Zwischenreich von Land und Wasser aneinander reihen. Zu weit dringen die **Lagunen** ins Land ein und fächern es auf. Die Staatsstraße 14, die dieser Route zugrunde liegt, und die Autobahn A4 Venedig–Triest folgen tief im Hinterland der Küstenlinie. Stichstraßen führen zum Meer und zu den Badeorten. Lido di Jesolo und Caorle sind auch von Venedig aus über Punta Sabbioni mit der Autofähre erreichbar.

2 Jesolo

Einst bedeutender römischer Hafenort, heute ein beliebter Adriastrand.

Bei Portegrandi von der SS14 abzweigend, erreicht man über Caposile das Städtchen Jesolo. Als Hafenort von Römern gerühmt, durch *Salinen* wohlhabend geworden, wurde Jesolo von Mönchen wegen seiner stillen Lagunenlandschaft sehr geschätzt. Drei *Klöster* und 40 *Kirchen* entstanden teilweise schon vor dem 7. Jh. Den Elan des großen sakralen Bauens im Mittelalter stoppte der Aufstieg Venedigs: Jesolos patrizische Geschlechter übersiedelten eitel an den Canal Grande. Aus der *Glanzzeit* des längst verlandeten Hafenortes blieben nur Ruinen.

Die Attraktion heißt heute **Lido di Jesolo**. Im Sommer herrscht in der Hotelstadt, zwischen dem *Sporthafen* Cortellazzo an der Piavemündung und dem *Porto di Piave Vecchia*, viel Trubel und wahrlich keine Leere. Gleichwohl ist der 15 km lange, teilweise 30 m breite, feine *Sandstrand*, an den sich rund 400 Hotels drängen, sehr beliebt.

Praktische Hinweise

Information

IAT, Piazza Brescia 13, Jesolo, Tel. 04 21 37 06 01, Fax 04 21 37 06 08, www.turismojesoloeraclea.it

Hotels

******Delle Nazioni**, Via Padova 55, Jesolo, Tel. 04 21 97 19 20, Fax 04 21 97 19 40, www.nazioni.it. Gepflegtes Hotel am Strand mit künstlerischem Touch, mit Restaurant, Fitness Center, Sauna und Türkischem Bad.

*****Azzorre**, Via Bafile 363, Jesolo, Tel./Fax 04 21 37 05 61, www.hotelazzorre.com. Das Hotel steht an der turbulenten Fußgängerzone in der zweiten Strandreihe.

*****Beny**, Via Levantina IV al mare. 3, Piazza Milano, Jesolo, Tel. 04 21 96 17 92, Fax 04 21 96 19 59, www.beny.jesolo-hotels.de. Ruhig gelegenes Hotel in Schiffsform direkt am Strand.

*****Delle Rose**, Via Zara 1, Jesolo, Tel. 0421 97 26 53, Fax 0421 972838, www.dellerose.net. Hotel am Meer mit freundlich möblierten Zimmern und mit Pool.

Camping

Camping Jesolo International, Viale A. Da Giusano 1, Jesolo, Tel. 04 21 97 18 26, Fax 04 21 97 25 61, www.jesolointernational.it. Schöne Anlage mit Wassersportzentrum unweit des Leuchtturms.

Restaurant

Alla Darsena, Via Oriente 166, Jesolo, Tel. 04 21 98 00 81. Sommergenuss: *Risotto nero* unter freiem Himmel.

3 Caorle

TOP TIPP *Urlaubszentrum mit historischem Stadtkern, pastellfarbenen Häusern und Fischerbooten im Kanalhafen.*

Man verlässt die SS 14 kurz nach der Livenzabrücke (südlich von San Stino di Livenza) und fährt durch die weite, horizontal verlaufende Landschaft zur Küste. Auf einer seit Urzeiten besiedelten Landzunge im Mündungsdelta der *Livenza* liegt Caorle. Das antike **Caprulae**, die ›Insel der Ziegen‹, war als Portus Reatinum eventuell Hafen des römischen Militärstützpunktes Concordia Sagittaria und wurde 1380 von den gegen Venedig ziehenden Genuesen unter *Pietro Doria* zerstört. Der Ort verfiel in Lethargie und machte als stilles Fischerdorf nur mehr durch das Leuchtfeuer auf dem Turm der auf den Resten eines Tempels erbauten Uferkirche **Santuario della Madonna dell' Angelo** auf sich aufmerksam.

Der *alte Kern* von Caorle hat mit seinen krummen Gassen, den pastellbunten Häusern, dem venezianischen Ambiente und den vielen Fischerbooten, die im Kanalhafen **Darsena dell' Orologio** und neben der Piazza Papa Giovanni XXIII ankern, mittelalterlichen Charme bewahrt.

Aus dem frühen 11. Jh. stammt der **Duomo di Santo Stefano**, die dem Erzmärtyrer Stephanus geweihte romanisch-byzantinische Backsteinbasilika mit dem 48 m hohen, runden *Campanile*. Wertvollstes Stück der dreischiffigen Kirche ist neben zwei byzantinischen Basreliefs die berühmte *Pala d'Oro*, ein byzantinisch-venezianisches Altarbild aus vergoldetem Silber. Zyperns Königin *Caterina Cornaro* stiftete es zum Dank für Errettung aus Seenot. Die Pala wird von sechs byzantinischen Tafelbildern flankiert. Sie sind Teil einer Ikonostase aus dem 14. Jh., die der Schule von Paolo Veneziano zugeschrieben wurde. Das **Museo del Duomo di Santo Stefano** (Tel. 042 18 10 28, Juni–Sept. Do–So 19.30–22 Uhr, März–Mai So 10–12 Uhr) zeigt wertvolle alte Paramente und Reliquien.

Vom Zentrum schwingen die nach Osten und Westen dicht von Hotels und Pensionen gesäumten Sandstrände **Spiaggia di Levante** und **Spiaggia di Ponente** aus. Architekten erdachten den modernen **Porto Santa Margherita** mit künstlichem Hafenbecken und Liegeplätzen für 1200 Boote und die aus mehreren ›Dörfchen‹ bestehende Anlage *Duna Verde*. Ruhe und Entspannung lassen die dicht mit Liegen und Sonnenschirmen besetzten Strände kaum zu.

Idyllischer ist da schon eine **Bootsfahrt** in die Lagune und in die Valle Nuova, Valle Grande, Valle Perera – in ein Paradies aus Schilf, reicher Vogelwelt und typischen *Casoni* (Fischerhütten).

Praktische Hinweise

Information

APT, Via Strada Nuova 80/B, Caorle, Tel. 042 18 18 60, Fax 042 18 42 51, www.bibionecaorle.it

IAT, Calle delle Liburniche 16, Caorle, Tel. 042 18 10 85, Fax 04 21 21 86 23

Schiff

Bootsausflüge in die Lagune von Caorle starten an der Darsena dell'Orologio

Im Hafenkanal von Caorle starten Boote zu Entdeckungsreisen in die Welt der Lagunen

Der Palazzo Comunale, zinnengekrönt und viele Jahrhunderte alt, dominiert die brunnen- und denkmalgeschmückte Piazza della Repubblica von Portogruaro

und der Marina 4, Porto Santa Margherita (www.marina4.com).

Vergnügungspark

Aquafollie, Viale Aldo Moro 1, Caorle, Tel. 042 18 14 23, www.aquafollie.it, sommers tgl. 10–18.30 Uhr. Wasserpark im Sportviertel von Caorle.

Hotels

****__Airone__, Via Pola 1, Spiaggia di Levante, Caorle, Tel. 042 18 15 70, Fax 42 18 20 74, www.hotelairone.it. Komfortables Haus am Strand umgeben von einem Pinienpark mit zwei Pools sowie Sport- und Freizeiteinrichtungen.

****__San Giorgio__, Via dei Vichinghi 1, Porto Santa Margherita, Tel. 04 21 26 00 50, Fax 04 21 26 10 77, www.hotelsangiorgio.info. Anlage im Pinienwald an der Einfahrt zum Jachthafen.

***__Metropol__, Via Emilia 1, Caorle, Tel. 042 18 20 91, Fax 042 18 14 92, www.metropolhotel.it. Hotel in Altstadt- und Strandnähe mit Restaurant, Pool und Tennisplatz sowie Privatstrand.

***__Playa Blanca__, Viale Cherso 80, Duna Verde, Caorle, Tel. 04 21 29 92 82, Fax 04 21 29 92 83, www.playablanca.it. 10 km außerhalb gelegene, hübsche Anlage am Meer mit Piniengarten und Pool.

Camping

Camping Village San Francesco, Via Selva Rosata, Porto Santa Margherita, Tel. 04 21 29 82, Fax 04 21 29 92 84, www.villaggiosfrancesco.com. Moderne, gut ausgestattete Anlage am Strand.

Restaurants

Al Cacciatore, Corso Risorgimento, San Giorgio di Livenza, 10 km nördl. von Caorle, Tel. 042 18 03 31. Modern, rustikal und stets gut besucht (Mi geschl.).

Duilio, Strada Nuova 19, Caorle, Tel. 042 18 10 87. Lokal an der Ortsausfahrt Richtung Venedig, auch per Boot über den Kanal zugänglich. Geboten werden exquisite Fischgerichte. Reservierung empfohlen (Okt.–Mai Mo geschl.).

4 Concordia Sagittaria und Portogruaro

Historische Ausgrabungen bietet Concordia Sagittaria und Portogruaro ein schönes Stadtbild mit Renaissancepalästen.

Fährt man von Caorle durch die Ebene nordwärts nach Sindacale und folgt hier dem Fluss Lemene (nach der Brücke links abbiegen), erreicht man **Concordia Sa-**

gittaria. Julius Caesar gründete die kleine Kolonie an der Via Annia, die als Waffenschmiede berühmt wurde. Im 5./6. Jh. machten Hunnen und Langobarden die frühen Bauwerke dem Boden gleich, die Ruinen wurden im Mittelalter überbaut. Die Ausgrabungen, das kleine **Museo Civico Archeologico** (Via 1° Maggio 121, Tel. 04 21 27 03 60, Sa/So 15–18 Uhr) und der dreibogige **Ponte Romano** zeugen vom Ansehen der antiken Stadt. Interessant ist ferner die gotische **Basilica**. Sie bildet mit dem romanischen *Campanile*, den frühchristlichen Grabbauten und dem romanischen *Baptisterium* (verblasste Fresken aus dem 11.–14. Jh.) ein schönes Ensemble.

Das 2,5 km entfernte **Portogruaro** setzt neue Akzente. In nachrömischer Zeit immer wieder zerstört, hielt das Landstädtchen später beharrlich an seiner Baustruktur aus dem 15./16. Jh. fest. An Ritter und Turniere könnte man angesichts der weitatmenden **Piazza della Repubblica** denken. Effektvoll zeigt sich die zinnengekrönte Fassade des **Palazzo Comunale** (14. Jh.) mit den wahllos eingefügten Marmorblöcken aus der Römerzeit, bewacht von Bronzekranichen auf dem *Renaissancebrunnen*. Das Bild ergänzt der romanische *Campanile* im Hintergrund, der sich an den **Duomo** aus dem 18. Jh. (bemerkenswerte Altargemälde) fügt.

In den Arkadengassen von Portogruaro scheint manchmal die Zeit stillzustehen

Der Fluss **Lemene**, auf dem man mit kleinen Schiffen von und nach Caorle reisen kann, gibt dem Ort noch immer Profil, obwohl er die romantischen *Mulini* (Mühlen) längst nicht mehr antreibt. Zwei Gassen ziehen sich am Fluss entlang, schöne alte Häuser mit Laubengängen spiegeln sich im Wasser, drei Stadttore und Renaissancepaläste (Via del Seminario) sind zu sehen. Das **Museo Nazionale Concordiese** (Via del Seminario 26, Tel. 04 21 72 6 74, tgl. 9–20 Uhr) hütet wertvolle Grabungsfunde aus Concordia Sagittaria.

i Praktische Hinweise

Information

IAT, Via Martiri della Libertà 19, Portogruaro, Tel. 04 21 73 55 58, Fax 04 21 72 22 35, www.portogruaroturismo.it

Hotel

*****Antico Albergo Spessotto**, Via Roma 2, Portoguaro, Tel. 04 21 71 0 40, Fax 04 21 71 0 53, www.hotelspessotto.it. Günstig gelegenes, einfaches Haus mit Restaurant (So geschl.).

5 Lignano und Bibione

Alte Pinienbestände, goldgelber Sand.

Die SS 14 führt über den breiten Tagliamento – die Grenze zwischen Venetien und Friaul – und verbindet die Stadt *Latisana* (Pfarrkirche mit bedeutender Pala von Paolo Veronese) über die Schnellstraße 354 mit Lignano.

Als reines Ferienzentrum entstand **Lignano** auf einer pinienbestandenen Halbinsel, die wie eine Sichel vor der Laguna di Marano zwischen der Mündung des Tagliamento und der Isola di Sant' Andrea liegt. Die Pinien stehen dicht im Ortsteil *Lignano Riviera*, der an die Tagliamento-Mündung grenzt, und sehr viel schütterer in *Lignano Sabbiadoro* an der besonders stark verbauten Halbinselspitze. Die Kirche **Santa Maria di Bevazzana**, die 600 Jahre einsam an der Tagliamento-Mündung stand, wurde in das Zentrum des Ortsteils *Pineta* umgesiedelt. Im Sommer ist Lignano eine turbulente Feriengroßstadt für über 300 000 Badegäste und verfügt über einen Zoo sowie mehrere Vergnügungsparks.

Südlich von Latisana liegt auf der anderen Seite des Tagliamento **Bibione**, ein

In die Sonne blinzeln, den heißen Sand durch die Finger rieseln lassen, die Zeit vertun: der Strand von Lignano kommt Faulenzern meilenweit entgegen

Seebad mit 8 km langem Sandstrand, umgeben von Pinienwäldern. Aus mehreren *Fischerinseln*, den ›Bibiones‹, ist es im Laufe der Jahrhunderte zusammengewachsen und besteht heute aus den Ortsteilen Lido dei Pini, Spiaggia, Lido del Sole und Bibione Pineda.

Praktische Hinweise

Information

APT, Via Latisana 42, Lignano Sabbiadoro, Tel. 043 17 18 21, Fax 043 17 04 49, www.aptlignano.it

APT, Via Maja 37–39, Bibione, Tel. 04 31 44 21 11, Fax 04 31 43 99 97, www.bibione.com

IAT, Viale Aurora 111, Bibione, Tel. 04 31 44 22 31, Fax 04 31 43 99 95

Jachthäfen

Marina Punta Gabbiani (Lignano Aprilia marittima), Marina Punta Faro (Lignano Sabbiadoro), Marina Uno und Marina Punta Verde (Lignano Riviera) etc.

Schiff

Boote ab Darsena Demaniale, Lignano Sabbiadoro, nach Marano Lagunare, Grado, Venedig, Triest und Slowenien.

Hotels

******Atlantic**, Lungomare Trieste 160, Lignano Sabbiadoro, Tel. 043 17 11 01, Fax 043 17 11 03, www.hotelatlantic.it. Modernes Haus mit Pool und Piniengarten, der direkt in den Strand übergeht.

******Principe**, Via Ariete 41, Bibione, Tel. 04 31 44 32 56, Fax 04 31 43 92 34, www.principehotel.it. Elegante Ferienanlage direkt am Strand.

******Vittoria**, Lungomare Marin 28, Lignano Sabbiadoro, Tel. 043 17 12 21, Fax 043 17 32 92, www.hotel-vittoria.net. Direkt am Strand an der Halbinselspitze von Sabbiadoro, nahe dem lebhaften Viale Italia gelegenes Haus mit Pool.

*****Vina del Mar**, Corso delle Nazioni, Lignano Riviera, Tel. 04 31 42 86 66, Fax 04 31 42 37 35, www.vinademar.it. Gepflegtes Haus mit Pool.

Camping

Camping Villagio Turistico Internazionale, Via delle Colonie 2, Bibione, Tel. 04 31 44 26 11, Fax, 04 31 44 26 98, www.vti.it. Gepflegte Anlage am Strand mit attraktivem Freizeitangebot.

Restaurants

Alla Laguna, Piazza Garibaldi, Marano Lagunare, Tel. 043 16 70 19. Berühmte Fischtrattoria am Nordufer der Laguna di Marano (Di abends und Mi geschl.).

Bidin, Viale Europa, Lignano Sabbiadoro, Tel. 043 17 19 88. Exzellente Fischküche, fantasievoll zubereitete Tintenfische und Garnelen (Mi geschl.).

6 Aquileia

Von der Bedeutung als römische Großstadt und mittelalterliche Patriarchen-Residenz zeugen Kirchen und Ruinen.

Das Land südlich von Cervignano del Friuli (SS 14, Abzweigung nach Aquileia und Grado über die SS 352) ist flach, weit,

Vögel und Meeresgetier formten die Mosaizisten in der Basilica di Aquileia im 4. Jh. zu zauberhaften Bildern

hell und bäuerlich. Die **Via Giulia Augusta** führt als Hauptstraße in das Stadtzentrum und mitten durch das antike Forum. Aquileia, einst glänzende Vorgängerin Venedigs als Handelszentrum, ist heute eine Kleinstadt mit 3500 Einwohnern.

Geschichte 181 v. Chr. gründeten die Römer an den Ufern des schiffbaren *Natisone* (heute Natissa) eine Colonia latina als Bollwerk gegen die Expansion der keltischen Karner. Bald stieg diese Kolonie zum Municipium auf. Aquileia entwickelte sich zur führenden Stadt Oberitaliens und zum Haupthafen des *Adriahandels*. Über Fernstraßen gingen die Waren weiter in den Donauraum, nach Istrien und Illyrien mit Anbindung an die Bernsteinstraße. Paläste, Villen, Lustgärten, Thermen und Theater – kurz, eine *römische Weltstadt* mit 100 000 Einwohnern entstand. Von den Griechen wurde sie Chrysopolis, ›Goldene Stadt‹, und von Kaiser Justinian ›die größte Stadt des Abendlandes‹ genannt.

Im 3. Jh. tauschte Aquileia die römischen Götter gegen das *Christentum* ein, baute im 4. Jh. die erste Basilika und wurde rasch auch religiöser Mittelpunkt der Region. 452 blickte Hunnenkönig Attila mit Vergnügen auf die brennende, zerstörte Stadt. Ihrer *zweiten Blüte* machten 568 die Langobarden ein Ende. Kein Stein blieb auf dem anderen, die Bewohner flüchteten nach Grado. Erst 1019 kehrte Patriarch Popone von Traungau in das fast vergessene Aquileia zurück und weihte 1031 die neue Kathedrale im Beisein der kaiserlichen Familie. Auch diese Blüte war nur von kurzer Dauer. 1421 fiel Aquileia an Venedig, zu Beginn des 16. Jh. an die Habsburger, und wurde erst 1918 endgültig italienisch.

Besichtigung Von der alten Römerstadt blieben, gemessen an ihrem einstigen Umfang, nur wenige sichtbare Spuren: Die **Area Archeologica** (tgl. 8.30 Uhr

Blick in das Innere der Basilica di Aquileia. Ihr größter Schatz sind die wunderbaren Mosaikarbeiten des Fußbodens aus dem 4. Jh.

Unter den Blumenwiesen Aquileias liegen die Reste einer römischen Großstadt. Die wieder aufgerichteten Säulen des Forums lassen den einstigen Glanz kaum ahnen

bis 1 Std. vor Sonnenuntergang) präsentiert wieder aufgerichtete Säulen des *Forum Romanum* und der dazugehörigen Basilica neben der Einfahrtsstraße, ein transferiertes *Mausoleum* aus augusteischer Zeit, Mauerreste römischer Patrizierhäuser, Mosaikböden und Architekturteile, die Denkanstöße geben. Im Ausgrabungsgebiet am einstigen *Hafen* sieht man die alten Kais und die Überreste der Lagerhäuser. Gleichwohl handelt es sich um eine bedeutende archäologische Fundstätte, die 1998 zusammen mit der Basilica di Aquiliea (s. u.) von der UNESCO auf die Liste des Weltkulturerbes gesetzt wurde.

Die große Vergangenheit der Stadt dokumentiert das **Museo Archeologico Nazionale** (Via Roma 1, Tel. 043 19 10 16, www.museoarcheo-aquileia.it, Mo 8.30–14, Di–So 8.30–19.30 Uhr). Zu sehen gibt es Skulpturen, Architekturfragmente, Kaiserporträts, Kunsthandwerk aus Bernstein und Edelstein, wunderschönes römisches Glas, Münzen etc.

Der wichtigste mittelalterliche Bau ist die **Basilica Santa Maria** (Tel. 043 19 10 67, April–Okt. tgl. 9–19, Nov.–März Mo–Fr 9–13, 14–17, Sa, So 9–17 Uhr) an der Piazza del Capitolo mit ihrer wechselvollen Baugeschichte (4.–14. Jh.). Der 313 errichtete Ursprungsbau war die zweitälteste christliche Kirche, älter als die Lateranbasilika in Rom (315), die als ›Mutterkirche‹ gilt. Der Nachfolgebau erfuhr in karolingischer Zeit Veränderungen und Erweiterungen, bekam im 11. Jh. eine romanische Gestalt und wurde nach Erdbebenschäden 1348 teilweise im gotischen Stil erneuert. Glanz gibt der äußerlich schlichten, dreischiffigen Kirche der erst im Jahre 1909 wieder freigelegte herrliche *Mosaikfußboden* aus dem 4. Jh. mit frühchristlichen und heidnischen Symbolfiguren, mit ungemein vielseitigen und schwer zu deutenden Bilderrätseln und Ornamenten. Über diese Kunstwerke schritten wahrscheinlich schon 381 die Bischöfe zur Synode von Aquileia. Einst fulminant vertreten, heute jedoch verblasst sind die *Fresken* aus dem 11. Jh. in der Apsis (romanisches Madonnenfresko) und in der Petruskapelle (Volto Santo) im rechten Querschiff. Die farbige Holzdecke erhielt bei der Restaurierung Ende des 20. Jh. neuen Glanz. Aus dem 9. Jh. stammt die karolingische *Krypta*. Von schweren Tonnengewölben überdacht, wurde sie im 12. Jh. mit romanischen Fresken geschmückt. Vom linken Seitenschiff steigt man zu den Ausgrabungen einer altchristlichen Kultanlage, der *Cripta dei Scavi*, hinab, die wie ihr prachtvoller Mosaikboden auch aus dem ersten Kirchenbau (4. Jh.) stammt. Unweit des Doms steht das rekonstruierte *Battistero* aus dem 5. Jh. mit seinem großen sechseckigen Taufbecken.

Architekturreste, Fragmente von Mosaikböden und Graburnen werden im **Museo Paleocristiana** (Tel. 04 31 91 10 35, tgl. 8.30–14 Uhr) an der Piazza Principe Umberto gezeigt.

Praktische Hinweise

Information

Pro Loco, Piazza Capitolo 4, Aquileia, Tel. 04 31 91 10 87, www.aquileia.net

Hotel

***__Patriarchi__, Via Giulia Augusta 12, Aquileia, Tel. 04 31 91 95 95, Fax 04 31 91 95 96, www.hotelpatriarchi.it. Angenehme Unterkunft mit Spezialitätenrestaurant für Fisch und Grilladen.

Restaurant

Alla Soffitta, Via Giulia Augusta 17, Aquileia, Tel. 04 31 91 95 70. An der Hauptstraße gelegenes Fischlokal.

7 Grado

TOP TIPP *Badeort und Fischerstädtchen, ein Altstadtkern wie aus dem Bilderbuch.*

Bleiches Grün und Blau, nur die beiden Farben, begleiten die Fahrt von Aquileia über den 5 km langen, in einer Drehbrücke endenden *Straßendamm*, der seit 1914 die *Laguna di Grado* mit ihren Inselchen überwindet und Grado an das Festland bindet.

Grado, das römische **Gradus**, bildete als Vicus portuensis den *Außenhafen* des komplexen Hafensystems von Aquileia. Die Heimsuchungen der friulianischen Tiefebene durch Hunnen und Langobarden im 5./6. Jh. brachte die flüchtende Bevölkerung aus Aquileia auf die Insel. In Aquileia Nova überlebte ihre Kultur, und ihre Patriarchen verschönerten die Sakralbauten. Konfliktstoff entstand jedoch 606/607 durch die Trennung der Patriarchate. In Grado residierte ein romtreuer Patriarch über **Seevenetien**, in Aquileia ein schismatischer, von langobardischen Diözesanbischöfen eingesetzter Patriarch über **Landvenetien**.

In der Folge schreckte Aquileia nicht vor blutigen Überfällen auf die einstige Schutzstadt Grado zurück. Venedig stand Grado zwar bei, doch 1451 wurde der Patriarch gezwungen, seine Residenz von Grado nach Rialto zu verlegen. Grado resignierte, nahm ›l'Anzolo‹, den Wahrzeichen-Engel auf dem *Campanile,* als Versöhnungsgabe von Venedig entgegen und wurde wieder zum Fischerdorf, in der Abgeschiedenheit seiner insularen Lage. Erst gegen Ende des 19. Jh. erlebte das damals österreichische (1815–1914) Grado mit der Eröffnung des Ospizio Marino (1872) und der ersten *Badeanstalt* (1890) einen ungeahnten Aufschwung als **Seebad** der österreichischen Aristokratie.

Grados *Fischereiflotte*, viertgrößte der Adria, hat sich längst mit dem Trubel der Sommergäste arrangiert, die den 3 km

In der restaurierten Basilica di Santa Eufemia von Grado bildet der von Säulen getragene hohe Ambo aus dem 13. Jh. mit Evangelistensymbolen einen ganz besonderen Blickpunkt

Flinke Privatboote und kleine Segler drängen sich im Hafenbecken von Grado

langen Hauptstrand und den kürzeren, breiteren Weststrand bevölkern. In der **Altstadt** bestimmen jedoch die verwinkelten Calli (Gassen) und Campielli (Plätze), die alten Häuser um die **Piazza dei Patriarchi** und der malerisch bunte, belebte **Kanalhafen** das Ambiente.

In die Tage der lagunaren Völkerwanderung führt das Ensemble aus Kirchenbauten an der Piazza zurück. Die **Basilica di Santa Eufemia** (tgl. 7–22.30 Uhr, im Winter tgl. 7–19 Uhr) stammt aus dem 6. Jh. Der dreischiffige *Innenraum* mit Säulenarkaden nach ravennatischem Vorbild und starken hell-dunkel Kontrasten besticht durch seine 700 m² bedeckenden *Fußbodenmosaiken*. Mit ihrem geometrischen Aufbau, den stilisierten Pflanzenmotiven und dem Verzicht auf figürliche Darstellungen unterscheiden sie sich stark von den fantasievollen Mosaiken in Aquileia [s. S. 47]. Bemerkenswert sind auch der von den *Magistri campionesi* aus der Lombardei im 13. Jh. geschaffene, von antiken Säulen gestützte hohe **Ambo**, der über Reliefs mit Evangelistensymbolen einen bemalten Steinbaldachin in venezianisch-maurischem Stil trägt und die **Pala d' Argento**, eine gotische Altartafel aus vergoldetem Silber. Hinter dem Hauptaltar öffnet sich der Zugang zur **Cella Trichora**, deren Fußbodenmosaik jenes Wellenmotiv aufnimmt, das auch durch das Mittelschiff der Basilika leitet und den auslaufenden Wellen am Sandstrand gleicht. Interessant sind zudem der *Domschatz* mit Pretiosen aus Aquileia und Grado sowie das *Lapidarium* mit antiken und frühchristlichen Reliefs und den skulpierten *Sarkophagen* aus der berühmten Bildhauerschule von Aphrodisias in Karien.

Schlicht, streng, schmucklos ist das benachbarte achteckige **Battistero** aus der 2. Hälfte des 5. Jh. Der Innenraum, durch einen schönen Balkendachstuhl abgeschlossen, birgt ein mächtiges sechsseitiges *Immersionsbecken*, in dem Ganzkörpertaufen vollzogen wurden.

Im 5./6. Jh. wurde die Kirche **Santa Maria delle Grazie** gebaut, die Alter und Würde ausstrahlt. Der später barockisierte *Innenraum* wurde 1920 wieder in seinen ursprünglichen Zustand versetzt. Sehenswert sind die Choreinfassung mit Originalteilen aus dem 6. Jh., der *Mosaikboden* im rechten Seitenschiff mit Weihinschriften sowie die antiken bzw. byzantinischen Säulen und Kapitelle.

TOP TIPP Bei romantischen Bootsfahrten in die **Lagune von Grado**, die von der Isola di Porto Buso bis Rotta di Primero reicht, trifft man auf die typischen lagunaren Erscheinungsformen.

Es gibt Inseln, deren Klöster und Kirchen durch Landsenkung nur mehr in Ruinen stehen, aber auch die noch intakte **Isola Barbana**, deren Wallfahrtskirche **Santa Maria** seit 1237 an jedem 1. Juli das Ziel der Bootsprozession *Perdon di Barba-*

Die untergehende Sonne färbt das Wasser in der Lagune von Grado golden und lässt die winzigen Inseln und Landrücken, Fischerhütten und Boote schwarz und düster erscheinen

na ist. Die verehrte Marienfigur (15. Jh.) auf dem Hochaltar wurde der Sage nach von den Wellen des Meeres angeschwemmt, um die Einwohner Grados vor einer Pestepidemie zu retten.

Praktische Hinweise

Information

APT, Via Dante Alighieri 72, Grado, Tel. 04 31 87 71 11, Fax 04 31 899278, www.grado.it

Schiff

Boote nach Duino und Triest.

Hotels

******Grand Hotel Astoria**, Largo S. Grisogono 3, Grado, Tel. 0 43 18 35 50, Fax 04 31 8 33 55, www.hotelastoria.it. Komfortables Haus einige Minuten vom Strand entfernt. Mit Panorama-Restaurant und Pool in der 7. Etage.

******Hannover**, Piazza XXVI Maggio 10, Grado, Tel. 043 18 22 64, Fax 043 18 21 41, www.hotelhannover. com. Hotel in attraktiver Lage am malerischen Kanalhafen nahe der Altstadt.

*****Alla Spiaggia**, Via Mazzini 2, Grado, Tel. 043 18 48 41, Fax 043 18 01 62, www.albergoallaspiaggia.it. Freundliches Hotel an der Strandpromenade mit familiengeführtem Restaurant und Zimmern mit Balkon und Meeresblick.

*****Villa Reale**, Via Colombo 11, Grado, Tel. 043 18 00 15, Fax 043 18 05 20, www.hotelvillareale.com. Hotel in gediegenem Art-deco-Ambiente mit Restaurant und schönem Garten.

****Marea**, Via Provveditori 6, Grado, Tel./Fax 043 18 12 06. Klein, freundlich, am Uferdamm.

Camping

Villagio Turististico Europa, Via Monfalcone 12, Loc. Punta Spin, Grado, Tel. 043 18 08 77, Fax 043 18 22 84, www.villaggioeuropa.com. Moderne, schattige Anlage am Strand mit Sport- und Freizeitprogramm.

Restaurants

Locanda alla Fortuna Da Nico, Via Marina 15, Grado, Tel. 043 18 04 70. Lokal mit kreativer Fischküche und der Möglichkeit im Freien zu sitzen.

TOP TIPP **Tavernetta all'Androna**, Calle Porta Piccola 6, Grado, Tel. 043 18 09 50. Moderne leichte Küche nach sehr fantasievollen Rezepten zubereitet bietet dieses angenehme Restaurant. Schön speist man auch an den Tischen draußen auf der Piazzetta (Di geschl.).

Trattoria de Toni, Piazza Duca d'Aosta 37, Grado, Tel. 043 18 01 04. Der moderne Familienbetrieb bietet Fischspezialitäten und einen guten Weinkeller.

Längs der Karstküste – schöne Felsbuchten und Licht wie geschmolzenes Glas

Eine Nebenstraße führt von Grado über die Ausläufer der Laguna di Grado, ihr Hinterland und das sumpfreiche Mündungsdelta des **Isonzo** nach Monfalcone und erreicht dort die SS 14, die entlang der Karstküste nach Triest führt. Die Landschaft ist zunächst flach, einsam und pastellfarben, ab Monfalcone fallen zerklüftete und zerfurchte **Felsen** steil zum Meer ab, bizarre Gesteinsformationen türmen sich auf, herrliche **Ausblicke** auf das Meer sind möglich. **Triest** schließlich, lange Zeit geprägt von den Habsburgern, ist heute Hafenstadt mit österreichischem, slawischem und italienischem Flair.

8 Monfalcone

Ein Soldatenfriedhof und eine Hafenstadt mit alter Burg.

Kurz vor Monfalcone fährt man über die Isonzo-Brücke. Traurige Berühmtheit erlangte der mehrarmig mündende Fluss als Namensgeber für 12 blutige Schlachten zwischen Italien und Österreich im Ersten Weltkrieg. Der Hybris von Kriegen mag man im **Sacrario Militare** (Mitte Mai–Sept. 8–19, Okt.–Mitte Mai 9–12, 14–17 Uhr) in *Redipuglia*, nördlich von Monfalcone, nachspüren. 100 187 italienische Soldaten der *Terza Armata* ruhen eingemauert in einer riesenhaften Steintreppe, die in gigantischer Geometrie zwischen Zypressen auf eine von drei Kreuzen – Symbole für Gott, Vaterland und Familie – bestandene Hügelkuppe führt.

Monfalcone selbst, eine hektische Industrie- und Hafenstadt, hat die Bausubstanz aus 2000 Jahren in Bombardements eingebüßt. Nur die **Rocca**, die Festung, ist alt, römisch fundamentiert. Hier befindet sich heute das **Museo Paleontologico** (Tel. 048 14 00 14, zzt. wegen Renovierung geschl.). mit urzeitlichen Fossilien und Höhlenfunden der Region.

9 Duino

Ort uralter Mythen und alter Kastelle.

Der **Timavo**, ein echter Karstfluss, entspringt an den Hängen des Sneznik, fließt geruhsam ein Stück durch Slowenien, fällt bei San Canziano (Skocjan) tief in eine Schlucht und tritt erst nach einem unterirdischen Lauf von 35 km bei *San Giovanni di Duino*, wenige Meter rechts der SS 14, wieder ans Tageslicht. Das Geheimnis um den Fluss, der einst in sieben starken Quellen unvermittelt aus der Tiefe sprudelte, beeindruckte schon die Fantasie der antiken Poeten. Romantisch beflügelt orteten sie hier den Eingang zur *Unterwelt*. Vergil widmete dem ›ruhelosen Fluss‹ Verse in seiner ›Aeneis‹. Heute präsentieren sich die Quellen hübsch, aber unspektakulär.

Ein Hauch von Ewigkeit liegt über der nahe gelegenen gotischen Kirche **San Giovanni in Tuba**. Sie steht auf römischem Tempelboden, denn hier opferte man einst Timavus und Herkules. Interessante Grabungsfunde sind im *Complesso Archeologico delle Fonti di Timavo* (Besichtigung nach Voranmeldung, Tel. 04 04 36 31) ausgestellt.

Die **Foce del Timavo** (Foce = Mündung) markiert den Beginn der *Triester Riviera*. Schneeweiße Kalkfelsen und bizarre Berggrate stößt der Karst hier ins Meer, macht die Landschaft wild und ungestüm und spart nur bei Duino, Sistiana und Grignano malerische Felsbuchten mit schmalen **Kiesstränden** aus.

Zwei verwegene Kastelle auf vorgeschobenen Felsbastionen dominieren **Duino**. Von spartanischen Wachtürmen aus kontrollierten hier schon die Römer den Golfo di Panzano. Das Castello

Vecchio aus dem 11. Jh., einst Besitz der Familie Duino (Tybein), Lehensherren der Patriarchen von Aquileia mit Raubritterambitionen, ist seit der Zerstörung durch Venezianer nur noch eine malerische Ruine. Das Castello Nuovo, das heutige **Castello di Duino** (Tel. 040 20 81 20, www.castellodiduino.it, April–Sept. Mi–Mo 9.30–17.30 Uhr, Okt.–Dez. bis 16 Uhr, Dez.–März nur auf Anfrage), wurde Ende des 14. Jh. hoch über dem Meer um einen römischen Wachturm errichtet. Der mächtige, unorganische Gebäudekomplex ist seit Jahrhunderten Wohnsitz der *Fürsten von Thurn und Taxis*, die hier viele Berühmtheiten um sich scharten. Der österreichische Lyriker *Rainer Maria Rilke* schrieb in diesen Mauern die ersten beiden seiner ›Duineser Elegien‹ und den Gedichtezyklus ›Marienleben‹, den Paul Hindemith vertonte.

An den Dichter erinnert der **Sentiero Rilke**, ein malerischer Spazierweg mit herrlichen Ausblicken auf das Meer, der von Duino entlang der Klippen zur zauberhaften Bucht von Sistiana führt.

i Praktische Hinweise

Information

APT, Sistiana 56 B, bei Duino Aurisina, Tel. 040 29 91 66

Hotel

*****Duino Park Hotel**, Duino Aurisina, Tel. 040 20 81 84, Fax 040 20 85 26, www.duinoparkhotel.it. Kleines hübsches Hotel mit Restaurant.

Setzen den Karstfelsen eine Krone auf: die Burgen Duinos am Beginn der Triester Riviera

Restaurant

Alla Dama Bianca, Duino Porto 61 E, Tel. 040 20 81 37. Restaurant mit Seefahrerambiente und Terrasse über dem Hafen. Geboten werden köstliche Fischgerichte. Auch 7 Zimmer sind vorhanden.

10 Castello di Miramare

TOP TIPP *Traumschloss Kaiser Maximilians mit schwermütigem Ambiente.*

Von Duino über Sistiana folgt die SS 14 auf halber Höhe dem unruhigen Verlauf der Küste. Weit gefächert ist der Ausblick von der Isonzo-Mündung auf die Berge *Istriens*, zauberhaft, wenn der Sommacco (Sumach), eine Karstpflanze, die felsigen Küstenhänge feuerrot färbt.

Auf halbem Weg zwischen Duino und Triest steht auf einer Landspitze Castello di Miramare – sehr weiß, verspielt, zinnengekrönt und theatralisch. Österreichs **Erzherzog Maximilian Ferdinand**, Bruder von Kaiser Franz Joseph I., ließ sich das Haus seiner Träume 1856–70 nach eigenen Entwürfen und Plänen des Architekten Carl Junker im englisch-normannischen Stil bauen. Der Traum war schwülstig und kurz. Maximilian, verheiratet mit *Charlotte*, Tochter Leopolds I. von Belgien, griff trotz europäischer Kronenauswahl nach der ihm angebotenen *Kaiserkrone Mexikos*. Vom noch unfertigen Miramare aus brach er 1864 an Bord der Fregatte ›Novara‹ in das imperiale Abenteuer auf. Drei Jahre später erschossen ihn Republikaner im mexikanischen Querétaro. Erst vier Jahre danach war das Schloss fertig gestellt. Nur kurz wurde es von der geisteskrank heimgekehrten Charlotte bewohnt.

Heute wird es als **Museo Storico del Castello di Miramare** (Tel. 040 22 41 53, www.castello-miramare.it, tgl. 9–19 Uhr) geführt. Das opulente *Interieur* befindet sich im ursprünglichen Zustand: viel Plüsch, viel Überschwang, viel Rot und Gold, Schnitzereien, Seidentapeten, Gemälde und einige kostbare alte Möbel. In vielen Räumen schlägt die maritime Verbundenheit des Hausherrn durch: Sein *Schlafgemach* gleicht einer Schiffskabine, das *Arbeitszimmer* ist der Offiziersmesse der ›Novara‹ nachempfunden, die *Säle* heißen ›Windrose‹ und ›Möwe‹. Den Thronsaal schmückt die gemalte Allegorie auf die Größe Kaiser Karls V.

Nostalgie paart sich mit Melancholie, wenn die Ton- und Lichtspiele im Parco del Castello di Miramare das Leben des glücklosen Kaisers von Mexiko aufbereiten

Der **Parco del Castello** (April–Sept. tgl. 8–19 Uhr, März, Okt. bis 18 Uhr, Nov.–Febr. bis 17 Uhr) ist ein teils geometrisch angelegter, üppig wuchernder exotischer Garten mit zahlreichen Treppen, Teichen, Skulpturen und Pavillons, Schmetterlingsgarten in den Gewächshäusern und Meerespark im ›Schlösschen‹.

Praktische Hinweise

Hotel

***__Riviera & Maximilian's Residence__, Strada Costiera 22, Triest, Tel. 040 22 45 51, Fax 040 22 43 00, www.residencetrieste.com. Das helle, freundliche Hotel unweit des Castello di Miramare präsentiert sich in schöner Lage an der weiten Bucht.

Restaurant

La Marinella, Viale Miramare 323, Barcola, Tel. 040 41 09 86. Neben Schloss Miramare. Hier genießt man Köstlichkeiten aus dem Meer in entspannter Atmosphäre.

11 Triest

Plan Seite 54

Größter Adriahafen an der Peripherie Italiens mit österreichischem Flair: uralt, eigenwillig, multikulturell.

Die SS 14 folgt ab Grignano der Küste, führt unterhalb des *Monte Grisa* mit dem 1967/68 von Antonio Guacci erbauten Santuario vorüber und erreicht bei Barcola Triest (ital. *Trieste*). Der ganze Stolz der Italianità konzentriert sich hier im **Faro della Vittoria**, dem Leuchtturm des Sieges, der blendend weiß über den zersiedelten Karstbergen aufragt.

Geschichte Über die Vorgeschichte des *Castelliere* (Hügelsiedlung), das von den Römern 178 v. Chr. erobert wurde und als **Tergeste** in die Geschichte einging, gibt es nur Vermutungen. Unter Kaiser Trajan (99–117) war Tergeste bereits eine ummauerte blühende Stadt auf der Kuppe des heutigen *Colle di San Giusto*. Nach einer intensiven frühchristlichen Periode wurde die Stadt Opfer plündernder Völkerwanderer und versank in Bedeutungslosigkeit. Venedigs Begehrlichkeit, der Piraterie nicht abhold, eskalierte in Überfällen, die wiederholt mit der Besetzung Triests endeten. 1382 unterstellte sich die Stadt freiwillig der Schutzhoheit Herzog Leopolds von Österreich. Fünfeinhalb Jahrhunderte blieb Österreich ein dominanter Partner. Im 15. Jh. gewann der Triestiner *Schiffsbau* an Bedeutung. Der *Handel* blühte auf, und auch Scharen von Rompilgern reisten auf Triestiner Schiffen. Scharmützel mit Piraten und Venezianern blieben jedoch an der Tagesordnung, bis Kaiser Karl VI. im Jahr 1717 ein Patent zum Schutz der Adriaschifffahrt erließ. Ab 1719 war Triest **Freihafen**. In den folgenden Jahrzehnten wurden Stadt und Hafenanlagen erweitert und z. B. der

Molo San Carlo, der heutige Molo Audace, angelegt. Während der Regierungszeit Maria Theresias (1740–80) lockten kaiserliche *Zollfreiheiten* Kaufleute aus ganz Europa an. Die Stadt gab sich weltoffen und multikulturell, die Bevölkerungszahl stieg sprunghaft an. Der größte Aufschwung erfolgte jedoch erst, als der *Wiener Kongress* 1815 Triest und Friaul wieder Österreich zusprach. Gleichzeitig fielen Venedig und Venetien an die Habsburger-Monarchie. Endlich konnte sich Triest unter dem Schutzmantel Wiens gegen Venedig profilieren. Große Werften, Reedereien, Banken und Versicherungsgesellschaften siedelten sich an, 1832 wurde der *Österreichische Lloyd* gegründet. Zu Beginn des 20. Jh. durchfurchten seine 76 Schiffe die Meere in Richtung Asien, Indien, China und Japan.

In dem mit dem kaiserlichen Ehrentitel *Urbs fidelissima* ausgestatteten Triest entstanden die großen neoklassizistischen Palazzi. *Wiener Architekten* prägten das Gesicht der Stadt, in der *Literaten* wie der Romancier Italo Svevo, der Lyriker Theodor Däubler, die Schriftsteller Umberto Saba, Scipio Slataper, Giorgio Voghera, Stelio Mattioni und der Wahltriestiner James Joyce arbeiteten. Am 3. November 1918 wurde Triest italienisch. Im **Zweiten Weltkrieg** bildeten Triest und Julisch-Venetien ab dem 3. November 1943 eine von Deutschen verwaltete *Provinz*. Nach Kriegsende war Triest ein in zwei Zonen geteilter entmilitarisierter Freistaat. Die nördliche Zone kam 1954 nach dem Verlust des Hinterlandes wieder unter italienische Verwaltung, die südliche fiel an Jugoslawien. Erst im Jahr 1964 wurde die *Region Friaul-Julisch Venetien* mit Triest als **Hauptstadt** gegründet.

Besichtigung Es lohnt sich, von der Piazza Goldoni über die große Freitreppe Scala dei Giganti zum **Colle di San Giusto** aufzusteigen (mit dem Auto geht es über die Via Felice Venezian und Via San Michele). Der *Ausblick* vom Hügel rückt die spezifische Situation Triests am besten ins Bild. Weit öffnet sich die Stadt dem Meer, man erkennt die exponierte Lage der Landspitze, die im Süden, von der Baia di Muggia gerahmt, weit in den *Golfo di Trieste* hineinragt. Von der römischen Stadt auf dem Hügel sind nur Reste erhalten: Säulenstümpfe des Forums, Reste des Capitolinischen Tempels, Teile der Basilica Forense und rekonstruierte Kapitelle. Die alte Platea romana wird heute vom **Castello di San Giusto** 1 beherrscht, dessen Bau 1470 von Habsburgs Kaiser Friedrich III. angeordnet, mit österreichischen und venezianischen Bastionen vollendet, sehr mächtig wirkt. Kriegerische Relevanz besaß es indes nie. Heute beherbergt es das **Civico Museo del Castello di San Giusto**

Top Tipp

Vielleicht gibt es noch mehr auszugraben? Erst in diesem Jahrhundert wurden die Reste des römischen Forums vor dem Castello San Giusto ans Licht gebracht

(Tel. 040 30 93 62, www. retecivica.trieste.it, zzt. wegen Renovierung geschl.) mit einer Waffensammlung. Und im restaurierten Bastione Lalio präsentiert das *Lapidario Tergestino* römische Skulpturen, Reliefs und Architekturfragmente. Prächtig ist der Ausblick von den Wehrgängen auf Stadt, Golf und das karstige Hinterland.

Die nahe gelegene **Cattedrale San Giusto** 2 entstand aus den Trümmern eines Tempels und einer frühchristlichen Kulthalle. Ihr asymmetrisches Erscheinungsbild erhielt sie im 14. Jh., als man zwei nebeneinander stehende *romanische Basiliken* durch Abriss der Seitenwände und Einzug einer Holzdecke über dem neu entstandenen Mittelschiff zu einer fünfschiffigen byzantinischen Kirche zusammenfügte. Die Bauwunden verdeckte man durch eine vorgeblendete *Fassade* mit einem strahlend weißen gotischen Rosettenfenster. Die Seitenpfeiler des Hauptportals bestehen aus einem zersägten römischen Grabstein. Der *Mosaikboden* im Inneren, vor dem Chor, stammt aus einer zerstörten Kirche des 5. Jh., das Mosaik der thronenden Gottesmutter in der linken Seitenapsis ist eine venezianische Arbeit des 12. Jh. Die *Fresken* in der rechten Seitenapsis (11. Jh.) und das *Christus-Mosaik* in der Kuppel (13. Jh.) beleben durch Farbe, Gold und Licht den gesamten Innenraum.

An dieses Kirchen-Ensemble fügen sich links das romanische **Battistero** und rechts die gotische Kirche **San Michele al Carnale** an. Der 1378 unter Verwendung römischer Reste erbaute Campanile zeigt über dem Eingang die byzantinische Statue des Stadtheiligen San Giusto. Neben der Kirche befindet sich der Eingang zum **Civico Museo di Storia e Orto Lapidario** 3 (Tel. 040 31 05 00, Di, Do–So 9–13, Mi 9–19 Uhr) mit Exponaten von der Vor- und Frühgeschichte bis zur Römerzeit, einige von ihnen sind draußen im *Orto Lapidario* versammelt. An Johann Joachim Winckelmann erinnert der *Tempietto Winckelmann*. Der berühmte Antikenforscher wurde 1786 in Triest von seinem Begleiter ermordet.

Der Abstieg vom Kastellberg nach Süden führt durch einen sehr alten Stadtteil. Etwa auf Höhe der Via Donata verlief im Mittelalter die **Stadtmauer**, von der noch Reste – Porta Cucherna und Porta Donata – erhalten blieben. Einen kleinen Umweg lohnt die barocke Jesuitenkirche **Santa Maria Maggiore dei Gesuiti** 4 (17. Jh.), die nach den Plänen von Pater Giacomo Briano erbaut wurde. Die Fassade stammt von Andrea Pozzo. Einen romanischen Kontrapunkt setzt das benachbarte Kirchlein **San Silvestro** 5, das älteste erhaltene Gotteshaus Triests (11. Jh.). Südwestlich der Kirche steht an der Piazzetta Barbacan der **Arco di Riccardo** 6, ein Torbogen des augusteischen Mauerrings. Längst verschwunden glaubte man das Halbrund des früher direkt am Meer gelegenen **Teatro Romano** 7 (1. Jh.), 1938 kam die Anlage nach dem Abriss eines ganzen Stadtviertels wieder zum Vorschein. Durch alte Gassen gelangt man in südöstlicher Richtung zum Revier der Antiquitäten- und Trödelläden und schließlich zur Piazza Borsa und Piazza dell' Unità d'Italia.

Die rechteckige, zum Meer hin offene **Piazza dell' Unità d'Italia** ist Triests urbaner Salon. Alles ist hier groß, pompös und teuer – in der Euphorie und Weltläufigkeit des 19. Jh. erbaut. Jahrzehntelang war die Piazza eine Baugrube, der barocke Palazzo Pitteri (1790) und die Casa Stratti mit dem noblen Caffè degli Specchi (1835) versanken im Staub. Es bauten: der Eklektiker Giuseppe Bruni ab 1875 den **Palazzo del Municipio** 8 im Stil der Neorenaissance, der Wiener Heinrich Ferstel, Vertreter des historisierenden Stils, 1880–83 das Direktionsgebäude des damaligen Österreichischen Loyd, heute **Palazzo del Lloyd Triestino** 9, und der Österreicher Emil Artmann 1904 den **Palazzo del Governo** 10, dem er eine Jugendstilfassade mit reichem Mosaikschmuck gab. Auf der kleineren **Piazza della Borsa** 11 drängen sich Börse, Banken, prunkvolle Fassaden und teure Geschäfte. Klassizistische Gebäude wie die *Borsa Vecchia*, die alte Börse von 1805, und die Einkaufsgalerie *Tergesteo* (1840–42) harmonieren mit den reich dekorierten Jugendstilfassaden der Casa Bartoli (1905) und der Banca d'America ed Italia von 1912.

Wenige Schritte meerwärts leitet die Piazza Tommaseo zum klassizistischen *Teatro Verdi* (1801), zur Meerpromenade Riva Tre Novembre, zum klassizistischen Palazzo Carciotti und zum 1756 angelegten **Canal Grande** 12 über. Der Kanal gab einst dem **Borgo Teresiano** Farbe, dem unter Maria Theresia erbauten Viertel mit seinem akribisch angelegten Straßenraster. Schiffe fuhren bis zur klassizistischen, von Pietro Nobile 1847–49 erbauten Chiesa **Sant' Antonio Thaumaturgo** 13. Auf dem 1934 verkürzten Canal liegen heute nur noch kleinere Boote. Am lebhaftesten ist das Treiben auf der nahen *Piazza di Ponterosso*.

Die **Uferpromenaden** Riva Tre Novembre, Riva del Mandracchio und Riva Nazario Sauro verbinden die Molen der Stadt miteinander. Die frühere Betriebsamkeit auf dem Molo Audace hat sich zum nahen *Molo dei Bersaglieri* verschoben. Die großen Säle der **Stazione Marittima** 14, 1936 aus Anlass der ersten Amerikareise des Motorschiffs ›Vulcania‹ eröffnet, werden heute als Kongresszentrum genutzt. Im Jugendstilgebäude des **Molo Pescheria** 15 sind der *Fischmarkt* (Di–Sa vormittags) und das **Aquario Marino** (Tel. 0 40 30 62 01, Di–So 9–13 Uhr, sommers bis 19 Uhr) untergebracht.

Von hier lohnt ein Schwenk stadteinwärts über die Piazza Venezia zum **Museo Revoltella** 16 (Via Diaz 27, Tel. 04 06 75 41 58, www.museorevoltella.it, Sept.–Mitte Juli Mo, Mi–Sa 9–18, So

Venezianische Meister schufen das großartige Mosaik der thronenden Gottesmutter in der linken Apsis der Cattedrale San Giusto von Triest

Monumente einstiger Macht und Herrlichkeit säumen die Triester Piazza dell'Unità d'Italia. Im Zentrum steht der imposante Palazzo del Municipio (19. Jh.)

10–18 Uhr, Mitte Juli–Sept teils bis 24 Uhr). Die Stiftung Pasquale Revoltella zeigt in 40 Sälen eine Sammlung italienischer Malerei des 19. Jh. und 20. Jh.

i Praktische Hinweise

Information

APT, Via San Nicolò 20, Triest, Tel. 04 06 79 6111, Fax 04 06 79 62 99

APT, Stazione Centrale, Tel. 040 42 01 82, Fax 040 41 68 06, www.triestetourism.com

Bahnhof

Stazione Centrale, Piazza della Libertà, Triest, Tel. 040 41 82 07, 89 20 21, www.trenitalia.it

Flughafen

Aeroporto Friuli-Venezia Giulia Ronchi dei Legionari, Monfalcone, 35 km von Triest, Tel. 04 81 77 32 24, www.aeroporto.fvg.it

Parkplätze

beim Hauptbahnhof, Via Giulia und Via F. Severo

Hotels

****Grand Hotel Duchi d' Aosta**, Piazza dell' Unità d'Italia 2/1, Triest, Tel. 04 07 60 00 11, Fax 040 36 60 92, www.grandhotelduchidaosta.com. Stilvolles Gründerzeithaus, Zimmer mit Blick auf die Piazza und das Meer. Elegantes Restaurant namens Harry's Grill im Haus.

****Star Hotel Savoia Excelsior Palace**, Riva del Mandracchio 4, Triest, Tel. 04 07 79 41, Fax 040 63 82 60, www.starhotels.it. Stilvolles Hotel direkt an der Meerespromenade.

****Novo Hotel Impero**, Via Sant' Anastasio 1, Triest, Tel. 040 36 42 42, Fax 040 36 50 23, www.fenicehotels.it. Kleineres Haus ohne Restaurant in Bahnhofsnähe.

Camping

Pian del Grisa, Contovello 226, bei Opicina, Tel. 040 21 31 42, Fax 04 02 15 51 12, www.piandelgrisa.it. Platz im Grünen nordwestlich von Triest.

Restaurants

Ai Fiori, Piazza Hortis 7, Triest, Tel. 040 30 06 33. Elegantes, dennoch gemütliches Lokal mit fantasievoller Küche (So/Mo geschl.).

Antica Trattoria Suban, Via Comici 2, Triest, Tel. 04 05 43 68. Angenehmes Ambiente, regionale Spezialitäten, Sommerservice in einer Pergola (Mo/Di mittags geschl.).

Buffet da Mario, Via Torrebianca 41, Triest, Tel. 040 63 93 24. Die deftige Triestiner Küche bestimmt das Menü der sympatischen Trattoria im Zentrum.

Faszination Karst

Ein von Naturgewalten und menschlichen Eingriffen stark gezeichnetes Kalksteinplateau ist der imposante **Carso Triestino**. Schon Römer und Venezianer rodeten den Karstwald, aus dem Holz bauten sie Schiffe bzw. nutzten zahllose Stämme für den Unterbau ihrer Paläste in der Lagunenstadt. Wasser, Sonne und Wind haben die **Bodenerosion** beschleunigt und im porösen Stein Abbrüche, Rinnen, Spalten und Dolinen ausgebildet, die von **Karstheide** überzogen, eine herbschöne Landschaft bilden. Der wenig widerstandsfähige Kalkstein lässt das Wasser ins Innere vordringen, und es erzeugt an der ›Nachtseite‹, tief unter der Oberfläche, eine bizarre Welt aus Gängen, Abgründen, **Grotten**, aus Stalaktiten und Stalagmiten, die grandiose Tropfsteinformationen darstellen.

Als der Triestiner Wasserbautechniker Antonio Federico Lindner 1841 in die **Karsthöhlen** abstieg, um neue Wasserreservoirs für Triest zu erschließen, entdeckte er die **Grotta Gigante** bei Sgonico, nördlich von Triest. Speläologen bezeichnen die Riesengrotte mit 280 m Länge, 60 m Breite und 127 m Höhe als die größte touristisch erschlossene Höhle der Welt. Seit 1908 ist sie für Publikum zugänglich, seit 1956 wird sie elektrisch beleuchtet. Erschienen die gewaltigen Tropfsteinformationen im Schein der Karbidlampen gespenstisch, schauerlich und mystisch, so wirken sie nun, gut ausgeleuchtet, wie eine effektvolle Inszenierung in Gold, Braun- und Rottönen. Das mittlere **Wachstum** der Stalagmiten und Stalaktiten, dort, wo sich der in Wasser aufgelöste Kalkstein an den Tropfstellen ansetzt, beträgt derzeit 2 mm in 100 Jahren.

Cafés

Caffè degli Specchi, Piazza dell' Unità d'Italia 7, Triest, Tel. 040 36 57 77. Kaffeehaus nach Wiener Art.

TOP TIPP **Caffè San Marco**, Via Cesare Battisti 18, Triest, Tel. 0 40 36 35 38. Eines der schönsten historischen Kaffeehäuser Triests mit floralem Jugendstildekor an den hohen Decken.

Caffè Tommaseo, Piazza Tommaseo 4 c, Triest, Tel. 040 36 26 66. Das 1825 gegründete Caffè bietet neben Sachertorte einen schönen Blick aufs Meer.

12 Muggia

Liebenswürdig, venezianisch, ein Stadtkern in historischen Mauern.

Über die südlichen Industrievororte von Triest fährt man längs der *Baia di Muggia* nach Muggia. Das kleine Städtchen, von einer Hügelkette umgeben, ist die letzte Ortschaft Friauls und der erste Vorbote Istriens. In römischer Zeit als **Castrum Muglae** gegründet, ging Muggia 1451 an Venedig. Jahrhundertelang gab hier die Serenissima den Ton an und führte Krieg mit Triest von Bucht zu Bucht. *Venezianisch* sind noch heute der Dialekt und der Karneval, der Baustil des **Duomo di Santi Giovanni e Paolo** und des Rathauses. Venezianisch sind die verschlungenen Gassen, die Loggien, Spitzbogen und Wappen an den Häusern. Vor allem die **Piazza Marconi** gleicht einem echt venezianischen Campiello.

Über die Küstenstraße erreicht man *San Rocco* und über eine Abzweigung (links) die zauberhaft gelegene romanische Wallfahrtskirche **Santa Maria Assunta** (10.–13. Jh.) in Muggia Vecchia.

i Praktische Hinweise

Information

APT, Via Roma 20, Muggia, Tel. 040 27 32 59, Fax 040 27 28 64

Hotel

*****Albergo Lido**, Via Cesare Battisti 22, Muggia, Tel. 040 27 33 38, Fax 040 27 19 79, www.hotellido.com. Modernes Hotel mit Restaurant.

Restaurant

La Risorta, Riva de Amicis 1, Muggia, Tel. 040 27 12 19. Im Sommer speist man auf der Terrasse (So/Mo geschl.).

Von Venedig bis zur Mündung des Po – Villen, Wasserland und berühmte Städte

Das ewige Spiel von Gezeiten und Flüssen ließ eine zwischen Erde und Wasser fast schwebende Landschaft entstehen. Die *Strada Romea* (SS 309) folgt der schon von den Römern konzipierten Route Popilia. Sie trifft südlich von Mestre auf die aus Venedig herausführende SS 11 und führt längs der **Laguna Veneta** geradewegs nach Süden in das ›lebende‹, wachsende Land der Flussmündungen von **Brenta** und **Adige** sowie in das gewaltige **Delta del Po**. Wolkenstimmungen, ziehende Vogelschwärme, Pappelreihen, Orte, insular oder uralt und längst verlandet, Badestrände, Dünen und Brackwasserseen prägen das Bild.

13 Naviglio di Brenta

TOP TIPP *Palastartige Villen in einer venezianischen Gegenwelt: erdverbunden und grün.*

Reiche, ruhesuchende Venezianer ließen sich in der Blütezeit der *Villeggiatura* (ital. Sommerfrische) im 15.–18. Jh. verschwenderische Sommervillen am Ufer des schiffbaren Naviglio di Brenta, des Brenta-Kanals, bauen. Heute fährt man aus Sehnsucht nach Authentizität mit dem Schiff **›Il Burchiello‹** von Venedigs San Marco (Pontile della Pietà, Riva degli Schiavoni, Tel. 04 98 20 69 10, www.ilburchiello.it) aus nach *Strà* oder man folgt mit dem Auto der SS 11, die am Kanalufer entlang führt.

Nahe Fusina (Zufahrt ab Oriago) liegt die berühmte **Villa Foscari ›La Malcontenta‹** (Tel. 04 15 47 00 12, Mai–Okt. Di, Sa und am 1. So des Monats 9–12 Uhr). Nachfahren des *Dogen Francesco Foscari* hatten sie 1560 in Auftrag gegeben. **Andrea Palladio** – der eigenwillige Müllerssohn Andrea di Pietro della Gondola – hat sie in Form eines klassizistischen Tempels erbaut: edel und ebenmäßig, mit einem *Säulenportikus*, der lange Schatten ins Wasser wirft. Verschwenderisch schmücken mythologische *Fresken* und archi-

In Strà ließ sich Doge Alvise Pisani seinen imperialen Landsitz errichten. Italien erkor ihn zur Villa Nazionale und stöhnt nun unter den Erhaltungskosten

Riviera Fiorita

Das Fest der Riviera Fiorita, der blühenden Ufer, findet am zweiten Sonntag im September auf dem **Naviglio di Brenta** statt. Ähnlichkeiten mit der Regata Storica, die eine Woche vorher den Canal Grande in Venedig mit turbulentem Leben füllt, drängen sich zwar auf, doch dies ist das Fest der **Terra ferma**, des ländlichen Venedig. Es verlegt Pomp und Prunk venezianischer Feste in das Ambiente melancholischer Weidenbäumen und blühender Gärten, in die feriale Wahllandschaft der reichen venezianischen Familien. Am Festtag ergreift das Volk vom Kanal Besitz, kleidet sich in historische **Kostüme**, spielt Doge, Edelfrau und Gefolge und schippert in geschmückten **Gondeln** und Booten jeder Art, begleitet von prächtigen **Bissone** (Prachtbarken), die Venedig ausborgt, über den Brenta-Kanal zwischen Strà und La Malcontenta. Oft liegen die Boote so dicht, dass der Kanal einer bunten Straße gleicht.

tektonische Trompe-l'œil-Malereien die Räume der Villa. In der höchst dekorativen *Sala del Gigante* mit dem ›Gigantensturz‹ von Battista Franco – unter dem Freskenzyklus ›Die Metamorphosen des Ovid‹ von Giambattista Zelotti – empfing man königliche Besucher, u.a. Frankreichs Heinrich III.

Verspieltes Rokoko kleidet die **Villa Widmann Foscari** (Tel. 041 42 49 73, Führungen Di–So nach Voranmeldung) bei *Mira*. Die Widmanns, umschwärmte Mäzene des Komödiendichters *Carlo Goldoni*, ließen den ›Triumph der Familie‹ neben dem ›Raub der Helena‹ in den Fresken des Festsaals verewigen.

Weitere Villen liegen zwischen Mira und *Dolo*, viele Fassaden schauen auf den Naviglio, große Namen lassen aufhorchen. Größte und eindrucksvollste ist die **Villa Pisani** (Tel. 049 50 22 70, April–Sept. Di–So 8.30–19, Okt.–März Di–So 9–16 Uhr), auch *Villa Nazionale* genannt, in Strà. *Alvise Pisani*, Venedigs Botschafter im Paris Ludwigs XIV. und Doge von 1735 bis 1741, war an den Glanz des Hofes von Versailles gewöhnt. Daher gab er 1735 den schlossähnlichen Ausbau einer schon bestehenden Villa in Auftrag. Die mehrflügelige Anlage mit einer von Atlanten getragenen *Loggia* ähnelt tatsächlich einem barocken Residenzschloss. Vertreter der venezianischen Malschule des 18. Jh. – Jacopo Amigoni und Pietro Longhi – schmückten 32 Säle. *Giambattista Tiepolo* malte in der *Sala del Ballo* einen leuchtend blauen Himmel, aus dem die Familie Pisani auf die Genien der Macht, des Friedens, der Künste und der Wissenschaften blickt. Sehenswert ist auch die *Sala delle Vedute* mit ihren gemalten Scheinausblicken.

Kulisse einer vergangenen Zeit: Venedigs High Society tanzte einst in der Villa Pisani

i Praktische Hinweise

Information

APT, Via Don Minzoni 26, Mira, Tel. 041 42 49 73, Fax 041 42 38 44

Hotel

TOP TIPP ****__Villa Margherita__, Via Nazionale 416, Mira Porte, Tel. 04 14 26 58 00, Fax 041 46 58 38, www.villa-margherita.com. Nobles, stilvolles Hotel am Brenta-Ufer in einer Landvilla aus dem 17. Jh.

Restaurants

Margherita, Via Nazionale 312, Mira Porte, 200 m vom gleichnamigen Hotel entfernt, Tel. 041 42 08 79. Moderne Küche mit viel Fantasie (Di abend und Mi geschl.).

Nalin, Via Novissimo 29, Mira, Tel. 041 42 00 83. Gute Adresse für Liebhaber von Fisch und Meeresfrüchten (So abends und Mo geschl.).

Marktstände auf der Piazza delle Erbe lassen Paduas mächtigen Palazzo della Ragione – früher Gerichtsgebäude – gemütlicher und freundlicher erscheinen

14 Padua

Plan Seite 62

Die alte Universitätsstadt bewahrt venezianische Atmosphäre und das Gedenken an den hochverehrten hl. Antonius.

Padua, die **Hauptstadt Venetiens** im Norden der Colli Euganei und westlich der Lagune, vom *Bacchiglione* umflossen, durch Kanäle mit Brenta, Adige und Po verbunden, zeigt im Zentrum eine der schönsten Stadtlandschaften Italiens.

Geschichte Einem Mythos zufolge wurde Padua vor 3000 Jahren von *Antenor*, der nach dem Fall Trojas Zuflucht im oberitalienischen Sumpfland fand, gegründet. Als der Dichter Lovato de Lovati um 1274 das Grab eines antiken Kriegers entdeckte, schien sich der Mythos bestätigt zu haben, und 1284 wurden die rätselhaften Gebeine in einem Prunksarg bestattet. Nun findet man die **Tomba di Antenore** 1 als Kuriosität im Stadtzentrum auf der Piazza Antenore.

Das römische **Patavium** (ab 215 v. Chr.), Geburtsort des Geschichtsschreibers *Titus Livius* (59 v. Chr.–17 n. Chr.) erlebte seine erste Glanzperiode in der **Kaiserzeit**. Als wichtiger *Verkehrsknotenpunkt* wurde es durch Handel, vor allem mit Wolle, reich. Die römische Stadt ging im Ansturm der Hunnen und Langobarden unter. Nach chaotischen Jahrhunderten der neuerlichen Stadtgründung, des Widerstandes gegen die Reichsgewalt und Friedrich I. Barbarossa, nach einem vernichtenden **Brand** im Jahre 1174, konnte sich Padua erst ab dem 13. Jh. etwas erholen.

Trotzige, sich in ihren Freiheiten eingeschränkt fühlende Professoren aus Bologna gründeten 1222 die **Universität von Padua**. An ihr lehrte u. a. der Doctor universalis *Albertus Magnus*. Ebenfalls im 13. Jh. hielt der Franziskanermönch und spätere Lieblingsheilige der Italiener, **Antonius** gen. **Il Santo**, in Padua seine Bußpredigten. 1232, ein Jahr nach seinem Tod, begann man mit dem Bau seiner *Grabeskirche*. 1302–06 entstand die Cappella degli Scrovegni, die der Florentiner Meister **Giotto di Bondone** (1266–1337) ausmalte. Mit ihm etablierte sich Padua als **Kunststadt**. Mit der Herrschaft der Familie **Carrara** brach im Stadtstaat eine emsige Bautätigkeit an, die auch unter venezianischer Oberhoheit (1405–1797) nicht versiegte. Der Bildhauer *Donatello* (1386–1466) arbeitete 1443–53 in Padua. 1448 kam der 17-jährige *Andrea Mantegna* (1431–1506) in die Stadt. 1509 entstanden die **Stadtmauern** mit ihren Toren und Bastionen, die heute zu den bedeutendsten Europas zählen.

Padua im Mittelalter

Der **Palazzo della Ragione** 2 (Tel. 04 98 20 50 06, April–Okt. tgl. 9–19, Nov.–

März bis 18 Uhr), das große mittelalterliche Rathaus, steht dominierend in einem Geflecht von malerischen Marktplätzen. An der Süd- und Nordseite öffnet er sich mit vielen Loggien der *Piazza delle Erbe* und der *Piazza della Frutta*, im Westen setzt die Piazza dei Signori das mittelalterliche Stadtensemble fort.

Der Palazzo selbst entstand im 13. Jh. als *Rats- und Gerichtsgebäude* und erhielt im 14. Jh. sein erstaunliches kielförmiges Dach. Im Gerichtssaal des Obergeschosses vertrat einst der *hl. Antonius* die Sache zahlungsunfähig gewordener Schuldner. In diesem Riesenraum (80 x 17 m), dem das gesamte Gebäude den Namen **Il Salone** verdankt, malte einst *Giotto* Gestirne und Planeten als leuchtenden Deckenschmuck, doch das Werk ging 1420 durch Brand verloren. Statt des-

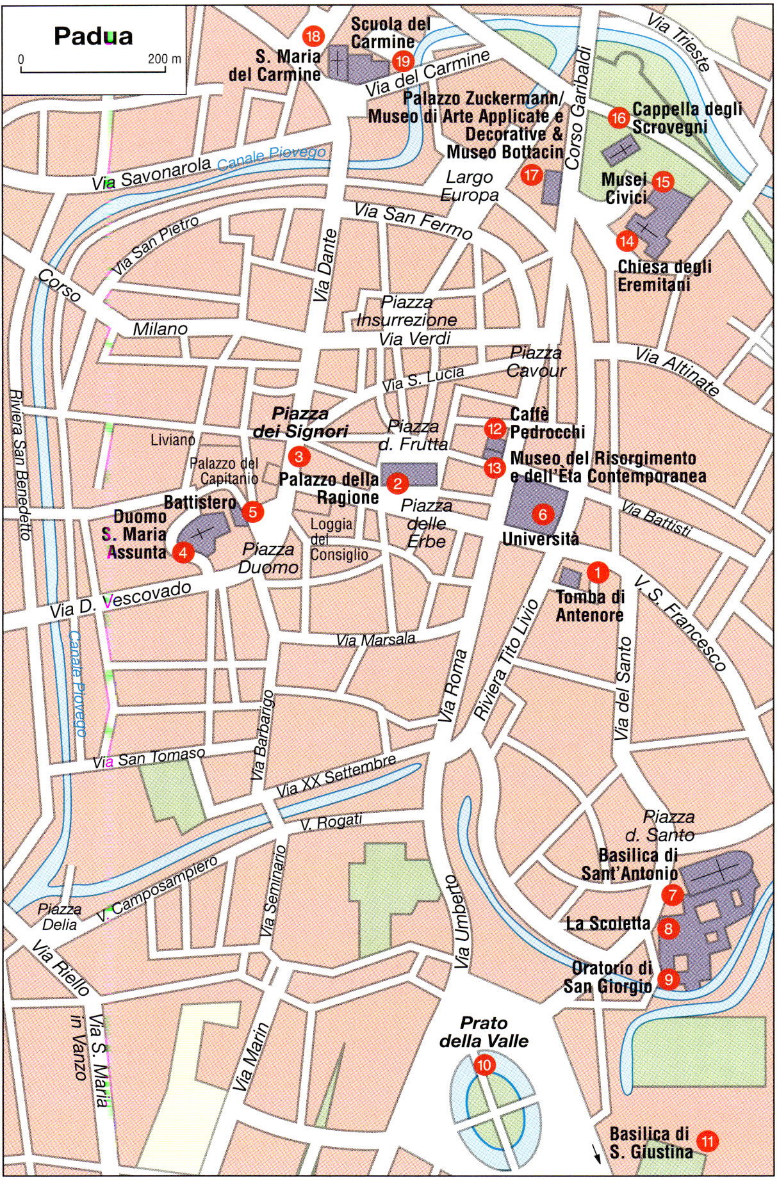

sen wurden die Wände mit einem großen, mit astrologischen Motiven angereicherten **Freskenzyklus** von Giusto de' Menabuoi und Nicolò Miretto geschmückt. Im Salone steht ein großes *Holzpferd*, Kopie des Standbilds vor der Basilica di Sant' Antonio [s. u.].

Westlich des Palazzo präsentiert die **Piazza dei Signori** 3 mit ihren Laubenhäusern, der *Loggia della Gran Guardia* (1496), dem *Palazzo del Capitanio* und dem *Arco dell'Orologio* mit einer der ältesten Turmuhren Italiens (1427/37), venezianisches Ambiente. Durch das Tor gelangt man auf die Piazza Capitaniato mit der Loggia del Capitanio und dem **Livano**, einem von der Università genutzten modernen Gebäude, in das die freskengeschmückte Sala dei Giganti und die bemerkenswerte Loggia Carrarese (beide 14. Jh.) einbezogen wurden.

Der Triumphbogen Arco Vallaresso leitet zur Piazza del Duomo über. Vermutlich nach Plänen *Michelangelos* wurde im 16. Jh. hier der **Duomo Santa Maria Assunta** 4 (Tel. 049 66 28 14, Mo–So 7.30–12, 15.30–19.30, Fei 8–13, 15.30–20.45 Uhr) über Vorgängerbauten errichtet. Der dreischiffige *Innenraum* ist ebenso schlicht wie das Äußere. Beachtenswert sind das von Andrea Bonazza skulpierte *Weihwasserbecken*, die *Grabmäler* der Bischöfe, *Gemälde* von Francesco Bassano und Giandomenico Tiepolo etc. sowie ein reicher *Kirchenschatz* in der Sagrestia dei Canonici.

Das benachbarte **Battistero** 5 (Tel. 049 65 69 14, tgl. 10–18 Uhr) im romanisch-lombardischen Stil entstand im 12. Jh. neben dem damaligen romanisch-gotischen Dom. Kostbar ist der *Freskenzyklus*, an dem Giusto de' Menabuoi aus Florenz 1374–78 arbeitete. Die Fülle von Szenen aus dem Alten und Neuen Testament kulminiert im *Kuppelfresko* des Weltenherrschers Christus Pantokrator. Im angrenzenden **Museo Diocesano** im Palazzo Vescovile (Tel. 04 98 76 19 24, Di, Fr, Sa 14–18, So 10–18Uhr) sind kostbare Goldschmiedearbeiten, Gemälde und Inkunabeln zu sehen.

An der Ostseite der Piazza delle Erbe nimmt der **Palazzo del Bò** ein ganzes Geviert ein. Er war im 14. Jh. die Residenz der Carrara, brachte es später als Albergo del Bò (Gasthaus zum Ochsen) zu europäischer Berühmtheit und wurde im 16. Jh. zur **Università** 6 (Tel. 04 98 27 30 44, Führungen Mo, Mi, Fr 15.15, 16.15, 17.15, Di, Do, Sa 9.15, 10.15, 11.15 Uhr) umgebaut.

Gelehrtenschläue erfand den versenkbaren Seziertisch im Teatro Anatomico, dem medizinischen Lehrsaal der Universität

Noch heute bewahrt das Gebäude das Flair der Wissenschaft, z. B. in jenem armseligen *Holzkatheder*, von dem aus **Galileo Galilei** (1564–1642) ab 1592 18 Jahre lang Mathematik und Physik lehrte, in den goldgeränderten Adelswappen aus dem 16. und 17. Jh., in der Aula Magna und im **Teatro Anatomico**, das der berühmte Pathologe Girolamo Fabrizi d' Acquapendente, Entdecker der Funktion der Blutgefäße, 1594 einrichten ließ. Sehenswert ist auch der *Innenhof* des Palazzo im Stil der Renaissance.

Stadt der Heiligen

Die **Basilica di Sant'Antonio** 7 (Tel. 04 98 24 28 11, www.basilicadelsanto.org, tgl. 6.30–19 Uhr), auch *Il Santo* genannt, an der Piazza del Santo wird alljährlich von etwa 4 Mio. *Pilgern* besucht.

Seitlich der Kirche steht *Donatellos* berühmtes Reiterstandbild des **Gattamelata**, eines Condottiere mit schnellem Schwert und schneller Zunge, den man wegen seines Geschicks die ›gefleckte Katze‹ nannte. Als Vorbild diente Donatello wohl die antike Reiterstatue des *Mark Aurel* in Rom. Mit dem Gattamelata goss Donatello 1453 das erste frei stehende Bronzemonument der Neuzeit. Das Reiterstandbild erhebt sich mit dem Rücken zur Kirche. Das *Grabmal* des Condottiere ist im Gotteshaus rechts von der Sakramentskapelle zu finden.

Die Basilica di Sant'Antonio entstand ab 1232 in drei Bauphasen und zeigt eine kühne Mischung aus romanisch-lombardischer Fassade, gotischem Chor, acht byzantinischen Kuppeln, die an die Silhouette von San Marco in Venedig erin-

Auf Donatellos kräftigem Bronzepferd sitzt Condottiere Gattamelata hochmütig, helmlos und cäsarengleich in römischer Rüstung

nern, und schlanken, minarettartigen Glockentürmen. Durch das *Hauptportal* mit dem Tympanonfresko, einer Kopie des Originals von Andrea Mantegna (1452), betritt man den weitläufigen dreischiffigen Innenraum. Links vom Eingang passiert man einige Grabdenkmäler und gelangt zum linken Querschiff mit der *Cappella dell'Arca del Santo* (1500–35). Im Altar sind die Gebeine des hl. Antonius bestattet. Die Wände des Altars sind mit neun Hochreliefs geschmückt, die über Leben und Wundertaten des Heiligen berichten. Sie stammen von Antonio und Tullio Lombardo, Antonio Minello und Jacopo Sansovino. An der etwas zurückliegenden Cappella dei Conti mit einem Freskenzyklus von Giusto de' Menabuoi vorbei gelangt man zum *Hochaltar*, der 1895 aus Skulpturen und Reliefs Donatellos neu zusammengestellt wurde: 1443–53 schuf der Meister der florentinischen Frührenaissance in Padua den ›Schmerzensmann‹, die ›Musizierenden Engel‹, die ›Wunder des hl. Antonius‹ und die ›Thronende Maria mit den hll. Antonius und Franziskus‹. Im rechten Querhausarm kann man in der *Cappella di San Felice* Fresken von Altichiero da Zevio (14. Jh.), einem Nachfolger Giottos, sehen. Im Mittelpunkt der eindrucksvollen Darstellungen der Passion Christi erscheint die ›Kreuzigung‹.

Der **La Scoletta** 8 (April–Okt. tgl. 9–12.30, 14.30–19, Nov.–März bis 17 Uhr) genannte einstige Sitz der Antonius-Erzbruderschaft an der Südseite der Piazza del Santo bewahrt im Kapitelsaal einen *Freskenzyklus* des 16. Jh. Drei der Fresken werden *Tizian* zugeschrieben. Mit Wandgemälden des Altichiero da Zevio vollständig ausgeschmückt ist das benachbarte **Oratorio di San Giorgio** 9, eine kleine romanische Familienkapelle, die gegen Ende des 14. Jh. entstand.

Südwestlich liegt der **Prato della Valle** 10, einst römischer Theaterplatz, heute ein grünes, von einem Kanal umgebenes Oval mit alten Platanen und Standbildern berühmter Bürger Paduas. Er leitet über

Besitzergreifende Frömmigkeit ließ die Paduaner den in Lissabon geborenen Fra Antonio als Stadtheiligen adoptieren. Nach seinem Tod wurde die Basilica di Sant' Antonio errichtet

Die Basilica di Sant' Antonio fasziniert durch ihre reiche Ausstattung. Ein Giotto-Schüler schuf im 14. Jh. den Freskenzyklus der Cappella di San Felice – im Zentrum die Kreuzigung Christi

zur **Basilica di Santa Giustina** 11 (Tel. 04 98 22 04 45, Mo–Sa 7.30–12, 15.30–19.30, So 7.30–12.40, 15.45–19.45 Uhr). Im 6. Jh. stand hier die Grabeskirche der 304 hingerichteten *hl. Justina*. Dieser vom Patrizier Opilio errichtete mosaikgeschmückte Bau wurde 1117 durch ein Erdbeben zerstört und im romanisch-gotischen Stil wieder hergestellt. 1498 erfolgte ein Neubau, dessen Fertigstellung sich bis zum Ende des 16. Jh. hinzog. Heute ist die Basilika die größte Renaissancekirche Venetiens: ein rauer Backsteinbau mit einer schmucklosen Fassade, der von Kuppeln und einem hohen Campanile überragt wird. Der *Innenraum* ist nüchtern, aber elegant, feierlich und wuchtig, mit erstaunlichen Lichteffekten. Zu den Kostbarkeiten der Kirche zählen das *Hochaltarbild* ›Martyrium der hl. Justina‹ (1575) von Paolo Veronese, der alte Chor des 15. Jh. und das Chorgestühl des 16. Jh., ferner die *Cappella di San Prodoscimo* mit dem Grab des ersten Bischofs von Padua (5. Jh.) und die *Cappella di San Luca* mit den Reliquien des Heiligen und Fresken (15. Jh.) mit Szenen aus seinem Leben.

Stadt der Maler

Im eleganten Ambiente des berühmten **Caffè Pedrocchi** 12 (Tel. 04 98 78 12 31, www.caffepedrocchi.it, Mo geschl.) trifft sich seit 1831 ganz Padua. Im *Piano Nobile* kann man heute die Rom-Veduten (1841/42) von Ippolito Cafi bewundern. Ebenfalls im Obergeschoss zeigt das **Museo del Risorgimento e dell' Èta Contemporanea** 13 (Di–So 9.30–12.30 und 15.30–18 Uhr) vielfältige Exponate zur (Regional-) Geschichte des 18.–20. Jh.

Über die Piazza Cavour, Via Garibaldi und Via Mantegna gelangt man zur Piazza Eremitani mit der **Chiesa degli Eremitani** 14 (Tel. 04 98 75 64 10, Mo–Sa 8.15–18.30, So 10–13, 16.15–19 Uhr). Der frühgotische Bau (13. Jh.) mit den Grabdenkmälern des Ubertino und Giacomo da Carrara wurde 1944 von alliierten Bomben schwer getroffen. Der originalgetreue Wiederaufbau stellte zwar die in Kielform gehaltene *Holzdecke* von Fra Giovanni Eremitano wieder her, aber der wertvolle Freskenschmuck war unwiederbringlich verloren. Die Fragmente der *Fresken* im Chor werden dem paduanischen Maler Guariento (14. Jh.) zugeschrieben. Am Ende des rechten Seitenschiffs gelangt man in die *Cappella Ovetari*, die einst mit Fresken des jungen Andrea Mantegna, des Niccolò Pizzolo und Ansuino da Forlì geschmückt war. Die Freskenreste von Mantegnas ›Martyrium des hl. Christophorus‹ und ›Mariä Himmelfahrt‹ geben eine Vorstellung vom einstigen Glanz und vom Können des Malers.

Im früheren Kloster der Eremitani sind die **Musei Civici** 15 (Tel. 04 98 20 45 51, Di–So 9–19 Uhr) mit dem **Museo Archeologico** und dem **Museo d'Arte Mediova-**

le e Moderna ansässig. Künstler wie Giotto, Tiepolo, Tizian und Tintoretto sind hier mit Meisterwerken vertreten.

Ein wahrer Publikumsmagnet ist das gotische Backsteinkirchlein im Arena-Park, die **Cappella degli Scrovegni** 16 (Kartenvorbestellung ist obligatorisch, Tel. 04 92 01 00 20, www.cappelladegli scrovegni.it, tgl. 9–22 Uhr), ursprünglich Santa Maria della Carità oder dell' Arena genannt. Die Paduaner Familie *Scrovegni*, durch Wuchergeschäfte im ausgehenden 13. Jh. zu unermesslichem Reichtum gelangt, hatte auf dem Gelände der römischen Arena einen Palast erbaut. Schuld und Angst vor Höllenqualen ließ sie vermutlich neben dem Palast die Kapelle errichten. Dass man für die Ausmalung **Giotto di Bondone**, den größten Künstler und Neuerer seiner Zeit, nach Padua holte, war wahrlich ein Glücksfall. Giotto schuf mit seinen *Fresken* (um 1305) in der äußerlich schlichten Kapelle eines der berührendsten Kunstwerke des ausgehenden Mittelalters. Der tonnengewölbte Raum – bis auf die *Madonnenstatue* des Giovanni Pisano am Altar mit dem kunstvollen *Sarg* des Kirchenstifters –, äußerst einfach eingerichtet, wurde einschließlich Sternenhimmel und Deckenmedaillons von Giotto und seinen Schülern ausgeschmückt. Über einem Blendrelief mit *Grisaillemalereien*, die links das Antlitz des Lasters und rechts jenes der Tugenden zeigen, sind die **Seitenwände** mit Bildern bedeckt, die in Streifen gegliedert, von Schmuckbändern gerahmt, das Leben Christi und Mariens erzählen. Die Chronologie der Bildreihe beginnt an der rechten Wand links oben mit der ›Vertreibung Joachims aus dem Tempel‹, endet an der linken Wand unten mit dem ›Pfingstwunder‹ und geht an der **Eingangswand** in die monumentale Darstellung des ›Jüngsten Gerichts‹ über. Hier ist unter den Auferstandenen *Enrico Scrovegni* bei der Übergabe seiner Kapelle an die Barmherzigkeit dargestellt. Die Fresken im **Chor**, Tod, Himmelfahrt und Krönung Mariens, sind das Werk eines Giotto-Schülers. Die berühmtesten Kompositionen Giottos sind ›Der Judaskuss‹, ›Die Kreuzabnahme‹ und ›Das Jüngste Gericht‹. Sie machen Giottos Entwicklung vom strengen byzantinischen Stil, der sog. *Maniera greca*, zur wirklichkeitsorientierten, lebendigen Bildsprache des Trecento (14. Jh.) deutlich.

Gegenüber der Cappella, am Corso Garibaldi 33, sind seit Juni 2004 im restaurierten **Palazzo Zuckermann** 17 (Tel. 04 98 20 45 13, Di–So 9–19 Uhr) mit dem **Museo di Arti Applicate e Decorative** und dem **Museo Bottacin** zwei weitere Sammlungen der Musei Civici zu besichtigen. Kunsthandwerk, Schmuck und Möbel vom Mittelalter bis ins 19. Jh. bietet das eine und das andere die im 19. Jh. entstandene Münz- und Medaillensammlung des Kaufmanns Nicola Bottacin.

Über die Via Giotto und Via del Carmine kommt man zur *Piazza Petrarca* mit

In zarten Farben malte Giotto das Abendmahl in der Cappella degli Scrovegni

Unter dem gestirnten Himmel der Cappella degli Scrovegni erzählen Giottos meisterhafte Fresken Szenen aus dem Leben Mariens und der Passion Christi

der Kirche **Santa Maria del Carmine** 18 (Tel. 04 98 76 04 22, April–Okt. tgl. 8–12.30, 16–19.30 Uhr, Nov.–März tgl. 8–12, 16.30–19.30 Uhr). Das ursprünglich romanische Gotteshaus wurde mehrfach umgebaut und ist im Stil der Frührenaissance erhalten geblieben.

In der benachbarten **Scuola del Carmine** 19 (auf Anfrage geöffnet) ist der große *Freskenzyklus* von venetischen Künstlern des 16. Jh. sehenswert.

i Praktische Hinweise

Information

APT, Riviera dei Mugnai 8, Padua, Tel. 04 98 76 79 11, Fax 049 65 07 94, www.turismopadova.it

IAT, Galleria Pedrocchi, Tel.04 98 76 79 27

Padova Card, Tel. 04 98 76 79 27, www.turismopadova.it. Das 48 Std. gültige Ticket ermöglicht freie Fahrt mit den öffentlichen Verkehrsmitteln, freien Eintritt für viele Sehenswürdigkeiten und verschiedene Ermäßigungen.

Bahnhof

Stazione FS, Piazzale Stazione, Padua, Tel. 04 98 75 20 77, www.trenitalia.it

Parkplätze

Prato della Valle (Bereich Basilica di Santa Giustina) und Piazza Insurrezione, schwierige Parkverhältnisse in der Altstadt.

Hotels

******Plaza**, Corso Milano 40, Padua, Tel. 049 65 68 22, Fax 049 66 11 17, www.plazapadova.it. Komfortabel, im Zentrum der Altstadt.

*****Donatello**, Via del Santo 102–104, Padua, Tel. 04 98 75 06 34, Fax 04 9875 08 29, www.hoteldonatello.net. Kleines Haus gegenüber der Basilica mit Terrassenrestaurant.

Restaurants

Al Santo, Via del Santo 147, Padua, Tel. 04 98 75 21 31, Venetische Küche im typisch rustikalen Ambiente.

Antico Brolo, Corso Milano 22, Padua, Tel. 049 66 45 55. Romagnolische Küche auf hohem Niveau.

Da Giovanni, Via Maroncelli 22, Padua, Tel. 049 77 26 20. Stilvoll und elegant, traditionelle Gerichte (So geschl.).

San Pietro, Via San Pietro 95, Padua, Tel. 04 98 76 03 30. Feinschmeckerrestaurant.

Spezialitäten: *Risotto con Fegatini* und *Polpette alla veneta*.

15 Chioggia

Kanäle, Bragozzi und kleine Häuser, die sich dem Leben öffnen.

Die Zufahrt von der Strada Romea führt über den 200 m langen *Ponte Lungo* bis ins Herz der Stadt. Chioggia ist eine Art malerisches *Klein-Venedig* am Südende der Laguna Veneta, von drei parallelen Kanälen durchflossen. Die schöne barocke Stadt auf langen, schmalen Inseln mit vielen Brücken und vielen Bragozzi – den bunten Booten, die leider ihre Segel aufgegeben haben – lebt seit jeher von *Fischfang* und *Seefahrt*. In dem Gewirr der bunten, lebendigen *Calli* (Gassen) »liegt eingeschlummert eine verzweifelte Trauer und will von vergangenen Zeiten erzählen« (Hermann Hesse).

Mit Sicherheit war Chioggia, das römische **Clodia Major**, eine jener Siedlungen, in der Flüchtlinge aus Este und Monselice in schweren Zeiten Unterschlupf fanden. Stellvertretend für die Serenissima ließ der genuesische Admiral *Andrea Doria* 1379 Chioggia zerstören. Der Krieg der Seemächte Genua und Venedig endete jedoch mit dem Sieg der Venezianer. Das einst mächtige Chioggia blieb für immer im Schatten der Serenissima. Kein Wunder, dass die dupierten Chiozzoti den ungeliebten Markuslöwen auf der **Colonna di Vigo** an der Piazzetta Vigo noch heute *El Gato* (Kater) nennen.

Der teilweise autofreie **Corso del Popolo** durchzieht die Stadt von Süden nach Norden. Wie Fischgräten gehen von ihm malerische Nebengässchen ab über den Canale Vena zum Canale San Domenico und nach Westen zum Canale Lombardo. Die wichtigsten Sehenswürdigkeiten liegen an der Westseite des Corso im Perottolo-Viertel: das alte Stadttor **Porta Garibaldi** (1530), der *Campo del Duomo*, malerisch mit barocken Statuen geschmückt, Baldassare Longhenas **Duomo Santa Maria Assunta** im maßvollen Spätbarock und die gotisch-venezianische Kirche **Tempietto di San Martino** mit einem Polyptychon (1349), das heute der Schule Paolo Venezianos zugeschireben wird.

Etwas weiter nördlich stößt man auf das einstige Kloster *San Francesco fuori le Mura* (14./15. Jh.), in dem das **Museo Civico** (Tel. 04 15 50 09 11, Di/Mi 9–13 Uhr, April–Okt. Do–Sa 9–13, 19.30–23, So 19.30–23 Uhr, Nov.–März Do–Sa 9–13, 15–18, So 15–18 Uhr) interessante, u.a. archäologische Exponate zur Stadtgeschichte und der Wasserwelt der Region zeigt. Gegenüber steht das auch **Casa Goldoni** genannte Elternhaus der Malerin *Rosalba Carriera* (1675–1757), deren Pastellbildnisse in der Ca' Rezzonico (Venedig) gezeigt werden. In der hiesigen Casa lebte 1725–29 der Komödiendichter *Carlo*

Venezianische Züge bekommt Chioggia am Canale Vena: überall Boote, gewölbte Brücken – und die Häuser stehen mit den Fundamenten im Wasser

Sottomarina – wenn die Sonne scheint, nehmen die Urlaubsfreuden an der Adria kein Ende

Goldoni (1707–1793) mit seiner Familie und hier entstand auch sein Stück namens ›Le Baruffe Chiozzotte‹ (Krach in Chioggia). Entlang des Corso del Popolo liegen die Chiesa **SS. Trinità**, der **Palazzo Comunale**, der Kornspeicher **Palzzo del Granaio** (1322), den eine Madonnenstatue von Jacopo Sansovino schmückt, sowie die **Pescheria** (Fischmarkt) und die barockisierte Chiesa **Sant' Andrea** mit dem frei stehenden romanischen Campanile.

Wieder bei der Piazzetta Vigo angelangt, geht man über den Balkon Chioggias genannten **Ponte di Vigo**. Zauberhaft ist von hier der Blick über den Canale Vena, die Brücken, die Boote und die Marktstände an der Riva Vena. Den Canale San Domenico überquerend (Calle Santa Croce) gelangt man nun zur Chiesa **San Domenico** (14.–18. Jh.) auf der gleichnamigen Klosterinsel. Zu ihren Schätzen zählen das monumentale Kruxifix (um 1300) über dem Hauptaltar, eine ›Kreuzigung‹ von Tintoretto und ›Der hl. Paulus‹ (1520) von Vittore Carpaccio.

Chioggia ist über die Calle San Giacomo, die Isola dei Cantieri und den 700 m langen Ponte Translagunare mit **Sottomarina** verbunden. 6 km lang und 200–500 m breit ist der *Badestrand*, der sich mit seinen vielen Hotels und Pensionen auch jenseits der Brenta-Mündung, in *Isolaverde,* fortsetzt. Bunt und turbulent ist das Badeleben in den Monaten Mai bis Oktober. Während dieser Zeit gelten nur wenige Gedanken den **Murazzi** an der Inselnordseite, dem 1,2 km langen und 4,5 m hohen Steindamm, den Venedig im 18. Jh. errichten ließ, um die winterlichen Sturmfluten in Schach zu halten.

i Praktische Hinweise

Information

APT, Lungomare Adriatico 101, Sottomarina, Tel. 041 40 10 68, Fax 04 15 54 08 55, www.tuttochioggia.it, www.sottomarina.net

Hotels

******Best Western Hotel Bristol**, Lungomare Adriatico 46, Sottomarina, Tel. 04 15 54 03 89, Fax 04 15 54 18 13, www.hotelbristol.net. Modernes großes Haus mit Garten, Privatstrand und Pool.

******Grande Italia**, Rione S. Andrea 597, Piazzetta Vigo, Chioggia, Tel. 041 40 05 15, Fax 041 40 01 85, www.hotelgrandeitalia.com. Modernisiertes Hotel in bezaubernder Lage mit Fitness- und Wellnessangebot.

*****Mosella**, Via San Felice 3, Sottomarina, Tel. 041 40 08 62, Fax 041 40 53 92, www.sottomarina.net/mosella. Das Hotel mit Pool liegt an der nördlichen Inselspitze zwischen Lagune und Meer.

****Rialto**, Via C. Colombo 328, Sottomarina, Tel 04 15 54 27 00, Fax 041 49 01 74. Freundliches Haus mit Restaurant unweit vom Meer und mit Privatstrand.

Restaurants

Ai Vaporetti, Sottomarina 1256, Tel. 041 40 08 41. Traditionsreiche Gaststätte auf dem Ponte Translagunare. Fisch vom Holzkohlenfeuer, herrliche Aussicht über die Lagune (Mi geschl.).

El Gato, Campo Sant'Andrea 653, Chioggia, neben der Chiesa Sant'Andrea, Tel. 041 40 18 06. *Cucina chioggiotta* mit dem hier wachsenden *Radicchio rosso*, viel frischem Gemüse und Muscheln von den Farmen in der Lagune (Mo geschl.).

Garibaldi, Via San Marco 1924, Sottomarina, Tel. 04 15 54 00 42. Die regionaltypischen Mahlzeiten werden vor den Augen der Gäste zubereitet. Seefahreratmosphäre (Mo geschl.).

Mano Amica, Corso del Popolo, Piazzetta Vigo, Chioggia, Tel. 041 40 17 21. Für den Gaumen köstliche Fischgerichte, fürs Auge der Ausblick auf Hafen und Meer (Mo geschl.).

16 Rosolina Mare und Isola Albarella

Viel Grün, Pinienduft, Lagunenidylle.

Unmittelbar hinter dem *Ponte dell'Adige* zweigt von der Strada Romea eine ostwärts führende Straße nach Rosolina Mare ab. Hier, im Mündungsgebiet von Adige und Po, ist der **Polesine**, das ›Wasserland‹ der großen Po-Überschwemmungen. **Rosolina Mare** liegt südlich der Foce dell'Adige auf einer schmalen grünen Landzunge zwischen dem Meer, dem Valle Boccavecchia und Valle Passarella. Das ausgedehnte Touristenresort bietet alle modernen Freizeiteinrichtungen. Die Landschaft der Umgebung prägen Fischgründe, wenige Meter tiefe Salzwasserbecken sowie Pinien- und Steineichenwälder, die man auf wunderschönen Radausflügen durch die Valli entdecken kann. Organisierte Exkursionen von der Südspitze der Landzunge zum **Giardino Litoraneo Botanico di Porto Caleri** vermitteln dem Besucher Einblicke in die typische Küstenvegetation.

Eine Wasserstraße trennt Rosolina Mare von der **Isola Albarella** (Zufahrt über Rosolina an der SS Romea und den Damm von Porto Levante). Die Insel, die nur für Gäste und Clubmitglieder zugänglich ist, hat sich ganz und gar dem qualitätvollen Tourismus verpflichtet, schwelgt in wasserdurchsetzten Grünflächen, in Villen- und Ferienhaussiedlungen, in Tennisplätzen und einem *Golfplatz*. Im *Jachthafen* können 500 Boote liegen, der Autoverkehr ist stark eingeschränkt, man fährt mit der Inselbahn oder dem Fahrrad.

In Albarella erfüllt sich der moderne Traum von der besonderen, der stilvollen Adria

i Praktische Hinweise

Information

IAT, Viale Pini 14, Rosalina Mare, Tel. 042 66 80 12, Fax 04 26 32 60 07, www.rosalina.it, www.albarella.it

Hotels

******Golf Hotel Albarella**, Via Po di Levante 4, Isola Albarella, Tel. 04 26 36 78 11, Fax 04 26 33 06 28. Modernes Haus mit Dependance, Restaurant und Gartenterrasse.

*****Olimpia**, Viale dei Pini 41, Rosolina Mare, Tel. 042 66 80 57, Fax 042 66 82 84. Mit Restaurant und schattigem Garten.

Camping

Rosapineta, Strada Nord 24, Rosolina Mare, Tel. 042 66 80 33, Fax 042 66 81 05, www.rosapineta.it. Gut ausgestattete, kinderfreundliche Anlage am Meer.

Restaurant

Capo Nord, im Hotel Capo Nord, Via Po di Levante 4, Isola Albarella, Tel. 04 26 33 01 39. Lokal der oberen Preisklasse (Mo geschl.).

17 Adria

Die Stadt, die dem Meer den Namen gab, ist durch die unermüdliche Tätigkeit des Po längst verlandet.

Bei Rosolina zweigt die SS 443 von der SS Romea nach Adria ab. Der maritime Name Adria täuscht. Die Hafenstadt der Veneter und Etrusker, das **Hatria** der Römer, war einst eine ansehnliche *Lagunenstadt* auf Pfählen, reich und so wichtig, dass sie dem Meer, an dem sie lag, ihren Namen gab. Heute liegt der Ort mit seinen rund 20 000 Einwohnern gut 25 km von der Küste entfernt. Schuld daran ist die bereits seit der Antike ständig voranschreitende Verlandung des Podeltas. Nur der *Canalbianco* macht noch eine Anbindung an den Po und ans Meer möglich.

Eindrucksvoll Altes gibt es im **Museo Archeologico Nazionale** (Via Badini 59, Tel. 04 26 21 16 12, Mo–Sa 9–19, So 9–19.30 Uhr) zu sehen. Die interessante Sammlung umfasst griechische Vasen, etruskische Bronzetti und wertvollen etruskischen Goldschmuck, römische Grabsteine und venezianisches Millefiori-Glas.

i Praktische Hinweise

Information

Pro Loco, Piazza Bocchi 6, Adria, Tel./Fax 042 62 16 75, www.prolocoadria.it

Hotel

*****Molteni**, Via Ruzzina 4, Adria, Tel./Fax 042 64 25 20, www.albergo molteni.it. Kleines, gut geführtes Haus mit viel gepriesenem Restaurant.

18 Rovigo

Mittelpunkt des ›Wasserlandes‹.

Rovigo, über die SS 16 oder A 13 von Padua oder die SS 443 von Adria aus erreichbar, ist das wichtigste Städtchen einer Landschaft, die vor allem durch häufige *Überschwemmungen* von sich reden machte. Der Ort am Navigli Adigetto, im Jahr 838 erstmals urkundlich erwähnt, stand lange im Schatten Adrias. Das stille Dorf **Rhodigo** blühte erst nach der Verlandung der Lagunenstadt auf. Im Mittelalter vorwiegend unter der Herrschaft der *Este*, die Kastell und Stadtmauern erbauten (heute Ruinen), fiel die Stadt 1483 an Venedig.

Der zentrale Platz Rovigos ist die lang gestreckte **Piazza Vittorio Emanuele II**, die ein eleganter venezianischer Löwe – von einer istrischen Steinsäule aus – überblickt. Ins Auge fällt der **Palazzo del Municipio** (16.–18. Jh.) mit seiner anmutigen Loggia. Bemerkenswert ist aber auch der **Palazzo Roverella** im ferraresischen Renaissance-Stil.

Wichtigstes Ziel auf der Piazza ist jedoch der **Palazzo dell' Accademia dei Concordi** (Tel. 042 52 16 54, www.concor di.it) an der Ostseite. Die *Biblioteca dei Concordi* (kein Publikumsverkehr) birgt überaus kostbare Handschriften, darunter die berühmte paduanische Bilderbibel ›Libro di Ruth‹ aus dem 14. Jh. mit 344 farbenprächtigen Miniaturen. Reich sind auch die Bestände der **Pinacoteca dell' Accademia** (Sept.–Juni Mo–Fr 9.30–12, 15.30–18.30, Sa/So 10–12 Uhr, Juli/Aug. Mo–Sa 10–13 Uhr). Sie präsentiert Werke venezianischer, ferraresischer und veronesischer Meister des 15.–18. Jh., darunter bedeutende Arbeiten von Giovanni Bellini, Palma il Vecchio, Girolamo da Carpi, Giovanni Battista Tiepolo und Alessandro Longhi. Angeschlossen ist die **Pinacoteca del Seminario Vescovile** mit Werken von Luca Giordano, Bernardo Strozzi, Pietro Longhi etc.

Unter den Kirchen Rovigos ragt die *La Rotonda* genannte Kirche **Beata Vergine del Soccorso** (Tel. 042 52 49 14, April–Okt. tgl. 16.30–19 Uhr, Nov.–März tgl. 8.30–11.30, 15–18 Uhr,) an der Piazza XX Settembre heraus. Francesco Zamberlan, ein Palladio-Schüler, schuf die Pläne für den Ende des 16. Jh. errichteten Bau mit dorischem Säulengang. In Kontrast dazu steht der von Baldassare Longhena in Backstein erbaute *Campanile*. Ist der achteckige Bau der Rotonda außen eher schmucklos gehalten, wirkt der aus vergoldetem Holz errichtete *Tempietto-Altar* im *Inneren* mit dem Gnadenbild der ›Madonna del' Soccorso‹ ungemein dekorativ. Großformatige Bilder venetischer Maler aus dem 17. und 18. Jh. mit eingefügten Statuen bedecken die Wände.

Im früheren *Monastero Olivetano di San Bartolomeo* (13–19. Jh) zeigt das **Museo dei Grandi Fiumi** (Piazzale San Bartolomeo 18, Tel. 042 52 50 77, Di–Fr 9–13, Sa/So 10–13, 16–19 Uhr) archäologische Funde aus dem Wasserland des Polesine. Die Sammlung umfasst bislang Abteilungen zur Bronze- und Eisenzeit und zur römischen Epoche, soll aber noch erweitert werden.

Praktische Hinweise

Information

APT, Via H. Dunant 10, Rovigo, Tel. 04 25 38 62 90, Fax 04 25 38 62 70, www.comune.rovigo.it

Hotel

*******Villa Regina Margherita**, Viale Regina Margherita 6, Rovigo, Tel. 04 25 36 15 40, Fax 042 53 13 01, www.hotelvillareginamargherita.it. Angenehmes kleines Hotel mit Bar, Restaurant und Park.

Restaurants

Al Sole, Via Bedendo 6, Rovigo, Tel. 042 52 29 17. Eine der ältesten Osterien des Polesine, in der es vorzügliche *Cicheti* (Häppchen) und kleine Gerichte zu guten Weinen gibt.

Tre Pini, Viale Porta Po 68, Rovigo, Tel. 04 25 42 11 11. Freundliches Lokal jenseits des Naviglio Adigetto, nahe der Ausfahrt nach Ferrara. Spezialitätenküche (So und Aug. geschl.).

19 Ferrara

Kultureller Mittelpunkt Italiens im Mittelalter und in der Renaissance.

Ferrara, der Hauptort der gleichnamigen Provinz ist eine ruhige, schöne Stadt mit roten Backsteinhäusern, deren Renaissancearchitektur zum *Weltkulturerbe* der UNESCO gehört. Sie liegt auf dem Schwemmland des Po. Ihr historisches Zentrum ist fast vollständig von einer z. T. gut erhaltenen **Stadtmauer** umgeben.

Geschichte Die fehlende Frühgeschichte – Ferrara findet man 753 erstmals urkundlich erwähnt – wurde durch die Glanzperiode unter der Herrschaft des Hauses **Este** (1264–1597) ausgeglichen. Das Adelsgeschlecht, das seinen Namen von der 1050 erbauten Stammburg in Este (südlich von Padua) ableitete, bemächtigte sich Ferraras im 13. Jh. Bei der Verteidigung ihres Herzogtums gegen Widersacher waren die Este nie zimperlich. An ihrem Hof blühten aber auch Kultur, Literatur, Kunst und geselliges Leben. *Alberto d'Este* gründete 1392 die Universität. Unter *Alfonso I.* entwickelte sich die **Malschule von Ferrara**, der Künstler wie Dosso Dossi, Cosmè Tura, Benvenuto da Garofalo und Francesco del Cossa angehörten. An seinem Hof verbrachte *Ludovico Ariosto*, Autor des ›Orlando furioso‹ (Rasender Roland), viele Jahre. *Alfonso II.* (1533–1597) protegierte *Torquato Tasso*, ehe dieser dem Verfolgungswahn verfiel und auf Befehl des Herzogs ins Irrenhaus eingeliefert wurde. Aus Ferrara stammte der 1452 geborene **Fra Girolamo Savonarola**. Dieser fanatische und zugleich einflussreiche Bußprediger wurde 1498 auf der Piazza della Signoria in Florenz als Häretiker verbrannt.

Als die Este im 16. Jh. ohne legitime Nachkommen blieben und ihre vom

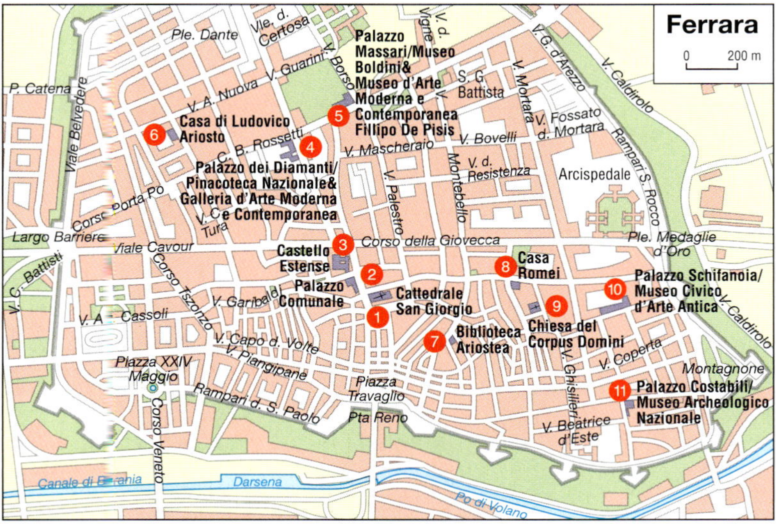

Als elegant-filigrane Synthese von Romanik und Gotik präsentiert sich die reich mit Säulen und Bögen geschmückte marmorne Fassade der Cattedrale San Giorgio von Ferrara

Papst eingesetzten kirchlicher Nachfolger die Reichtümer und Kostbarkeiten des Fürstenhauses in alle Welt verstreuten, endete auch die Glanzzeit der Stadt.

Besichtigung Das älteste Bauwerk Ferraras ist die **Cattedrale San Giorgio** 1 (Mo–Sa 7.30–12 und 15–18.30, So 7.30–12.30 und 15.30–19.30 Uhr) an der Piazza della Cattedrale. Ihr Bau wurde im romanischen Stil (12. Jh.) begonnen und 150 Jahre später im gotischen Stil fertig gestellt. Besonders eindrucksvoll ist die 1135 begonnene *Marmorfassade* mit den drei gleich hohen Bauteilen. Diese sind im unteren Teil romanisch, im oberen gotisch. Der reiche plastische Schmuck am *Hauptportal* zeigt romanische Skulpturen des Bildhauers Nicolò (1135) und – über einer Madonnenstatue des 16. Jh. – einen gotischen Architrav und Spitzgiebel mit Reliefdarstellungen. An der Südseite der Kirche wurde im Mittelalter ein Portikus mit einer langen Ladenzeile angebaut. Der *Campanile* (15. Jh.), vermutlich von Leon Battista Alberti entworfen, blieb unvollendet. Die reiche *Innenausstattung* mit Gemälden der Schule von Ferrara wurde im 18. Jh. barock ergänzt und neu arrangiert. Hervorzuheben sind die aus der Spätzeit Alfonso Lombardis stammenden bemalten *Terrakotten* ›Christus und die Apostel‹ (16. Jh.) im östlichen Querhaus und der ›Altare del Crocifisso‹ von Carlo Pasetti (1679).

Sehr sehenswert ist auch das **Museo della Cattedrale** (Via San Romano, Tel. 05 32 24 49 49, Di–So 9–13, 15–18 Uhr) in der einstigen Kirche San Romano. Präsentiert werden u. a. Skulpturen des 12./13. Jh. sowie Gemälde von Cosmè Tura und Jacopo della Quercia.

Der **Palazzo Comunale** 2 gegenüber der Kathedrale, einst Residenzschloss der Este mit einer im 20. Jh. erneuerten Fassade, leitet zum **Castello Estense** 3 (Tel. 05 32 29 92 33, Di–So 9.30–17.30 Uhr) am Largo Castello über. Der Festungsbau von Bartolino da Novara entstand im 14.–16. Jh. im Stil einer *Wasserburg* mit Wallgräben und mächtigen Türmen. Der einst so glanzvolle ziegelrote Herzogshof ist längst verlassen. Heute sind die Säle des Piano Nobile mit manieristischen Wand- und Deckengemälden des 16. Jh. und die Torre dei Leoni mit den Gefängniszellen zu besichtigen.

Über den nordwärts führenden *Corso Ercole d'Este* mit seinen schönen Renaissancepalästen erreicht man den **Palazzo dei Diamanti** 4. Der vom ferraresischen Baumeister Biagio Rossetti im 16. Jh. errichtete Palast glänzt mit einer Fassade, die aus 12 300 diamantförmig behauenen Marmorblöcken besteht. In den *Sälen* des Obergeschosses ist die **Pinacoteca Nazionale** (Tel. 05 32 20 58 44, tgl. 9–19 Uhr) untergebracht. Die Sammlung umfasst Hauptwerke der Malschule von Ferrara aus dem 15./16. Jh. Die ebenfalls hier

Ferraras Palazzo dei Diamanti beherbergt die Pinacoteca Nazionale

ansässige **Galleria d'Arte Moderna e Contemporanea** (Tel. 05 32 24 49 49) veranstaltet bedeutende Wechselausstellungen zu den großen Meistern und Stilen der Moderne.

Im nahen **Palazzo Massari** 5 (Corso Porta Mare 9) befindet sich das **Museo Boldini** (Tel. 05 32 20 69 14, Di–So 9–13, 15–18 Uhr). Der Maler Giovanni Boldini (1842–1931) widmete sich in seinen Genre- und Porträtbildern den Damen der vornehmen Pariser Gesellschaft. Außerdem zeigt hier das **Museo d'Arte Moderna e Contemporanea Filippo De Pisis** italienische Malerei des 19./20. Jh.

Wenige Schritte weiter westlich liegt die **Casa di Ludovico Ariosto** 6 (Tel. 05 32 24 49 49, Di–Sa 10–13, 15–18 Uhr, So 10–13 Uhr). In seinem bescheidenen Wohnhaus erinnert heute ein Museum an den berühmten Dichter (1474–1533), im hübschen Garten finden kulturelle Veranstaltungen statt.

Im *Palazzo Paradiso* an der Via Scienze 17, dem früheren Lustschloss und ab 1392 Sitz der Universität, ist die **Biblioteca Ariostea** 7 (Tel. 05 32 41 82 00, Mo–Fr 9–19.30, Sa 9–17.30 Uhr) untergebracht. Sie birgt wertvolle historische Bücher und Handschriften, darunter auch Ariosts Manuskript des ›Orlando Furioso‹ (Rasender Roland). In der *Sala Ariosto* kann das Grabmal des Dichters besichtigt werden

In der Via Savonarola 30 trifft man auf die **Casa Romei** 8 (Tel. 053 22 40 43 41, Di–So 8.30–19.30 Uhr), das Haus des Kaufmanns Romei. Das prächtige, in seinem Baustil zwischen Mittelalter und Renaissance angesiedelte Gebäude aus dem 15. Jh. ist in das benachbarte Kloster Corpus Domini eingebunden. In der **Chiesa del Corpus Domini** 9 sind Mitglieder des Hauses Este, u. a. *Lucrezia Borgia*, beigesetzt.

In der Via Scandiana 23 steht der im 14./15. Jh. als Lustschloss errichtete **Palazzo Schifanoia** 10 (Tel. 05 32 24 49 49, Di–So 9.30–18 Uhr), in dem einst die Este glänzende Feste ausrichteten. Durch ein schönes doppelgeschossiges Marmorportal betritt man den Renaissancepalast und das **Museo Civico di Arte Antica** mit seiner Sammlung zu Kunst und Kunsthandwerk verschiedener Stilepochen. Besondere Beachtung verdient der berühmte *Salone dei Mesi* mit dem einzigartigen Freskenzyklus von Francesco del

So wuchtig, so wehrhaft, so machtvoll: Das mittelalterliche Castello Estense, einst als Festung zum Schutz der Familie D'Este erbaut, wirkt heute leer und verlassen

Verkörperung des April im Salone dei Mesi des Palazzo Schifanoia: Venus naht in einem von Schwänen gezogenen Schiff, vor ihr kniet der gefesselte Mars

Cossa und seinen Schülern. Die *Monatsbilder* stellen den Ablauf des Jahres dar, verknüpft mit Symbolen der Astrologie, mythologischen Szenen und den Taten des Fürsten Borso d' Este.

In der Via XX Settembre 124 schließlich erhebt sich der **Palazzo Costabili** 11, auch *Palazzo di Ludovico il Moro*, den Biagio Rossetti für Ludovico Sforza, Herzog von Mailand und Gemahl der Beatrice d' Este, entwarf. Bemerkenswert sind die Fresken von Garofalo in der *Stanza del Tesoro*. Im Piano Nobile des Palastes ist das sehenswerte **Museo Archeologico Nazionale** (Tel. 05 32 66 62 99, Di–So 9–14 Uhr) untergebracht. Zu den wichtigsten Exponaten zählen die Funde aus der Etruskerstadt Spina [s. S. 78].

i Praktische Hinweise

Information

IAT, Castello Estense, Ferrara, Tel. 05 32 29 93 03, Fax 05 32 21 22 66, www.comun.fe.it

Hotels

*******Duchessa Isabella**, Via Palestro 70, Ferrara, Tel. 05 32 20 21 21, Fax 05 32 20 26 38, www.duchessaisabella.it. In einem alten Palais des 15. Jh. untergebrachtes stilvolles Haus des Luxushotelverbandes Relais & Chateux.

******Annunziata**, Piazza Repubblica 5, Ferrara, Tel. 05 32 20 11 11, Fax 05 32 20 32 33, www.annunziata.it. Gediegenes, modern gestyltes Haus mit Restaurant mitten im Stadtzentrum.

Restaurant

Quel Fantastico Giovedì, Via Castelnuovo 9, Ferrara, Tel. 05 32 76 05 70. Ungemein beliebtes Lokal mit fantasievoller Küche. Mittlere Preislage, Voranmeldung notwendig (Mi geschl.).

20 Delta del Po

TOP TIPP *Amphibische Welt im Mündungsdelta des Po: Das Land liegt tiefer als der Fluss.*

Dichter besangen ihn einst als ›König der Flüsse‹. Der Po legt von den Cottischen Alpen bis zum Meer 652 km zurück. Die einmündenden *Nebenflüsse* aus Alpen und Apennin bescheren ihm die unregelmäßige Wasserführung, den Hang zu Überschwemmungen und zur Versandung, die eigenwilligen *Laufveränderungen*. Siebenfach geteilt und verästelt (Po di Levante, Po di Maistra, Po delle Pila, Po delle Tolle, Po di Gnocca, Po di Goro, Po di Volano) nimmt sein **Delta** das Meer in die Arme. Die Landschaft östlich von **Contarina** ist flach und amphibisch. Der *Fiume pensile*, der hängende Fluss, schafft mit seinem Geschiebe Neuland, Dünenketten und Inseln. Schon im 16. Jh. erkannte der venezianische *Magistrato delle Acque* die Gefahren für das unter dem Meeresspiegel liegende Delta. Hohe Deiche, Kanäle und Schleusen sollten den Po unter Kontrolle halten, große Flächen wurden urbar gemacht. Die **Valli**, jene flachen Wasserbecken, werden als Fischzuchtgebiete gepflegt. Im Jahr 1988 wurde der

Wo der Po auf die Adria trifft wie hier bei Porto Levante, wird das Land amphibisch

60 000 ha umfassende **Parco Regionale del Delta del Po** eingerichtet. Naturnaher Tourismus erschließt heute im Delta das größte *Feuchtbiotop* Italiens: schmale Kanäle, Wälder aus Schilf, wo die Grisoleri (Rohrschneider) arbeiten, eine Art *Watt* mit beinah unberührter Flora und einer äußerst vielfältigen *Vogelwelt*. Mit Booten ab **Goro** (oder Porto Tolle, Gorino) dringt man am tiefsten in die seltsame Deltawelt ein, die bei den Leuchttürmen von Pila und Goro ihr Ende findet. Erkundungsfahrten mit dem Auto lohnen sich von Contarina ans Landende bei Pila und von Taglio di Po bis Porto Tolle oder Goro und Gorino.

Praktische Hinweise

Information

Parco Regionale del Delta del Po, Ca' Vendramin, Taglio di Po, Tel. 042 68 18 96, Fax 042 68 15 28, www.parcodeltapo.it

Hotels

*****Delta Park**, Via Zara 12, Porto Viro, bei Contarina, Tel. 04 26 63 40 00, Fax 04 26 63 14 04. Hübsches Haus und gutes Restaurant mit lokalen Spezialitäten.

*****Tessarin**, Piazza Venezia 4, Taglio di Po, Tel. 04 26 34 63 47, Fax 04 26 346346. Modernes großes Hotel mit Restaurant.

Restaurant

I due Leoni, Corso del Popolo 21, Ariano nel Polesine, Tel. 04 26 37 21 29. Historisches Restaurant mit Herberge in alter Posthalterei. Serviert werden Aal- und Wildspezialitäten (Mo geschl.).

21 Abbazia di Pomposa

TOP TIPP *Romanische Kunst, klassische Konzerte.*

Die SS Romea verläuft über Contarina und Mesola mit dem Este-Schloss Castello della Mesola (heute Zentrum der Umweltschutz-Erziehung) östlich vom berühmten **Gran Bosco della Mesola**, einem mediterranen Wald, in dem Damhirsche grasen, nach Pomposa.

Benediktinermönche gründeten die **Abbazia Santa Maria di Pomposa** (Tel. 05 33 71 91 10, tgl. 8.30–19 Uhr) im 7. Jh., inmitten von Auwald und Schilf. In der Gunst von Päpsten und Kaisern blühte das Kloster auf, wurde mächtig und reich – ein reges Zentrum des Geistes- und Kulturlebens. *Guido d'Arezzo* (992–1050), der die Grundlagen der Notenschrift schuf, lebte einige Zeit hier, Kaiser Friedrich I. Barbarossa kam 1171 und auch *Dante Alighieri* besuchte 1321 die Abtei. Im 13. Jh. veränderte der Po seinen Lauf, ein Dammbruch vernichtete die blühende *Landwirtschaft* des Klosters. Im 14. Jh. verließen die Mönche die malariaverseuchte Region und zogen sich nach Ferrara zurück. 1652 wurde die Abtei aufgelöst, und erst im 19. Jh. begannen umsichtige *Restaurierungsarbeiten* an dem aus Kirche, Dormitorium, Refektorium und Palazzo della Ragione bestehenden Ensemble.

Aus dem 7.–9. Jh. stammt der romanische Kern der in verschiedenen Rottönen gehaltenen Abteikirche **Santa Maria di Pomposa** (tgl. 7.30–19 Uhr). Gleichzeitig mit dem im 11. Jh. angebauten, sich in Arkaden öffnenden Narthex entstand der hohe, romanische *Campanile*. Der Innenraum, mit einem vortrefflichen Mosaikboden (11. Jh.) ausgelegt, steigt über antiken Säulen mit wundervoll gearbeiteten Kapitellen zum Obergaden auf, wo *Fresken* (14. Jh.) in rundum laufenden Bildstreifen Geschichten aus dem Alten und Neuen Testament erzählen und sich in der Apsis zu einem grandiosen Bild von Christus in der Glorie treffen. Als Schöpfer der Apsisfresken gilt Vitale da Bologna. Bei Restaurierungen wurde eine ältere gotische Freskenschicht darunter entdeckt, doch nur ein kleiner Teil konnte bisher gesichert werden. Freskenschmuck sieht man auch im **Kapitelsaal**, u. a. eine eindrucksvolle ›Kreuzigung‹, vermutlich von einem Schüler Giottos, und im **Refektorium**: Meister aus Rimini malten im 14. Jh. ›Das letzte Abendmahl‹, ›Das Mahl des hl. Guido‹, bei dem der Abt von Pomposa auf wunderbare Weise Wasser in Wein verwandelt, und ›Christus zwischen Maria und Heiligen‹. Im einstigen **Dormitorium** sind ebenfalls noch Fresken und Freskenreste erhalten.

Als seltenes Beispiel weltlicher Architektur des 11. Jh. gilt der **Palazzo della Ragione** gegenüber der Abbazia di Pomposa, in dem die Äbte Recht sprachen. Dem heutigen Erscheinungsbild haben Restauratoren ganz erheblich nachgeholfen. Im Sommer finden hier klassische Konzerte statt, die gut besucht sind.

Bei *Passo Pomposa* zweigt eine Nebenstraße, die dem Po di Volano folgt, nach *Volano* ab. Im Süden liegt die 2000 ha große **Valle Bertuzzi**, die von einigen Landstreifen mit Korkeichenwäldern durchsetzt ist. Reich ist die Fisch- und Vogelwelt dieser Landschaft.

Vom Ferienort **Lido di Volano** aus zieht ein mit vielen Pinien besetzter *Strandstreifen* über den Lido delle Nazioni, Lido di Pomposa und Lido degli Sacchi nach Porto Garibaldi mit dem Touristenhafen Marina degli Estensi.

i Praktische Hinweise

Information

IAT, Via Pomposa Centro, Abbazia di Pomposa, Tel. 05 33 71 91 10, www.comune.codigoro.fe.it/turismo/pomposa.htm

Restaurant

Abbazia di Pomposa, Via Pomposa Centro, Tel. 05 33 71 90 97. Auf Touristen eingestelltes Restaurant bei der Abtei (Mo geschl.).

22 Comacchio und Spina

Idyllische Kanalstadt in einer Wasserlandschaft mit etruskischer Vergangenheit.

Das kleine malerische Comacchio, eine ›Wasserstadt‹ in einem Netzwerk von Kanälen, wurde in der Spätantike an der ursprünglichen Mündung des Po gegründet. Es lebte vom *Salz*, vom Orienthandel, von der Kontrolle des Adriaverkehrs. Im 8. Jh. war seine **Flotte** die wichtigste im Exarchat, und Venedig sah die Konkurrenz wachen Auges. Zweimal ließen seine Dogen Comacchio zerstören und die Bewohner deportieren. Im 12. Jh. hatte sich der Lauf des Po nach Norden verschoben. Damit war die Stadt ihrer Lebensgrundlage beraubt und blieb isoliert in der Landschaft der Valli zurück. Erstmals 1870 und zum zweiten Mal 1960 wurden große Gebiete der Mezzano-Lagune urbar gemacht.

Christus in der Glorie mit Engeln: Blick in die Apsis der Abteikirche von Pomposa

Prunkstück des historischen Stadtzentrums ist der **Trepponti**, eine erstaunliche Anlage aus fünf zusammenlaufenden *Brückentreppen*, die der Ravennate Luca Danese 1634 entwarf. Schön ist der Ausblick vom höchsten Punkt der Brücke auf die Kanäle, die barocken Palazzi, die Boote, auf den traditionellen Fischmarkt **Pescheria** und die kleinen, vielfarbigen Häuser der Stadt.

Ein Rundgang führt über die Via della Pescheria, in der das **Museo della Nave Romana** (Tel. 05 33 31 13 16, April–Sept. Di–So 9.30–12.30, 15.30–19.30 Uhr, Okt.–März Di–So 9–13, 15–18 Uhr) die Reste des 1980 im Valle Ponti gefundenen römischen Handelsschiffes ›Fortuna Maris‹ und Teile von Ladung und Ausstattung zeigt. Weiter geht es zum **Ponte degli Sbirri** (Häscherbrücke) und zur Hauptstraße *Via Cavour*. Hier dient die **Torre dell' Orologio**, der im 19. Jh. eingestürzte,

Fast zu gewaltig wirkt die originelle, nach dem Willen eines eitlen Kardinals angelegte Brücke Trepponti mitten im bescheidenen Fischerstädtchen Comacchio

doch wieder aufgerichtete Uhrturm, als Wegweiser. Über die Piazzetta Ugo Bassi mit der *Loggia dei Mercanti* (1621) gelangt man zur **Cattedrale di San Cassiano** (17. Jh.) und über den Corso Mazzini zum **Loggiato dei Cappuccini**, einer von 143 Marmorsäulen getragenen Halle sowie zum Santuario di Santa Maria in Aula Regia.

Westlich von Comacchio, an der Straße nach Argento, wurden in der Bonifica di Valle Pega die Ruinen der etruskischen Stadt **Spina** und ihre Nekropole mit über 4000 Gräbern freigelegt. Rund 2600 Jahre – seit der Gründung im 6. Jh. v. Chr. – haben Reste der robusten Pfahlbauten Spinas überdauert.

Im Süden von Comacchio bilden die **Valli di Comacchio** eine 9000 ha große Wasserfläche. In Casone Foce (4 km südlich) gibt es noch den *Lavoriero* zu sehen, jene labyrinthartig angelegte **Fischfanganlage** aus Rohrgeflecht und Aluminiumwänden, die jahrhundertelang für den Aalfang verwendet wurde. Das Fischerhaus ist Ausgangspunkt für Führungen in die Valli, zu den uralten Salinen von Comacchio und zu einigen Casoni – jenen strohgedeckten Fischerhütten – im Lieblingswasser der Aale.

i Praktische Hinweise

Information

IAT, Piazza Folegatti 28, Comacchio, Tel. 05 33 31 01 61, Fax 05 33 31 01 48, www.comune.comacchio.ferrara.it

Hotels

*****Caravel**, Viale Leonardo da Vinci 56, Lido di Spina, Tel. 05 33 33 01 06, Fax 05 33 33 01 07, www.hotelcaravel. net. Freundlich eingerichtetes Haus mit Garten in einem Pinienhain des Po-Deltas nahe dem Meer.

*****Conca del Lido**, Viale G. Pascoli 42, Lido degli Estensi, Tel. 05 33 32 74 59, Fax 05 33 32 79 34, www.innitalia.com. Modernes, gut ausgestattetes Hotel 50 m vom Strand.

Al Ponticello, Via Cavour 39, Comacchio,Tel./Fax 05 33 31 40 80. Attraktives Bed & Breakfast in zentraler Lage und mit Blick auf den Kanal.

Restaurants

Il Sambuco, Via Caduti del Mare 30, Porto Garibaldi, Tel. 05 33 32 74 78. Das Restaurant bietet vor allem Köstliches aus dem Meer (Mo geschl.).

La Pace, Via Fogli 21, Comacchio, Tel./Fax 053 38 12 85. In dem einfachen Lokal in der Nähe der Pescheria werden leckere Speisen wie *Risotto di anguille* und Aal vom Rost serviert.

Ravenna, Faenza und Forlì – Kunststädte der Emilia Romagna

Ravenna ist wie ein facettenreicher Spiegel. Die Stadt zeigt das liebenswerte, alte, vollkommene Gesicht einer Kunstmetropole des 5./6. Jh. Sie zeigt aber auch ein modernes Gesicht mit den unvermeidlichen Kerben der *Industrieregion* und außerdem ein freundliches Sommergesicht mit Pinienwäldern, Lagunen, weiträumigen Naturschutzgebieten und Badestränden in nächster Nähe. Wie kleinere Schwestern der großen Kunststadt präsentieren sich **Faenza** als Zentrum der Keramik (Faentiner Fayencen) und **Forlì** mit seiner bedeutenden Gemäldesammlung.

23 Ravenna

Plan Seite 80

Erbin von Rom und Byzanz. Frühchristliche Basiliken und faszinierende Mosaiken.

Das Einzigartige und Außergewöhnliche dieser Stadt: Was anderwärts verloren ging, zerstört oder erneuert wurde, blieb hier im Original erhalten. Tatsächlich sind ihre Kunstwerke um Jahrhunderte älter als die Venedigs. Kein Wunder also, dass acht der mosaikgeschmückten Monumente 1996 zum UNESCO Weltkulturerbe ernannt wurden.

Geschichte Ursprünglich lag Ravenna auf Inseln im Meer und unwegsame Sümpfe schnitten es vom Hinterland ab. 500 v. Chr. besaßen Etrusker hier eine Fluchtburg. Als die Römer im 2. Jh. v. Chr. ihre Herrschaft auf die gesamte Po-Ebene ausdehnten, wurde Ravenna *Civitas foederata* und gewann durch die Anlage des **Portus Classis** (Classe) im 1. Jh. n. Chr. an Bedeutung. Roms *Kriegsschiffe* ankerten hier, hielten den Adriahandel unter Kontrolle und überwachten die Ostprovinzen.

Großes politisches Gewicht erhielt die Stadt, als Westroms Kaiser **Flavius Honorius** 402, von anstürmenden Westgoten bedrängt, seine **Residenz** von Mailand in das wasserumgebene Ravenna verlegte. Während Alarichs Truppen Rom plünder-

Der venezianische Touch der Piazza del Popolo in Ravenna hält näherem Hinsehen nicht stand, denn auf beiden Säulen stehen Heilige – es fehlt also der Markuslöwe

ten, lag Ravenna sicher im Abseits. Honorius und nach ihm seine Stiefschwester **Galla Placidia** regierten bis 437 in Ravenna und verliehen dem untergehenden Reich noch einmal Glanz. Unbekannte Künstler schufen die ältesten christlichen **Mosaikzyklen** der Kaiserstadt noch ganz im römischen Stil.

Auch nach dem Untergang Westroms blieb Ravenna Residenz: Der Heruler **Odoaker** regierte hier 476–493, Ostgotenkönig **Theoderich der Große** 493–526. Mit Theoderich hielt die theologische Lehre des Priesters **Arius** Einzug. Diese lehrt, dem griechisch-antiken Weltbild folgend, dass der Sohn Gottes vom Vater geschaffen und also nicht gleichermaßen ewig sei. Die Bautätigkeit wurde neu belebt, das Geistesleben blühte, der Philosoph *Anicius Manlius Boethius* und *Flavius Magnus Cassiodorus*, der eine Weltchronik und die Geschichte der Goten schrieb, fungierten als Berater des Kaisers. 540 nahmen die Truppen des byzantinischen Feldherrn **Belisar** die Stadt ein, die nun Sitz eines oströmischen Exarchen wurde und eine neue künstlerische – byzantinisch geprägte – Blüte erlebte.

Nach der Eroberung durch die *Langobarden* 751 verlor die Stadt an Bedeutung. Der Hafen versandete, die Kanäle wurden wieder zu Sumpfland, und den Salzhandel kontrollierte nun Venedig. Vom späten 8. Jh. an – mit Unterbrechungen durch Familienherrschaften der Traversari und Polenta sowie durch fünf venezianische Jahrzehnte – gehörte Ravenna bis 1860 zum **Kirchenstaat**.

Durch Trockenlegung der Sümpfe gegen Ende des 19. Jh. und einen damit verbundenen **Wirtschaftsaufschwung** veränderte sich das Bild der Stadt. Vollends, als 1952 reiche **Erdgasvorkommen** entdeckt wurden und in Folge Ölraffinerien und Chemiewerke entstanden.

Besichtigung Am besten wählt man die zentrale, venezianisch geprägte **Piazza del Popolo** ❶ als Ausgangspunkt. Hier stehen der *Palazzo Comunale* (Rathaus) und *Palazzetto Veneziano* sowie die beiden *Säulen*, die die Stadtheiligen Vitalis und Apollinaris tragen.

Nun geht es nach Nordwesten zum **Mausoleo di Galla Placidia** ❷ (Tel. 05 44 54 16 88, Mo–Sa 9.30–17, So 9.30–17 Uhr), den kleinen, unscheinbaren, wie durch die Last der Jahrhunderte in den Boden eingesunkenen Ziegelbau. Galla Placidia (388–450), Tochter Theodosius I. und Regentin über Westrom, gab den Bau ihres Grabmals 430 in Auftrag. Spärlich fällt das Licht durch Alabasterplatten in den *Innenraum*. Ein hoher Sockel aus Siena-Marmor geht in blaugrundigen Mosaikschmuck von außerordentlicher Pracht über, der die großen Lünetten über den Nischen, die Tonnengewölbe

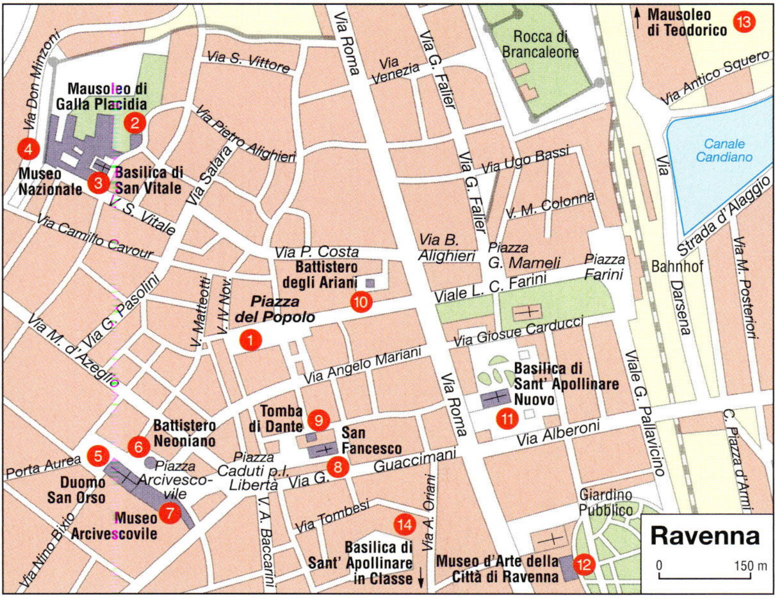

Römischer Mosaikkunst verpflichtet: Darstellung des Guten Hirten im Mausoleo di Galla Placidia

und die Kuppel bedeckt. Die Mosaizisten schufen die Kuppel als sternenbedeckten Nachthimmel. Die acht Apostel in den Wölbungen tragen Togen wie römische Senatoren, und ihre rechte Hand ist zur Acclamatio erhoben. In den Lünetten entzücken Bilder, die dem Naturalismus der klassischen Antike nahe stehen: Christus als der Gute Hirte, jung und bartlos, ist ein Ephebe, der seine Schafe in einer naturalistisch skizzierten Felslandschaft weidet. Gegenüber erscheint der *hl. Laurentius*, der zu seinem Martyrium am Rost mit dem züngelnden Feuer schreitet. In den Lünetten der Kreuzarme streben zwei Hirschpaare im üppigen Akanthusgerank den blauen Teichen – dem Quell des göttlichen Lebens – zu. Legenden spinnen sich um die drei spätantiken *Sarkophage*. Wer hier bestattet wurde, bleibt ein Geheimnis. Galla Placidia war es nicht, sie starb in Rom.

TOP TIPP Ein Jahrhundert jünger als das Mausoleum ist die **Basilica di San Vitale** 3 (Tel. 05 44 21 51 93, tgl. 9–17 Uhr). Der Grundstein wurde 525 zur Regierungszeit Theoderichs des Großen gelegt. Ihre Vollendung erfolgte während oströmischer Herrschaft. Als Vorbild diente die Hagia Sophia in Konstantinopel. San Vitale, über oktogonalem Grundriss errichtet, ist der erste *Zentralkuppelbau* des Abendlandes. Das strenge Äußere lässt die effektvolle kühle Wirkung des *Innenraums*, wo acht marmorne, von Rundbögen überfangene Stützpfeiler die Kuppel tragen, kaum ahnen. Doppelstöckige *Arkaden* umarmen den Mittelraum, der durch einen mit 15 Medaillons (Christus, Heilige, Apostel) geschmückten Gurtbogen in den tiefen, schmalen **Chorraum** überleitet. Hier blieb die ungemein kostbare Mosaikdekoration von 525–548 erhalten. Zwei Stilrichtungen werden deutlich: In den biblischen Szenen des

Erster Zentralkuppelbau des Abendlandes: Basilica di San Vitale in Ravenna

Presbyteriums überwiegt die von naturalistischer Lebendigkeit durchdrungene hellenistisch-römische Richtung. Ganz abstrakt dagegen, starr, mit Verzicht auf Perspektive und Körperlichkeit erscheinen die byzantinischen *Apsismosaiken*, die in einer feierlichen Christusdarstellung kulminieren. Glanzstücke sind die Zeremonienbilder an den Seitenwänden der Apsis: links Kaiser Justinian, Bauherr der Hagia Sophia in Konstantinopel, mit seinem Gefolge, rechts Kaiserin Theodora mit ihrem Hofstaat. Auffällig ist, dass nur die Hauptpersonen mit individuellen Zügen ausgestattet sind, als handele es sich um Porträts.

Im ehem. Benediktinerkloster der Kirche ist das **Museo Nazionale** 4 (Tel. 054 43 44 24, Di–Sa 8.30–19.30 Uhr) untergebracht. Mehrere Jahrhunderte ravennatischer Kunst sind hier versammelt. Bemerkenswert ist die *Grabsteinsammlung* mit Werken aus antiker, frühchristlicher und byzantinischer Zeit (2. Kreuzgang). Wunderschöne *Elfenbeinarbeiten* aus dem 5.–6. Jh. und historische Waffen gibt es außerdem zu sehen.

Von der Piazza del Popolo über die Via Rasponi erreicht man die Piazza del Duomo und den **Duomo San Orso** 5 (Tel. 054 43 03 28, April–Okt. Mo–Sa 7.30–12, 14.30–18 Uhr, Nov.–März Mo–Sa 7.30–12, 14.30–17 Uhr, So 7.30–12, 15.30–19.30 Uhr). Auf dem Grund des barocken, auch Basilica Ursiana genannten Baus stand einst die von Bischof Ursus im 5. Jh. gegründete, älteste Kirche Ravennas. Von ihr blieben nur die *Marmorkanzel* des Bischofs Agnello (6. Jh.) und einige frühchristliche *Sarkophage* erhalten.

Weit interessanter als der Dom ist das benachbarte **Battistero Neoniano** 6

Beachtenswert im Presbyterium von San Vitale sind nicht nur die aussagekräftigen Mosaike – hier Szenen aus dem alten Testament –, sondern auch die prächtigen Wanddekorationen

(Tel. 05 44 21 52 01, April–Sept. tgl. 9–19 Uhr, Okt.–März 10–17 Uhr), auch Baptisterium der Orthodoxen genannt, ein achteckiger Bau aus dem 5. Jh. Höchst eindrucksvoll ist die verschwenderische Ausstattung des *Innenraums* mit Marmorintarsien, mit wundervollen Stuckarbeiten und Mosaiken. Hauptschmuck sind die *Kuppelmosaiken*. Die ›Taufe Christi‹ im durch einen antiken Flussgott symbolisierten Jordan, die ungemein bewegten Gestalten der *zwölf Apostel* im ersten Mosaikband und die mystischen Darstellungen im zweiten Mosaikband zeigen, dass diese an der Antike orientierte Darstellungsweise noch weit von der Abstraktion der byzantinischen Kunst entfernt war.

Hinter dem Dom liegt das **Museo Arcivescovile** 7 (Tel. 05 44 21 52 01, April–Sept. tgl. 9.30–19 Uhr, sonst bis 17 Uhr). Sein kostbarster Besitz ist die aus Konstantinopel stammende *Cattedra di Avario di Massimiano* (Elfenbeinthron des Maximian), eines der prächtigsten Werke der antiken Elfenbeinschnitzerei (6. Jh.). Der zweite Museums-Schwerpunkt ist die mit immer wieder restaurierten Kuppelmosaiken geschmückte **Cappella di Sant' Andrea** (zzt. wegen Restaurierung

Glanz in Gold und kostbare Stoffe lassen Kaiserin Theodora wie eine Himmelskönigin erscheinen (San Vitale)

Dante Alighieris Grabmal in der ›Zone des Schweigens‹

geschl.) aus dem 5./6. Jh. Bemerkenswert ist z. B. der Christus militans im Kettenhemd des römischen Offiziers.

Über die Piazza Caduti per la Libertà gelangt man zur kleinen, häufig umgebauten Chiesa **San Francesco** 8 (tgl. 7–12, 15–19 Uhr) aus dem 5. Jh. Sie gehört schon zur Zona Dantesca, denn hier wurde 1321 die Totenmesse für Dante Alighieri gelesen. Die **Tomba di Dante** 9 (tgl. 9–12, 14–17 Uhr), die Grabstätte Dante Alighieris, des Dichters der ›Divina Commedia‹, der seinen Lebensabend als politischer Flüchtling in Ravenna verbrachte, ist ein kleiner klassizistischer *Tempel*, den der ravennatische Architekt Camillo Morigia 1780 gestaltete. Ravenna schwelgt geradezu im Dante-Stolz, seit Franziskanermönche die Gebeine des Dichters vor Grabräubern bewahrten – und vor Kardinallegat Bertrand du Pouget, der acht Jahre nach Dantes Tod verlangte, man solle den Leichnam verbrennen.

Ein Rundgang in die Osthälfte der Altstadt führt zum **Battistero degli Ariani** 10 (Tel. 054 43 54 04, Juni–Sept. tgl. 8.30–19.30, Okt.–Mai bis 16.30 Uhr). Die ursprünglich arianische Kultkirche, in der die Lehren des Arius verbreitet wurden, entstand um 500. Später wurde sie dem orthodoxen Ritus geweiht. Nur die Mosaikdekoration der **Kuppel** ist original erhalten. Der Vergleich mit dem Battistero Neoniano drängt sich auf, die Szenen der ›Taufe Christi‹ im Apostelkranz ähneln einander.

An der Via Roma liegt die **Basilica di Sant' Apollinare Nuovo** 11 (Tel. 05 44 21 95 18, April–Sept. 9–19, Okt.–März 10–17 Uhr). Theoderich ließ die dreischiffige Hallenbasilika 519 als arianische Hofkirche erbauen und opulent mit *Mosaiken* ausstatten. Die beiden oberen Bildstreifen mit den Christusszenen blieben original erhalten. Der unterste Bildstreifen entstand 560, nach der Umwidmung der Kirche zum katholischen Ritus und nach der Damnatio memoriae, der Auslöschung der Erinnerung an Theoderich und den arianischen Geist. An der *rech-*

Antikisierend – ›die Taufe Christi‹ im Battistero Neoniano von Ravenna

Malerei in Stein

Eines der ältesten Mosaiken der Kunstgeschichte ist die ›Mosaikstandarte‹ von **Ur** (2500 v. Chr.), ein Kasten mit einer aus Muscheln und Lapislazuli zusammengesetzten Bildfolge von Tieren und Menschen (British Museum, London). Die ersten nachweisbaren Wandmosaiken wurden vor 5000 Jahren im babylonischen **Uruk** aus Tonzylindern gefertigt, die in den feuchten Lehm gedrückt wurden. Diese Technik hat sich in Jahrtausenden kaum verändert, nur die **Materialien** wurden andere. In der griechischen und römischen **Antike** wurden **Fußbodenmosaiken** aus verschiedenfarbigen Stein- oder Marmorwürfeln mit außerordentlicher Kunstfertigkeit zusammengesetzt. Mosaikkünstler begannen mit den Steinen zu ›malen‹. Für **Wandmosaiken** waren die Steine allerdings zu schwer. Vermutlich aus den Glashütten von **Alexandria** kamen die ersten leichteren Glassteinchen. Erstmals wurden sie im 2. Jh. v. Chr. für den Palast von **Pergamon** verwendet und erwiesen sich als nahezu ideal. Das Glas konnte gefärbt, mit Gold- und Silberfolien beschichtet und im richtigen Winkel so eingesetzt werden, dass es beim Zusammentreffen mit Licht eine ungeheure **Leuchtkraft** entfaltete. In der **römischen Kaiserzeit** entstanden vielfarbige figürliche Mosaiken von überragender Qualität. Auch in der **byzantinischen Epoche** zeugen Werke wie die Mosaiken von **Ravenna**, aus Abermillionen Tesserae zusammengesetzt, von höchster technischer Perfektion. Hier lässt sich besonders gut der Wandel der Darstellungsweise vom Naturalismus im **Mausoleo di Galla Placidia** zur Abstraktion und zu den transzendenten Visionen byzantinischer Prägung in der **Basilica di Sant' Apollinare in Classe** verfolgen.

ten Seitenwand bewegt sich der Prozessionszug der Märtyrer auf den thronenden Christus zu. An der *linken Wand* führen die Heiligen Drei Könige den Zug der Märtyrerinnen zu ›Maria mit dem Kind‹. Details, die Aufmerksamkeit verdienen, sind das berühmte Bild der Heiligen Drei Könige und das Mosaik des Hafens von Classe (links) sowie die Stadt Ravenna mit Theoderichs Palast (rechts). Hier wurden alle Figuren zum Zweck der Ketzeraustreibung entfernt.

Man folgt nun der Via Roma weiter nach Süden, trifft auf einen alten Baurest aus dem 7./8. Jh., der fälschlich *Palazzo di Teodorico,* Palast des Theoderich, genannt wird, auf die mit Statuen geschmückte *Basilica di Santa Maria in Porto* (1553–1659) und auf die *Loggetta Lombardesca* mit dem **Museo d' Arte della Città di Ravenna** 12 (Tel. 05 44 48 23 56, www.museocitta.ra.it, Di–Sa 9–13.30, Di, Do/Fr auch 15–18 Uhr, So nur 15–18 Uhr). Glanzpunkt der Sammlung des 14.–21. Jh. ist neben Werken aus der Malschule von Ravenna das von Tullio Lombardo um 1525 geschaffene ›Totenbild des Guidarello Guidarelli‹, wahrlich eine der schönsten Skulpturen der Renaissance.

Vor den Toren Ravennas

Wie ein vom Himmel gefallener Fels liegt das **Mausoleo di Teodorico** 13 (Tel. 05 44 45 15 39, April–Sept. tgl. 8.30–19 Uhr, sonst bis16.30 Uhr) östlich der Porta Serrata. Das Grabmal Theoderichs, ein zweistöckiger Rundbau mit mächtigen Rundbogennischen und einer monolithischen Deckplatte aus istrischem Kalkstein von 11 m Durchmesser, wurde 520 begonnen. Die Grabstätte ist jedoch leer, die *Gebeine* des arianischen Gotenkönigs liegen nicht im Porphyrsarg, denn sie wurden verschleppt und zerstreut. Später hat man Theoderichs *goldene Rüstung* beim Pflügen in einem Feld entdeckt, ausgegraben und ins Museum gebracht. Von dort wurde sie gestohlen und ist seitdem verschollen.

Etwa 5 km südlich des Stadtzentrums steht die **Basilica di Sant' Apollinare in Classe** 14 (Tel. 05 44 47 35 69, Mo–Sa 8.30–19.30, So 13–19.30 Uhr). Das der justinianischen Zeit angehörende Gotteshaus (535–549), ein einfacher Backsteinbau mit einem runden *Campanile* (10. Jh.), ist die Grabeskirche des hl. Apollinaris. Hell und kühn in Farb- und Lichtwirkung ist der *Innenraum*. Griechische Säulen mit byzantinischen Kapitellen bilden Arkaden, die mit Medaillons der Bischöfe geschmückt sind. Den *Triumphbogen* beherrscht ein ernstes Bild des

Ungewöhnlicher Rundturm – die Basilica di Sant' Apollinare Nuovo wurde Anfang des 6. Jh. von Theoderich gegründet

Viele Legenden spinnen sich um das geheimnisvolle Mausoleo di Teodorico

Licht und Farbe leiten in der Basilica di Sant' Apollinare in Classe den Blick unwiderstehlich zu den Mosaiken in der Apsis mit ihrer paradiesisch-naiven Naturdarstellung

segnenden Erlösers, dem aus den Stadttoren von Bethlehem und Jerusalem (symbolisch für Juden und Christen) weiße Lämmer zuströmen. Aus dem 6. Jh. stammen die Mosaiken in der *Apsis*: Grün, voller Bäume, Blumen, Büsche, Vögel, wölbt sich die mystische Paradieswiese über den Figuren der ravennatischen Bischöfe. Das Symbolhafte dominiert: Schafe verkörpern das Volk der Gläubigen, die vom hl. Apollinaris geführt werden sollen, die Verklärung Christi ist nur durch ein Kreuz im Sternenmedaillon dargestellt und hoch oben greift die Hand Gottes aus den Wolken. In die realistische Bildwelt kehrt die Darstellung der Privilegiengewährung Konstantins IV. an die Kirche (linke Seitenwand) zurück.

Zum Ausruhen locken nach so viel Kunst die nahen **Badestrände**. Zur Auswahl stehen *Casal Borsetti* mit seinen großen Campingplätzen, *Marina Romea* im Pinienschatten und *Porto Corsini* mit weiten, teilweise noch einsamen Uferzonen.

i Praktische Hinweise

Information

IAT, Via Salara 8, Ravenna, Tel. 054 43 57 55, Fax 054 43 50 94, www.turismo.ravenna.it, www.ravennamosaici.it

Parkplätze

Via Fiandrini (Bereich Basilica San Vitale), Via A. de Gasperi (im Dom-Bereich), Largo Firenze (Zona Dantesca), Piazza Mameli (nahe Basilica di Sant' Apollinare Nuovo)

Vergnügungspark

Mirabilandia, Savio, bei Ravenna, Tel. 05 44 56 11 11, www.mirabilandia.it. April–Mitte Sept. tgl. 10–18 Uhr, Juli/Aug. auch 22–23 Uhr. Abenteuerpark mit einem der größten Riesenräder der Welt und den 26 m hohen ›Niagara-Fällen‹.

Hotels

******Bisanzio**, Via Salara 30, Ravenna, Tel. 05 44 21 71 11, Fax 0 54 43 25 39, www.bisanziohotel.com. Das moderne Best-Western-Hotel ist zentral gelegen, bietet aber außer Frühstücksbüffet keinen Restaurantbetrieb.

******Jolly Hotel Mameli**, Piazza Mameli 1, Ravenna, Tel. 05 44 3 57 62, Fax 05 44 21 60 55, www.jollyhotels.it. Sehr gut geführtes Haus mit Restaurant.

*****Centrale Byron**, Via IV Novembre 14, Ravenna, Tel. 054 43 34 79, Fax 054 43 41 14, www.hotelbyron.com. Komfortables Hotel ohne Restaurant im Zentrum Ravennas.

Restaurants

Antica Trattoria Al Gallo, Via Maggiore 87, Ravenna, Tel. 05 44 21 37 75. Elegant und gemütlich, Sommerbetrieb in einem romantischen Garten. Gehobene Preisklasse, Vorbestellung erforderlich (Mo/Di und So abends geschl.).

Bella Venezia, Via IV Novembre 16, Ravenna, Tel. 05 44 21 27 46. Nahe der Piazza del Popolo werden romagnolische Spezialitäten serviert (So geschl.).

24 Faenza

Wiege der Keramik.

Die Stadt am Ufer des Fiume *Lamone* (ab Ravenna SS 302), am Übergang der weiten Po-Ebene zu den Ausläufern des Apennin, ist vermutlich eine etruskische Gründung. Die Römer gaben der Siedlung an der Via Aemilia als *Castrum Faventia* ein Raster von sich rechtwinklig schneidenden Straßenzügen, das bis heute erhalten geblieben ist. Die ersten bedeutenden Bauten entstanden unter der Signoria der Familie Manfredi. Als *Cesare Borgia* sich 1501 mit Gewalt der Romagna bemächtigte, wurde auch Faenza zerstört, und die Stadt fiel 1509 an den Kirchenstaat. Nicht zerstört werden konnte jedoch das Wissen um die Keramikproduktion. Bis ins 12. Jh. reichen in Faenza die Wurzeln dieses Handwerks. **Fayencen**, aus dem Stadtnamen abgeleitet, wurden zum Gattungsbegriff für farbig dekorierte, glasierte Keramik, die besonders in der Renaissance hohe künstlerische Qualität erreichte.

Erlesene Kunstwerke präsentiert das Internationale Keramikmusem von Faenza

Mit der Erfindung des Porzellans zu Beginn des 18. Jh. begann die Bedeutung der Fayencen zu schwinden. Dennoch sind die Keramiken bis heute kostbare Güter Faenzas. Noch immer werden in 60 *Werkstätten* traditionelle und moderne Keramiken hergestellt, häufig finden internationale Ausstellungen zur Keramik statt. Faszinierend ist das 1908 von Gaetano Ballardi gestiftete **Museo Internazionale delle Ceramiche** (Viale Baccarini 19, www.micfaenza.org, April–Okt. Di–Sa 9–19, So 9.30–18.30 Uhr, Nov.–März Di–Sa 9.30–13.30, So 9.30–17.30 Uhr). Die Kollektion zeigt Faentiner Keramik von der Römerzeit bis in die Gegenwart mit besonderer Betonung der *Renaissancefayencen*, außerdem Keramiken aus präkolumbianischer Zeit und aus dem Fernen Osten. In der Modernen Abteilung wird die *zeitgenössische Keramikkunst* Italiens präsentiert, bereichert durch Objekte von Picasso, Matisse, Chagall und Léger.

Im Zentrum Faenzas liegt die *Piazza della Libertà* mit der **Cattedrale San Pietro**. Sie wurde im 15. Jh. im Stil der Frührenaissance vom Florentiner Dombaumeister Giuliano da Maiano entworfen und 1581, nach 100-jähriger Bauzeit, eingeweiht. Der dreischiffige *Innenraum* in Form eines lateinischen Kreuzes mit je acht Kapellen in den Seitenschiffen ist schlicht und edel. Als besonders kostbar gilt die *Arca di San Savino*, das Grabmal des hl. Savinus links vom Chor. Es stammt von Benedetto da Maiano, dem Bruder des Dombaumeisters, und zählt zu seinen besten Jugendwerken.

Am Barockbrunnen des Domenico Paganelli vorüber gelangt man zur arkadengeschmückten **Piazza del Popolo** mit dem Palazzo del Podestà (12. Jh.), dem Palazzo del Municipio (13.–15. Jh.) sowie der Torre dell' Orologio (17. Jh.).

i Praktische Hinweise

Information

IAT, Piazza del Popolo 1, Faenza, Tel./Fax 054 62 52 31, www.prolocofaenza.it

Hotels

******Cavallino**, Via Forlivese 185, Faenza, Tel. 05 46 63 44 11, Fax 05 46 63 44 40, www.hotel-cavallino.it. Angenehmes

Haus außerhalb des Stadtzentrums. Das Restaurant bietet typisch romagnolische Küche.

****Vittoria, Corso Garibaldi 23, Faenza, Tel. 054 6 215 08, Fax 054 62 91 36, www.hotel-vittoria.com. Traditionreiches, zentral in der Altstadt gelegenes Haus mit Restaurant.

Restaurants

Le Volte, Corso Mazzini 54, Faenza, Tel. 05 46 66 16 00. Große Auswahl an Spezialitäten, z. B. mit Rohschinken, Pilzen oder Trüffeln (So geschl.).

L' Osteria del Mercato, Piazza della Libertà 13, Faenza, Tel. 05 46 68 07 97. Gute Lage im historischen Stadtzentrum, romagnolische Gerichte (So geschl.).

25 Forlì

Uralte Bauwerke und dichtes romagnolisches Leben.

Schnurgerade führt die **Via Aemilia** von Faenza nach Forlì und teilt die Stadt in zwei Hälften. Erstaunlich, dass das von der Geschichte immer wieder hart bedrängte und – auch im Zweiten Weltkrieg – zerstörte Forlì einige seiner frühen Bauwerke erhalten konnte.

Das älteste ist die romanische – mehrmals veränderte – **Basilica di San Mercuriale** an der zentralen Piazza Aurelio Saffi. Sie wurde über der 1173 abgebrannten Kirche errichtet, in der seit dem 7. Jh. die Reliquien des ersten Bischofs von Forlì, Mercurialis, aufbewahrt worden waren. Die von einem gewaltigen *Campanile* überragte Backsteinfassade zeigt oberhalb des Marmorportals ein Lünettenrelief (13. Jh.) mit Szenen aus dem Leben der Heiligen Drei Könige. *Innen* wirkt die Kirche mit dem unverputzten Mauerwerk herb und streng. Ein Eindruck, den weder der hinter dem Haupteingang aufgestellte romanische *Löwe*, noch das prunkvolle *Renaissancegrab* der Barbara Manfredi mildern können. Die Bilder zu beiden Seiten des Grabmals stammen von Marco Palmezzano (1460–1539) aus Forlì, einem bedeutenden Vertreter der romagnolischen Malerei.

Der **Palazzo del Municipio** aus dem 14. Jh. und – jenseits des Corso della Repubblica – der **Palazzo della Podestà** (15. Jh.) säumen die arkadengeschmückte *Piazza Aurelio Saffi*.

Wenige Schritte über den Corso Garibaldi sind es zum **Duomo Santa Croce**, dessen klassizistische Fassade über das Alter der ursprünglichen Kirche hinwegtäuscht. Zahlreiche Umgestaltungen ließen als Relikte aus alter Zeit nur das schöne *Taufbecken* (1504) und das romanische *Kruzifix* (13. Jh.) im linken Seitenschiff übrig. Carlo Cigani, ein Vertreter der Bologneser Barockschule, malte das *Kuppelfresko* der ›Himmelfahrt Mariä‹ (17./18. Jh.). Jahrzehnte früher entstand die reich geschmückte *Cappella della Madonna del Fuoco* im linken Seitenschiff.

Am Corso della Repubblica 72 warten die **Istituti Artistici e Culturali** (Tel. 05 43 71 26 06, Di–Sa 9–13.30, Di/Do auch 15–17.30, So 9–13 Uhr) mit einem Museumskomplex auf. Er umfasst das **Museo Archeologico** (zzt. geschl.) mit Funden von der Villanova-Kultur bis zur Römerzeit aus der Umgebung von Forlì, eine Abteilung des **Museo Etnografico Romangnolo** (die andere befindet sich im Palazzo Gaddi, Corso Garibaldi 96, Tel. 054 32 11 09) mit Exponaten zum Alltagsleben alter Zeiten sowie die **Pinacoteca Civica**. Sie präsentiert u. a. Werke von Guercino, Fra Angelico und Melozzo da Forlì. Milde blickt *Caterina Sforza* in einem Bildnis, das dem Florentiner Lorenzo di Credi zugeschrieben wird, sanft wirkt auch das Porträt *Cesare Borgias* von Marco Palmezzano.

Die mächtige, vom Geschlecht der Ordelaffi erbaute Festung **Rocca di Ravaldino** trägt die Erinnerung an diese beiden bedeutenden Persönlichkeiten. Sanft gaben sie sich im wirklichen Leben gewiss nicht. Caterina Sforza war eine mutige Frau, die sich gegen den blutrünstigen Cesare Borgia zur Wehr setzte. Sie ließ ihm sogar eine Aufforderung zum Duell übermitteln. Doch Cesare Borgia lehnte ab, siegte in der Schlacht gegen die Sforza, zerstörte Forlì und ließ seine Wappen in die Festung mauern.

i Praktische Hinweise

Information

IAT, Piazza Novanta Pacifici 2, Forlì, Tel. 05 43 71 24 35, Fax 05 43 71 27 55, www.turismoforlivese.it

Hotel

****Della Città et de la Ville**, Corso della Repubblica 117, Forlì, Tel. 054 32 82 97, Fax 054 33 06 30, www.hoteldellacitta. fo.it. Angenehmes Haus mit Restaurant (So abends geschl.).

Von der Pineta Ravennas nach Rimini – Sommergewühl im Vorland bizarrer Festungen

Die romagnolische Südküste, fern von Lagunen und dem Mündungsdelta des Po, ist sommers ein Tummelplatz zahlloser *Sonnenanbeter*, eine Zone der perfekt genutzten breiten, feinsandigen Strände, der *Hotelkolonien*, die vom Meer aus gesehen wie eine undurchdringliche Mauer vor dem grünen Hinterland stehen, und der alten Fischerdörfer, die sich aufgrund des milden Adriawassers in moderne **Badeorte** verwandelten. Die SS 16 Adriatica (Ferrara–Ostuni) mit kurzen Stichstraßen zur Küste und die Autostrada del Mare, A 14 (Bologna–Bari), mit ihren Zubringern verbinden sie alle.

26 Cervia und Milano Marittima

Pinien, Parks, pulsierendes Strandleben.

Von Ravenna fährt man durch die **Pineta di Classe** nach Süden. Salz war in ältester Zeit die Keimzelle **Cervias**, dessen eindrucksvolle *Salinen* rechts der Staatsstraße liegen. Wohlstand aus Salz formte das mittelalterliche Bischofsstädtchen, das mit *Pietro Barbo* den späteren Papst Paul II. (1464–71) und Bauherrn des Palazzo Venezia in Rom hervorbrachte. In Cervia selbst, das sich heute vor allem als gepflegter Badeort präsentiert, hat er jedoch keine Spuren hinterlassen. Die *Kathedrale* stammt aus dem 18. Jh., das hölzerne Kruzifix in der *Chiesa del Suffragio* wurde geschnitzt, ehe Pietro Barbo zur Welt kam. Spuren gibt es jedoch von der sardischen Nobelpreisträgerin **Grazia Deledda** (1871–1936). Ein *Denkmal* am Lungomare Deledda erinnert an sie, an ihre Ferienlust, an die 15 Sommer, die sie

In die Ferne segeln, kreuzen, dem Wind folgen: Der Hafenkanal von Cervia verbreitet Tag für Tag neue Aufbruchstimmung – die Sehnsucht der Seeleute nach dem Meer

Strandglück durch Geselligkeit bietet der Badeortereigen zwischen Cervia und Cesenatico

in der kleinen Villa am Viale Colombo verbrachte. Dort schrieb sie ›Das Land der Winde‹, ›Die Flucht nach Ägypten‹ und ›Der Alte und die Jungen‹.

Milano Marittima trennt von Cervia nur der hübsche **Hafen**. Längst treten die Ferienvillen aus der Gründerzeit hinter der perfekten Hotelkulisse am gepflegten feinen Sandstrand zurück. Sehenswert ist das 2002 eröffnete Schmetterlingshaus, **La Casa delle Farfalle** (Via Jelenia Gora 6 d, www.atlantide.net/casadellefarfalle, Tel. 05 44 99 56 71, April–Sept. Di–So 9.30–12.30, 14.30–18/19 Uhr, März, Okt. bis 17 Uhr), in dem über 1000 europäische und exotische Exemplare frei herumfliegen.

i Praktische Hinweise

Information

IAT, Viale dei Mille 65, Cervia, Tel. 05 44 97 44 00, Fax 05 44 97 71 94

IAT, Viale Giacomo Matteotti 39/41, Milano Marittima, Tel. 05 44 99 34 35, Fax 05 44 99 32 26, www.comunecervia.it/turismo

Hotels

******Garden**, Viale Italia 250, Pinarella di Cervia,Tel. 05 44 98 71 44, Fax 05 44 98 00 06, www.severihotels.it. Gepflegtes modernes Haus mit Restaurant, Pool und privatem Strandabschnitt.

******Mare e Pineta**, Viale Dante 40, Milano Marittima, Tel. 05 44 99 22 62, Fax 05 44 99 27 39, www.selecthotels. it. Hübsche Zimmer, Frühstück im Freien, Pool, Pinienpark und eigenes Strandareal.

*****New York**, Viale Titano 52, Pinarella di Cervia, Tel. 05 44 97 62 80, Fax 05 44 97 53 42, www.hotelnewyork.it. Familienfreundliches Haus mit Restaurant und Pool unweit vom Strand.

*****Universal-Beau Rivage**, Lungomare Deledda 118, Cervia, Tel. 0 54 47 14 18, Fax 05 44 97 17 46, www.selecthotels.it. Hübsches Hotel 20 m vom Strand mit Restaurant, Pool und Fitness Center.

Restaurants

Al Caminetto, Viale Giacomo Matteotto 46, Milano Marittima, Tel. 05 44 99 44 79. Gut und teuer, delikate Hauptgerichte (bis auf So nur abends geöffnet).

Osteria delle Mura,Via Savonarola 13, Cervia, Tel. 05 44 97 01 36. Regionalküche mit Betonung auf Fleisch.

27 Cesena und Cesenatico

Eine Bibliothek wie eine Kirche, angekettete Kodizes, edle Miniaturmalerei und Badefreuden ohne Ende.

Ein lohnender Abstecher über die SS 71 führt nach **Cesena**. Rotbraun, von der Sonne ausgeglüht ist die in Form eines Skorpions ummauerte Altstadt. Die bitterbösen Geschichten über die *Signori Malatesta* verstummen angesichts der **Via Malatestiana**, die Cesenas Hauptsehenswürdigkeiten verbindet.

Schmuckstück der Stadt ist die **Biblioteca Malatestiana** (Piazza Bufalini 1, Tel. 05 47 61 08 92, www.malatestiana.it, Führungen Mai–Sept. Mo–Sa 9.30–12.30, 16–19, So 10–12.30 Uhr, Okt.–April Mo–Sa 9–12.30, 14–17, So 10–12.30 Uhr). *Matteo Nuti* aus Fano schuf den Bau 1447–52 nach dem Vorbild von Michelozzos Bibliothek des Klosters San Marco in Florenz. Besonders eindrucksvoll ist der **Lesesaal** – er gleicht einer dreischiffigen Basilika. Zwischen den Marmorsäulen stehen die wie Gebetsbänke angeordneten Lesepulte. Zu den wertvollen Beständen der Bibliothek gehören 340 alte *Kodizes*, teils mit prächtigen Miniaturmalereien, die Novello Malatesta in Konstantinopel und im Orient ankaufte.

Ein kleiner Umweg über die Piazza Pia führt zur **Cattedrale San Giovanni Battista**, die nach vielen Umbauten im romanisch-gotischen Stil (14./15. Jh.) wieder hergestellt wurde. Die Cappella del Corpo Cristi (1494) und die Cappella della Madonna del Popolo verdienen besondere Aufmerksamkeit. Die niedrigen Arkaden der Via Zeffirino Re führen zur **Piazza del Popolo** mit der üppigen, skurrilen *Fontana Masini*. Über die uralte, holprige Via Malatesta Novello geht es zur **Rocca Malatestiana**. Von den zahlreichen Festungen der Romagna ist sie eine der schönsten. Ihre Wurzeln reichen bis ins 6. Jh. zurück, ihr heutiges Aussehen und die geheimnisvollen *unterirdischen Gänge* verdankt sie den Malatesta (14. Jh.). Das hier ansässige **Museo di Storia dell' Agricoltura** (Tel. 05 47 35 57 27, Juli–Mitte Sept. Di–So 16–19 Uhr, Mitte Sept.–Okt., März–Juni Di–So 15–18 Uhr) dokumentiert die Geschichte der Landwirtschaft.

Cesenatico, das ›Cesena al Mare‹, ein alter Ort, dessen *Fischerhafen* Leonardo da Vinci im Auftrag von Cesare Borgia entwarf, hat sich längst in den Reigen der großen **Badeorte** eingefügt. Viel Grün, schattige Straßen, mit einer Ausnahme maßvolle Hotels und breite, flache Strände ziehen im Sommer Touristenscharen an. Zum Freilichtmuseum, dem **Museo della Mariniera** (Tel. 05 47 67 24 57, Sa, So, Fei 10–12, 15–19 Uhr), wird der Kanal-Hafen durch die malerischen alten Boote mit ihren bunten Segeln. In einem neuen Gebäude sind traditionell verwendete Materialien, Techniken des Schiffbaus und seine Geschichte im Adriaraum zum Anfassen und virtuell erfahrbar präsentiert.

i Praktische Hinweise

Information

IAT, Piazza del Popolo 11, Cesena, Tel. 05 47 35 63 27, Fax 05 47 35 63 29, www.cesena.it

IAT, Viale Roma 112, Cesenatico, Tel. 05 47 67 32 87, Fax 05 47 67 32 88, www.cesenatico.it

Hotels

******Casali**, Via Benedetto Croce 81, Cesena, Tel. 054 72 27 45, Fax 054 72 28 28, www.hotelcasalicesena.it. Gepflegtes, modernisiertes Hotel mit Stil und fabelhaftem Restaurant.

******Pino**, Via Anita Garibaldi 7, Cesenatico, Tel. 054 78 06 45, Fax 054 78 47 88, www.hotelpinocesenatico.it. Hübsches Hotel mit Feinschmecker-Restaurant.

Restaurant

Il Circolino, Corte Dandini 10, Cesena, Tel. 054 72 18 75. Lokal mit romagnolischer Küche. Vorbestellung notwendig (nur abends geöffnet, Di geschl.).

Im schwimmenden Schiffsmuseum von Cesenatico liegen die Prototypen der Barken des nord- und mitteladriatischen Raumes mit ihren farbigen Segeln fest vertäut

28 Rimini

Uralte Stadt, modernes Seebad, Kunstschätze und Urlaubsfreuden

Bei Cesenatico beginnt ein dicht mit Hotels aller Kategorien bebauter, vom Badetourismus völlig vereinnahmter Strandstreifen, der sich bis Rimini hinzieht.

Rimini, Zentrum der romagnolischen Küste, liegt in einer heiteren, fruchtbaren und anmutigen Landschaft. **Federico Fellini** (1920–1993), einer der bedeutendsten italienischen Regisseure, sagte über seine Geburtsstadt, sie sei »ein verwinkelter, beängstigender, zärtlicher Mischmasch mit großem Atem«.

Rimini besteht aus zwei ungleichen Teilen: Die **Altstadt**, heute meerfern südlich des Fiume Marecchia gelegen, zeigt noch die Stadtanlage des römischen **Ariminum**. Das Seebad, auf Schwemmland zwischen Bahnlinie und Meer gelegen, ist eine turbulente **Badestadt**, die turbulenteste an der Adria. Boutiquen, Bars und Eisdielen reihen sich dicht an dicht. Nachts herrscht Gedränge in den Discos, tagsüber Gedränge an den Stränden. Vielreihig stehen die Sonnenschirme von **Torre Pedrara** im Norden bis **Miramare** im Süden. Überall Sand vom Feinsten, kaum Grün, ein schläfriges, warmes, seichtes Meer, das in der Hochsaison täglich 100 000 Badegäste aufnimmt.

Geschichte **Etrusker** machten Rimini und Spina um 500 v. Chr. zu ihren Lieblingshäfen. 268 v. Chr. war Ariminum **römische Kolonie**, und Straßenbauer des Volkstribunen Gajus Flaminius verbanden sie 220 v. Chr. über die **Via Flaminia** mit der Hauptstadt des Imperiums. Zum Knotenpunkt der römischen *Heerstraßen* avancierte der Hafenort 187 v. Chr., als auch die **Via Aemilia** von Rimini über Bologna nach Modena, Parma und Piacenza gebaut wurde. Die Stadt wurde wohlhabend, schließlich auch kriegerisch.

Nach der langobardischen Eroberung geriet der Ort jedoch ins Abseits und wurde erst im 13. Jh., als freie Stadt im Besitz der Familie **Malatesta**, wieder ein wichtiger Handelsplatz. Über drei Jahrhunderte, von 1503 bis zur Einigung Italiens 1861, verdämmerte Rimini dann unbeachtet an der Peripherie des *Kirchenstaates*. Als der sportliche Graf Baldini im Jahr 1843 die ersten **Badehütten** an den Strand stellen ließ, konnte er die Entwicklung zum beliebtesten Sommerort der Adriaküste nicht einmal ahnen.

Besichtigung Historisch gesehen sollte ein Rundgang durch die **Altstadt** beim **Arco d' Augusto** ❶, einem Kaiser Augustus 27 v. Chr. gewidmeten *Ehrenbogen*, beginnen. Die gewaltige Bogenmasse, einst wohl mit einem himmelstürmenden Viergespann geschmückt, erhielt im Mittelalter einen *Giebel* aus ghibellinischen Backsteinzinnen. Kein antiker Bogen musste Ähnliches über sich ergehen lassen, doch Zeus und Apollo, Neptun und Minerva blicken gelassen aus ihren antiken *Medaillons* herab.

Der anschließende Corso d' Augusto ist ein Stück der alten Via Aemilia. An ihm liegt die **Piazza Tre Martiri** ❷, das einstige Forum Romanum. Hoch über die belebten Läden und viel besuchten Cafés erhebt sich der in den Palazzo Brioli eingebaute Uhrturm **Torre dell' Orologio** von Buonamici mit einer Uhr von 1562. Ein marmorner Säulenstumpf seitlich des achteckigen Kirchleins **Sant' Antonio** bezeichnet vermutlich den Platz, wo Caesar nach der Überschreitung des Flusses *Rubicon* (nördlich von Rimini) stand und die berühmten Worte »Alea iacta est« (Der Würfel ist gefallen) ausrief. Caesar forderte seine Soldaten in flammender Rede auf, loszumarschieren und Pompeius aus Rom zu vertreiben.

Nordwärts geht man durch die Via IV Novembre zum **Tempio Malatestiano** ❸

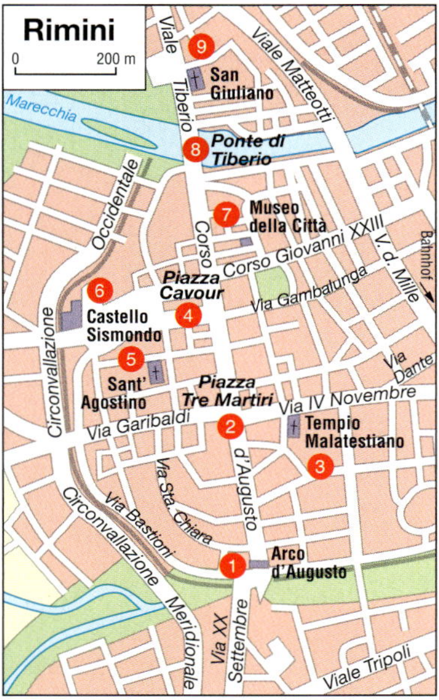

Bahnbrechender Entwurf – Alberti setzte mit dem Tempio Malatestiano Maßstäbe für einen von der Antike inspirierten Klassizismus

(Tel. 0541511130, Mo–Sa 8–12.30, 15.30–18.30, So 9–13, 15.30–19 Uhr) Im Zenit seiner Macht ließ *Sigismondo Malatesta* (1418–1478) die romanisch-gotische Franziskanerkirche großzügig umbauen. Die Entwürfe lieferte der Florentiner Baumeister *Leon Battista Alberti*. Für die Neugestaltung des Innenraums verpflichtete Malatesta den Medailleur und Pisanello-Schüler Matteo dei Pasti, für die Dekorationen der Seitenkapellen den Bildhauer *Agostino di Duccio*. Alberti, Vertreter der Frührenaissance, entwarf den Tempio in klassisch-antiken Bauformen, in Anlehnung an die Architektur des Arco d' Augusto. Die ab 1450 rasch fortschreitenden Bauarbeiten mussten allerdings 1460 eingestellt werden, da die Malatesta ihre Macht eingebüßt hatten. Die weiße, durch vier korinthische Halbsäulen gegliederte und mit vielen Ornamenten geschmückte *Marmorfassade* blieb unvollendet. Albertis krönende Kuppel existiert nur als Zeichnung. Ein hoch gewölbtes Mittelportal führt in den großen *Innenraum* mit der gewaltigen Holzsparrendecke, wo Formen der Gotik und Frührenaissance einander ergänzen. Rasch erhellt Sigismondo Malatestas Idee: Er hatte ein Familien-Pantheon geplant. Die sechs vorderen der insgesamt acht Kapellen – von seinem Renaissance-Grab beim Eingang ausgehend – sind ihm unmittelbar oder mittelbar gewidmet. In der **Cappella delle Reliquie** (anschließend an die 1. Kapelle rechts) dominiert das berühmte Fresko ›Der Fürst kniet vor dem hl. Sigismund‹ von Piero della Francesca. Der Künstler malte den Fürsten zwar sanft und fromm, doch Sigismondo war ein Gewaltherrscher und Mörder. Eine seiner Gattinnen verurteilte er zum Tode, die nächste erwürgte er eigenhändig, und nur die letzte, *Isotta degli Atti*, gewann einen dauerhaften Platz in seinem Leben. Ihr monumentales Grab in der von **Duccio** gestalteten **Cappella di Isotta** (2. Kapelle rechts), wo zwei Elefanten, Wappentiere der Malatesta, den Sarkophag tragen, ist ungemein reich an heraldischem Schmuck und reizenden Putten von Matteo dei Pasti. Rechts an der Wand befindet sich ein auf Holz gemaltes *Kruzifix*, das Giotto zugeschrieben wird. Immer wieder fallen Werke Duccios ins Auge, z. B. die 18 marmornen *Basreliefs* mit fantasievollen Darstellungen der Planeten und Tierkreiszeichen (3. Kapelle rechts). Mit Noblesse und kräftigen Farbeffekten in Blau und Gold gestaltete er die **Arca degli Antenati** (Grabmal der Ahnen; 1. Kapelle links). Heiter dagegen, fast kindlich umspielen seine zauberhaften Putten die **Grabkapelle** der beiden ersten Fürstenfrauen Ginevra d' Este und Polissena Sforza (2. Kapelle links). In der 3. Kapelle links sind schöne Marmorreliefs der Artes liberales, der Freien Künste, zu sehen. Eine Kostbarkeit ist das Gemälde *Giorgio Vasaris* ›Der hl. Franziskus empfängt die Wundmale‹ an der Apsiswand.

Folgt man dem Corso d'Augusto nordwestwärts, erreicht man die **Piazza Cavour** 4, den mittelalterlichen Kern Riminis. Im Umkreis von Giovanni da Carraras **Fontana della Pigna**, die schon Leonardo da Vinci so sehr gefiel, stehen der romanisch-gotische *Palazzo dell' Arengo* aus dem 13. Jh., der Renaissance-Palast *Garampi* und der gotische *Palazzo del Podestà*.

Lohnend ist ein Abstecher über die Via Sigismondo zur Chiesa **Sant' Agostino** 5. Auf wunderbare Weise legte 1916 ein Erdbeben in der Kirche einen kostbaren **Freskenzyklus** aus dem 14. Jh. frei, den Meister der *Schule von Rimini* gemalt haben. In dem Gemälde ›Auferstehung der Drusiana‹ kann man im Kreis der Dichter Dante und Petrarca entdecken.

Von der Piazza Cavour ist es nicht weit zum **Castello Sismondo** 6, auch Rocca Malatestiana genannt. Von der einst stattlichen Festung, die Sigismondo Pandolfo Malatesta 1437 zur Demonstration seiner Macht errichten ließ, blieb zwar nur die Kernburg erhalten, diese bietet jedoch bis heute einen imposanten Anblick.

In der Via Tonini 1 befindet sich das **Museo della Città** 7 (Tel. 0541214 82, Mitte Juni–Mitte Sept. Di–Sa 10–12.30, 16.30–19.30, So 16.30–19.30 Uhr, sonst Di–Sa 8.30–12.30, 17–19, So 16–19 Uhr), dessen **Museo Archeologico** einen guten Einblick in die Geschichte der Stadt gibt. Die **Pinacoteca** zeigt Werke der Rimini-Schule des 14. Jh. Im Jahr 2000 ist das Gros der reichen Sammlung des Forschers Dinz Rialto (1920–1979) hinzugekommen.

Besonders sehenswert sind die Seitenkapellen mit den Marmorreliefs von Agostino di Duccio im Tempio Malatestiano in Rimini

Über den Corso d'Augusto erreicht man die Chiesa **Santa Maria in Corte**, eine uralte Servitenkirche, die im 18. Jh. dekorativ ausgestaltet wurde. Schließlich trifft man auf den **Ponte di Tiberio** 8, der den Corso beschließt. Diese 21 n. Chr. vollendete fünfbogige Brücke aus mächtigen Travertinquadern trägt noch immer den Stadtverkehr.

In der alten Fischervorstadt jenseits der Brücke ist die Chiesa **San Giuliano** 9 dem Heiligen gewidmet, dessen Gebeine in einem römischen Sarkophag bewahrt werden. Paolo Veronese malte das Hochaltarbild ›Martyrium des hl. Julian‹, und ein Polyptychon (1409) des Bittino da Faenza erzählt die Lebens- und Leidensgeschichte des Heiligen.

Ganz andere Assoziationen erweckt das **Seebad Rimini**: Die Strandzone mit der viele Kilometer langen *Uferpromenade* ist nicht nur für das Auge, sondern auch für die Seele gemacht. Hier zählen Sonne, Salzwind, Spaß, Sport, lange Nächte, laute Discos, Jubel und Trubel.

i Praktische Hinweise

Information

IAT, Piazzale Federico Fellini 3, Rimini, Tel. 054115 69 02, Fax 054115 65 98, www.riminiturismo.it

Bahnhof

Stazione FS, Piazzale Cesare Battisti, Rimini, Tel. 89 20 21, www.trenitalia.it

Flughafen

Aeroporto Internazionale Federico Fellini, Via Flaminia 409, Miramare di Rimini, Tel. 0541715711, Fax 0541373649, www.riminiairport.com

Hafen

Porto di Rimini, Tel. 054115 0121, Fax 054115 43 73

Vergnügungsparks

Delfinario Rimini, Lungomare Tintori 2, Rimini, Tel. 054115 02 98, www.delfinario rimini.it. Shows in der Regel Mo, Fr 16.30, Sa/So 16, 17 Uhr, Juni–Sept tgl. 16.45, 18, 21.30, 22.30 Uhr (aktuelle Infos einholen). Delfin-Shows und Aquarium.

Fiabilandia, Via Cardano 15, Rimini Rivazzurra, Tel. 05 41 37 20 64, www.fiabilandia.it. April–Okt. tgl. 10– 19 Uhr, sommers bis 24 Uhr. Märchenwelten, Sciencefiction, Aufführungen.

Italia in Miniatura,Via Popilia 239, Viserba di Rimini, Tel. 05 41 73 20 04, www.italiainminiatura.com. März–Okt. tgl. 9.30–18.30 Uhr, jedoch Ende Juni–Anfang Sept. tgl. 9–24 Uhr. Architektonische und landschaftliche Sehenswürdigkeiten Italiens als Miniaturen.

Hotels

TOP TIPP *******Grand Hotel Rimini**, Parco Federico Fellini, Rimini, Tel. 05415 60 00, Fax 05415 68 66, www.grandhotelrimini.com. Traditionsreiches und wunderschönes Luxushotel in opulenter Gründerzeitarchitektur. Fellini liebte es nicht nur als Filmkulisse. Auch viele andere berühmte Gäste weilten schon hier.

******Ambasciatori**, Viale Vespucci 22, Rimini, Tel. 054 15 55 61, Fax 054 12 37 90, www.hotelambasciatori.it. Modernes, zentral gelegenes Haus mit Schwimmbad (Okt.–Mai geschl.).

*****Bincamano**, Via Capellini 1, Rimini, Tel. 054 15 54 91, Fax 054 15 52 52, www.hotelambasciatori.it. Angenehmes Hotel in zentraler Lage nahe beim Strand und Hafen.

*****Corallo**, Viale Vespucci 46, Rimini, Tel. 05 41 39 07 32, Fax 05 41 39 18 08, www.hotelcorallorimini.com. Familiäres Haus in der Fußgängerzone, nur durch die Uferpromenade vom Strand getrennt.

*****Villa dei Fiori**, Via Canuti 6, Viserbella di Rimini , Tel. 05 41 73 82 20, Fax 05 41 73 56 76, www.hotelvilladeifiori.com. Modernes kleines Hotel mit Pool, 100 m vom Strand entfernt.

Restaurants

C'era una Volta, Superstrada San Marino 91, Rimini, Tel. 054 17 53 32 68. Heimische Gerichte, Fleischspezialitäten.

Cucina della Nonna, Via S. Aquilina 77, Rimini, Tel. 05 41 75 91 25. Traditionelle Küche, Zwischenspeisen alla Bolognese, vorzügliche Fleischgerichte, mittlere Preislage (Mi geschl.).

La Buca, Lungomare Tintori 5, Rimini, Tel. 054 12 37 78. Direkt an der zentralen Strandpromenade gelegenes Lokal. Köstliche fantasievolle Fischküche, allerdings nicht ganz billig.

Riminis Strandhotels bleiben meist vornehm im Hintergrund – nicht nur, weil die Gäste tagsüber am Strand zu Hause sind

Lo Squero, Lungomare Tintori 7, Rimini, Tel. 054 15 38 81. Am Ende der Uferpromenade, direkt am Wasser gelegenes Lokal. Spezialitäten Fische und Meeresfrüchte, gehobene Preisklasse.

29 Santarcangelo di Romagna

Ein Triumphbogen, uralte Gassen und geheimnisumwitterte Grotten.

Man verlässt Rimini über den Ponte di Tiberio und folgt der SS 9 nach Santarcangelo di Romagna. Auf der *Piazza Ganganelli* steht der **Arco Ganganelli**, ein Triumphbogen für Papst Clemens XIV. (1769–74). Er leitet in den mittelalterlichen Ort über. Auf dem Platz hinter der Collegiata findet noch immer der *Gioco del Pallone* statt, ein Spiel mit Trommelball und Armholz, dem auch das **Museo del Gioco del Pallone a Bracciale e del Tamburello** (Via Pio Massani 7, Tel. 05 41 62 58 84) gewidmet ist. Zum Ambiente Santarcangelos mit der romanischen *Pieve di San Michele* (6. Jh.) gehört auch die traditionelle Werkstätte für Tuchdruck, *Stamperia Marchi* (Via C. Battisti 15, Besichtigung auf Voranmeldung, Tel. 05 41 62 60 18). Hier werden Stoffe noch heute mit der *Mangano*, einer riesigen schweren Rolle aus dem 17. Jh., geglättet und anschließend mittels Holzstempeln mit Naturfarben bedruckt. Alte Gassen führen zur **Rocca Malatestiana** (Besichtigung nur für Gruppen, Tel. 05 41 62 08 32), in deren Burghof im Sommer das Festival *Santarcangelo dei Teatri* (www.santarcangelofestival.com) abgehalten wird.

Eine Sehenswürdigkeit besonderer Art sind **Le Grotte** (Eingang Via Fabbri und Piazza Monache, Führungen Mai–Sept. tgl. 9–12, 15.30–18.30 Uhr), die Tuffsteingrotten im Innern des Mont Jovis. Viele Erklärungsversuche gibt es zu den über 100, von Menschenhand in drei Ebenen ausgehöhlten Grotten. Sie reichen von vorchristlichen Höhlen über unterirdische Heiligtümer des Gottes Mithras bis zu Obst- und Weinkellern des 19. Jh.

i Praktische Hinweise

Information

IAT, Via Cesare Battisti 5, Santarcangelo di Romagna, Tel. 05 41 62 42 70, Fax 05 41 62 25 70, www.iatsantarcangelo.com

Restaurants

La Sangiovesa, Piazza Balacchi 14, Santarcangelo di Romagna, Tel. 05 41 62 07 10. Stimmungsvolle Osteria in einem alten Palazzo. Romagnolische Küche.

Lazaroun, Via del Platano 21, Santarcangelo di Romagna, Tel. 05 41 62 44 17. Hübsches Lokal mit rustikalem Ambiente und traditionsreicher Regionalküche.

30 Verucchio

Wiege der Malatesta.

In Santarcangelo di Romagna verlässt man die SS 9 und fährt südwestwärts – links liegt die Pieve San Michele (s. o.) – an *Poggio Berni*, einem gefälligen Ort zwischen Oliven- und Eichenhainen, vorüber, zur Marecchia-Brücke und bei *Ponte Verucchio* hügelan nach Verucchio. Hier, 300 m hoch auf einem felsigen Berg über Olivenhängen, steht man auf uraltem Kulturboden. Funde dokumentieren eine kontinuierliche Besiedlung seit dem 9. Jh. v. Chr. Schon die Träger der *Villanova-Kultur* schätzten die Bergeinsamkeit. Umbrer und Etrusker erkannten die strategische Lage Verucchios hoch über der letzten Talenge, die den Fluss Marecchia in die Ebene entlässt. Nur die Römer zogen ins Tal, im Mittelalter aber wurde der Ortskern wieder auf den Berg verlegt.

Die Straße mündet in die von Palazzi gerahmte *Piazza Malatesta*. Am Sede del Municipio vorüber steigt man zur TOP TIPP **Rocca del Sasso** (Tel. 0541 67 55 52, April–Sept. tgl. 9.30–12.30, 14.30–19.30, sonst Sa 14.30–18.30, So 10–12.30, 14.30–18.30 Uhr sowie auf Anfrage bei IAT) auf. Diese Burg, bereits 1144 als Castrum Veruculi erwähnt, ist eng mit den *Malatesta* und ihren Nachbarschaftskriegen mit den Herren von Montefeltro verbunden. Schon **Dante** nahm Verucchio in seine ›Divina Comedia‹ auf und unterhielt sich im V. Gesang mit *Francesca da Rimini* über ihre Passion zu Schwager Paolo, die ihr Gatte Giangiotto Malatesta mit dem Todesurteil ahndete.

Schutzbedürftigkeit ließ die Dächer von Verucchio eng zusammenrücken

Durch die Porta Sant'Agostino gelangt man zum **Museo Archeologico** (Öffnungszeiten wie Rocca), das im Convento dei Padri di Sant' Agostino untergebracht ist und reiche Funde der Villanova-Kultur präsentiert.

Ein zweiter Weg führt von der Piazza Malatesta über die Via Roma in den mittelalterlichen **Borgo** mit seinen Kirchen und Klöstern, seinen steilen, engen Gassen und ausgetretenen Treppen.

Praktische Hinweise

Information

IAT, Piazza Malatesta 21, Verucchio, Tel. 05 41 67 02 22, Fax 05 41 67 32 66, www.verucchio.net

Restaurants

Alla Rocca, Via Rocca 34, Verucchio, Tel. 05 41 67 98 50. Romagnolische Küche mit Gerichten wie *Strozzapreti con salsicce e funghi* und nach Salbei duftenden Spezialitäten vom Grill.

Hostaria Ro' e Buni', Via Mulino Bianco 697, Villa Verucchio, Tel. 05 41 67 84 84. Stilvolle Räume in einem alten Weingut. Geboten werden Grillspezialitäten.

31 San Leo

In der Festung des malerischen Ortes starb der Okkultist Cagliostro.

Von Verucchio zurück ins Tal und hier der SS 258 folgend geht es über eine Abzweigung nach San Leo. Die Straße steigt stark an und *Bergland* wird sichtbar: im Osten San Marino, im Westen der Monte di Perticara über Novafeltria und im Süden Montefeltro. Kühn und malerisch ist die Lage von San Leo auf dem steil aufragenden **Monte Feretri**, nur eine in den Fels gesprengte Rampe macht die Zufahrt möglich. Fast unversehrt erhielt sich das Stadtbild der alten Burgsiedlung, und dies, obwohl sich alle durch Italien ziehenden Völker um das Bergnest stritten. San Leo, die Wiege der *Herzöge von Montefeltro*, ging von Hand zu Hand.

Die uralte, im 9. Jh. erbaute **Pieve San Leo** versammelt Kunst von Jahrhunderten: ein umbrisches Relief, antike römische Säulen, byzantinische Kapitelle, ein Ziborium von 881 und die *Krypta* als vermeintlichen Schlafplatz des hl. Leo, der sich im 4. Jh. auf dem Monte Feretri niederließ und von dort aus missionierte.

Der alte Dom von San Leo steht auf dem Boden eines heidnischen Jupitertempels

Der nahe gelegene romanisch-gotische **Duomo** (12. Jh.) wurde auf den Ruinen eines Jupitertempels erbaut. Vom Grab des hl. Leo blieb nur der *Sarkophagdeckel* erhalten. Kaiser Heinrich II. raubte die Reliquien, die aber nie in Deutschland ankamen – Stoff für Legenden.

TOP TIPP Das bedeutendste Baudenkmal ist die **Rocca di San Leo** (Mai–Sept. tgl. 9–12.30, 14–19.30 Uhr). Ein steiler Weg führt zu der imposanten, finsteren Anlage hinauf, die ihr heutiges Aussehen den Plänen des Festungsbaumeisters *Francesco di Giorgio Martini* von 1497 verdankt. Nie wurde die Festung eingenommen. Sie sei, schrieb im 15. Jh. der Humanist und Kardinal *Pietro Bembo*, das schönste und größte Kriegswerkzeug der Region. Giuseppe Balsamo, der sich *Alessandro Conte di Cagliostro* nannte – Spiritist, Alchimist, Okkultist und Freimaurer, 1791 zum Tode verurteilt –, wurde von Papst Pius VI. zur Haft in San Leo begnadigt. Viereinhalb Jahre lebte er unter der Falltüre in einer Kellerzelle bis er an den Folgen der Folter starb.

Praktische Hinweise

Information

Pro San Leo, Piazza Dante 14, San Leo, Tel. 05 41 91 62 31

Restaurant

Castello, Piazza Dante Alighieri 11/12, San Leo, Tel. 05 41 91 62 14. Einfaches Lokal mit herrlicher Aussicht auf das Tal. Köstlich schmecken die *Vincisgrassi*, ein im Ofen gebackenes Nudelgericht (Di geschl.).

San Marino – Trutzburg der Freiheit

Effektvoll ragt die isolierte Felsmasse des burgengekrönten **Monte Titano** (745 m) aus der weichen Hügellandschaft südlich von Rimini. Am steilen Abhang des Berges liegt San Marino, die Hauptstadt des gleichnamigen **Zwergstaates** hoch über der Adria. Hier tragen die Ehrengarden Federbüsche am Helm, und die Sanmarinesen schlüpfen an Staatsfeiertagen (*Investitura dei Capitani Regenti* und *Festa di Fondazione della Repubblica*) noch immer in historische Kostüme, um der Gegenwart, die von bunten Briefmarken, Touristen und einer faszinierenden Aussicht lebt, Nostalgie und Romantik einzuhauchen.

32 San Marino

Häuser mit Wurzeln aus Stein. Zuflucht für Viele, selbst für einen Wal.

Die SS 72 verbindet Rimini Sud über Serravalle und Domagnano mit der alten, in den Felshang hineingebauten Marktstadt **Borgo Maggiore**. Hier kann man entweder die Funivia (Drahtseilbahn) oder die weiterführende Straße nach **San Marino Città** nehmen.

Die Lage ist grandios: San Marino überschaut die ganze grüne Hügelwelt bis zu den Bergnestern im Montefeltro und auf den Ausläufern des Apennin.

Geschichte 17 Jahrhunderte alt ist die Antica terra della libertà auf dem gewaltigen Kalksteinblock des *Monte Titano* (755 m), der ursprünglich am Meeresgrund lag und durch die Bewegung der Erdkruste im Miozän hierhergewandert ist. Eine These, die der Fund eines versteinerten *Walfischs* knapp unterhalb des Gipfels erhärtet hat. Immer war die Bergstadt eine *Trutz- und Fluchtburg*. Schon ihr sagenhafter Gründer, ein Steinmetz namens **Marinus**, zog sich vor der diokletianischen Christenverfolgung 301 n. Chr. schutzsuchend in die Wälder des Monte Titano zurück. Der 3. September 301 gilt als offizielles **Gründungsdatum** des Zwergstaates, der hl. Marino als Libertatis fundator (Begründer der Freiheit). Die Libertas perpetua, die ewige Freiheit, wurde zwar nicht festgeschrieben, doch die Bewohner gaben sich im 13. Jh. selbst die **Verfassung** einer freien, unabhängigen Kommune. Trotz nachbarlicher Aggressionen blieb es dabei: Der Kirchenstaat tolerierte letztendlich ihre **Unabhängigkeit**, und selbst das geeinte Italien erkannte die Republik an. Sie wurde ein Dorado für Flüchtlinge, blieb in den beiden Weltkriegen neutral und erlitt dennoch den Bombenhagel britischer Flugzeuge.

Wie ein Schiff aus Fels ragt der Monte Titano mit den wehrhaften Burgen und Festungsmauern über San Marino auf ▷

Heute liegt die Gesetzgebung in den Händen der 60 Abgeordneten des **Consiglio Grande e Generale**, die ausübende Gewalt bei den 10 Mitgliedern des *Congresso di Stato* und bei den beiden **Capitani Reggenti**, die alle sechs Monate wechseln. 29 000 Sanmarinesen – etwa halb so viele wanderten einst während Krisenzeiten aus – leben heute vom Tourismus, von Münzprägung, der Ausgabe von Briefmarken, von Zollfreigütern, etwas Industrie, Oliven und Wein. Seit einigen Jahren besitzt San Marino eine **Universität**, für deren Aufbaujahre man den berühmten Autor **Umberto Eco** als Rektor bestellte.

Besichtigung Von den Parkplätzen unterhalb der Stadtmauer (Piazzale Bellucci und Piazzale Calcigni) betritt man die **Altstadt** durch die wappengeschmückte **Porta San Francesco** (14. Jh.). Von der Bergstation der Funivia erreicht man die *Contrada del Pianello*, die einen Blick auf die Cava dei Balestrieri zulässt, wo sanmarinesische Armbrustschützen Tag für Tag ihre Treffsicherheit üben.

Das Centro Storico ist mittelalterlich verschachtelt. Unmittelbar hinter der Porta San Francesco trägt die Minoritenkirche **San Francesco** die Last und die Umbaulust von 600 Jahren. Interessanter ist das in den Klosterloggien untergebrachte **Museo San Francesco** (Tel. 05 49 88 51 32, www.museidistato.sm, 20. März–20. Sept. tgl. 8–20 Uhr, sonst tgl. 8.50–17 Uhr, dieselben Öffnungszeiten gelten für alle folgenden Sehenswürdigkeiten) mit Gemälden und Sakralgegenständen des 14.–18. Jh. Ebenfalls einen Besuch wert ist das **Museo di Stato** (Tel. 05 49 88 38 35, www.museidistato.sm) im Palazzo Pergami Belluzzi mit archäologischen Exponaten, alten Münzen und Kunstwerken, u. a. von Bernardo Strozzi, Guercino und Baccio Bandinelli.

Der Kunst des 20./21. Jh. ist die **Galleria d'Arte Moderna** (Tel. 05 49 88 30 02, www.museidistato.sm) gewidmet. Die auf drei Häuser mit Hauptsitz in der Via Eugippo verteilte Sammlung zeigt Werke von Größen wie Renato Guttuso und Sandro Chia sowie Wechselausstellungen.

Charakteristisch für das Stadtbild ist die steile malerische **Via Antonio Orafo** mit ihren Steinhäusern, die wie die unbehauene Fassade des *Palazzo Giangi* und die verwitterte *Casa Simoncini,* wo Giuseppe Garibaldi Zuflucht fand, so effektvoll Alter und Bodenschwere symbolisieren. Sehr typisch ist auch die **Via Carducci** mit den alten Regierungspalästen, den Treppen zum *Stadtgarten* und der ehrwürdigen **Chiesa Santa Chiara** mit ei-

Erst 100 Jahre alt ist der Palazzo Pubblico auf der Piazza Libertà in San Marino

ner ›Assunta‹ von Federico Zuccari (1542) auf dem Altar. Von hier geht es weiter zur Porta della Rupe (Felsentor).

Alle Wege führen letztendlich zur **Piazza della Libertà** mit der von einer Engländerin gestifteten Freiheitsstatue. Grandios ist der *Ausblick* von der Rampe – ringsum liegt das wellige Italien zu Füßen. Das mittelalterliche Aussehen des **Palazzo Pubblico** (Tel. 05 49 88 53 70, www.museidistato.sm) trügt, denn er wurde 1884–94 an der Stelle errichtet, wo einst der Domus comunis magna (1380–92) stand. Auch die Innenräume des Palazzo Pubblico muten mittelalterlich an und sind reich dekoriert. Über dem *Doppelthron* der Capitani Reggenti gemahnt ein Bild des allgegenwärtigen hl. Marinus die Ratsherren an die Prinzipien der Freiheit.

Wächter der ewigen Freiheit – Uniformierter im Dienste der Minirepublik

Die *Reliquie des hl. Marinus* wird in der **Basilica del Santo** (19. Jh.) aufbewahrt, deren Fassade neoklassischen Stil zeigt. Von der *Sakristei* aus gelangt man durch einen Felsengang zum Kirchlein **San Pietro** mit einer aus dem Fels gehauenen *Apsis*, die als Schlafstätte der hll. Marinus und Leo gilt.

Der Treppenweg *Salita alla Rocca* führt zu den alten Festungen (11.–14. Jh.) hinauf. Von der auf steil abfallendem Fels erbauten **Rocca** wachten die Sanmarinesen schon im 12. Jh. über ihr Land. Faszinierend ist der Weg von der Rocca zur Burg *Cesta* (oder Fratta) mit dem Waffenmuseum, **Museo delle Armi Antiche** (Tel. 05 49 99 12 95, www.museidistato.sm), auf dem Gipfel des **Monte Titano** und weiter zur *Montale*, einem fünfeckigen Turm, den einst eine gewaltige Mauer mit den beiden Festungen verband. Bei guter Fernsicht schaut man gegen Norden weit über die adriatische Westküste bis zu den Colli Euganeii und gegen Osten über die Adria hin bis zu den Bergen Dalmatiens.

i Praktische Hinweise

Information

Ufficio di Stato per il Turismo, Palazzo del Turismo, Contrada Omagnano 20, Tel. 05 49 88 29 14, www.visitsanmarino.com

Hotels

******Titano**, Contrada del Collegio 21, San Marino, Tel. 05 49 99 10 06, Fax 05 49 99 13 75, www.hoteltitano.com. Stilvolles Haus in der Altstadt mit Panoramarestaurant auf der Terrasse.

*****La Grotta**, Contrada Santa Croce 17, San Marino, Tel. 05 49 99 12 14, Fax 05 49 99 22 42, www.lagrottahotel.com. Kleines, ruhiges Haus im Zentrum, hübsch eingerichtet. Das Restaurant bietet regionaltypische Küche.

Restaurant

Righi La Taverna, Piazza della Libertà 10, San Marino, Tel. 05 49 99 11 96. Bezaubernde Lage am Hauptplatz und gemütliches Ambiente, dazu gute Küche. Gehobene Preisklasse.

Von Rimini bis Pesaro – wo der Apennin nach den Stränden greift

Die Küstenebene wird schmaler, die Hügel rücken nun näher ans Meer, **Riccione** und **Cattolica** sind die letzten übergroßen Badeorte mit ausgedehnten Sandstränden, ehe sich bei Gabicce Mare ein breiter *Felsriegel* des Apennin bis ans Meer vorschiebt und eine bewegtere, abwechslungsreichere Küste mit meist aus *Fischersiedlungen* hervorgegangenen Badeorten einleitet. **Gabicce Mare** selbst bietet einen herrlichen Blick auf die über 100 km lange Adriaküste und das Hinterland. Die SS 16 und im Hinterland die Autobahn A14 folgen der Küstenlinie.

33 Riccione

Viel Grün, Thermen, exklusive Läden.

Aus einem unbedeutenden, verschlafenen Dorf begann sich um 1900 der heutige Badeort zu entwickeln. Groß geschrieben werden hier Erholung in und am Wasser, Sport, Fitness, Vergnügen Tag und Nacht. Von der mehr als 100-jährigen Tradition als Kurort zeugt **Riccione Terme** (www.riccioneterme.it) nahe dem Abissinia-Strand. Die Sehenswürdigkeiten sind auf den hübschen, baumbestandenen **Viale Ceccarini** und die großen Vergnügungsparks (s. u.) reduziert.

i Praktische Hinweise

Information

IAT, Piazzale Ceccarini 10, Riccione, Tel. 05 41 69 33 02, Fax 05 41 60 57 52, www.comune.riccione.rn.it

Vergnügungsparks

Aquafan, Via Pistoia, Riccione, Tel. 05 41 60 30 50, www.aquafan.it. Juni–Sept. tgl. 10–18.30, 22–24 Uhr. Einer der größten Wasserparks Europas mit Disco (Sa 22–4 Uhr).

Oltremare & IMAX, Viale Berlinguer 49, Riccione, Tel. 05 41 60 60 50, www.oltreamare.org, Tel. 05 41 42 71, www.imaxriccione.it. Meerpark neben dem Aquafan mit Riesenleinwand-Kino.

Hotels

*******Grand Hotel des Bains**, Viale Gramsci 56, Riccione, Tel. 05 41 60 16 50, Fax 05 41 69 77 72, www.grandhoteldesbains.it. Stilvolles Traditionshotel mit Restaurant, Pool, Fitness und Beauty Center.

******Lungomare**, Lungomare della Libertà, Riccione, Tel. 05 41 69 28 80, Fax 05 41 69 23 54, www.lungomare.com. Elegantes, stimmungsvolles Hotel in der Nähe des Touristenhafens.

*****Darsena**, Via Galli 5, Riccione, Tel. 05 41 64 80 64, Fax 05 41 64 22 64, www.darsenahotel.it. Hübsches Haus in Hafennähe mit Restaurant und Garten.

*****Mignon**, Viale d'Annunzio 143, Riccione, Tel. 05 41 64 20 16, Fax 05 41 64 52 32. Haus in Strandnähe mit kleinem Garten und Restaurant.

Geselliges Relaxen: Entspannt sonnige Plaudereien am Strand von Riccione

Eine Promenade in Riccione zum Träumen, Einkaufen und Kaffee trinken

Restaurants

Al Pescatore, Via Ippolito Nievo 11, Riccione, Tel. 05 41 69 27 17. Frischer Fisch, raffiniert zubereitet. Gehobene Preisklasse (Do geschl.).

Da Fino, Via Galli 1, Riccione, Tel. 05 41 64 85 42. Das Lokal in Hafennähe bietet romagnolische Küche.

34 Cattolica

Nordeuropas Feriengäste treffen sich hier seit 1820, um Sonne und feine Sandstrände zu genießen.

Misano Adriatico und Cattolica, fast schon zusammengewachsen, bilden das südliche Ende der romagnolischen Küste. Die Felshügel geben den letzten breiten Stränden eine effektvolle Skyline.

Kaltes Eis für heiße Nächte in Cattolica

Cattolica, einst römische Poststation an der Via Flaminia, jahrhundertelang ein stilles Fischernest, ernannte sich nach einem Besuch von Napoleons Bruder, Luciano Bonaparte, 1823 selbstgefällig zum Badeort. Mit Verve hat es die kühnen Träume von damals eingeholt und überholt. Sommerferien gestalten sich zum *Dauerfest*: 2 km Sandstrand vom Feinsten, 108 Badeanstalten, *Felsenriffs* zum Bräunen mitten im Meer, Klippen zum Fischen, Diskotheken, Weinkeller und Tanzschiffe, um die Nacht zum Tag zu machen. Endlos ist die Kette der möglichen Aktivitäten, der Ausflüge zu den Burgen des Conca-Tals, zum malerischen Kräuterdorf Saludecio, in die ruhige Altstadt von Montescudo, nach Montefiore Conca mit seiner gewaltigen, mittelalterlichen Burg und nach Mondaino, wo ein Gespenst in den sagenumwobenen unterirdischen Gängen spukt.

i Praktische Hinweise

Information

IAT, Piazza Roosevelt 5, Tel. 05 41 96 66 97, Fax 05 41 96 66 95, www.cattolica.net

Meerpark

Acquario di Cattolica – Parco Le Navi, Piazzale delle Nazioni 1 A, Cattolica, Tel. 05 41 83 71, www.lenavi.it, April, Mai, Okt. tgl. 9.30–17.30, Juni–Sept. tgl. 10–22.30, Okt.–Jan Fei 9.30–17.30 Uhr. Der Multimedia-Meerpark ist in einer futuristischen Anlage aus den 1930er-Jahren untergebracht und verfügt z. B. über Haifisch- und Tropenfischbecken. Der Clou ist das Streichelbecken mit Rochen.

Hotels

****Caravelle**, Via Padova 6, Cattolica, Tel. 05 41 96 24 16, Fax 05 41 83 01 08, www.caravallehotel.it. Modernes Haus mit Restaurant, Schwimmbad und Tennisplätzen.

****Park Hotel**, Lungomare Rasi Spinelli 46, Cattolica, Tel. 05 41 95 37 32, Fax 05 41 95 15 03, www.parkhotels.it. Modernes attraktives Haus direkt am Strand.

***Lungomare**, Lungomare Rasi Spinelli, Cattolica, Tel./Fax 05 41 96 12 10, www.hotellungomare. com. Hübsches Hotel mit Restaurant direkt am Strand.

***Marconi**, Via Marconi 68, Cattolica, Tel. 05 41 96 22 19, Fax 05 41 96 75 33, www.hotelmarconicattolica.com. Kleineres modernes Haus mit schattigem Garten in Strandnähe.

***Maxim**, Via Facchini 7, Cattolica, Tel. 05 41 96 21 37, Fax 05 41 96 76 50, www. hotelmaxim.it. Attraktives nicht zu großes Hotel mit Swimmingpool.

Restaurants

Il Marinaro, Via Don Minzoni 80, Cattolica, Tel. 05 41 96 15 30. Das Restaurant am Hafen bietet verführerische Menüs mit Leckereien wie Meeres-Tagliolini und *Rustide*, gegrillten Fisch.

La Lampara, Piazzale Darsena, Cattolica, Tel. 05 41 96 32 96. Das Fisch-Spezialitäten-Restaurant am Hafen bietet Nouvelle Cuisine mit romagnolischem Einschlag, darunter fantasievolle Vorspeisen. Reservierung empfohlen (Di geschl.).

35 Gabicce Mare und Gradara

Ein Badestädtchen mit Bergprofil und ein Ort mit romantischer Burg.

Der Apennin-Ausläufer *Gabicce Monte* bringt Plastizität in die Landschaft, die marchigianische Küste beginnt mit diesem Paukenschlag aus Fels. **Gabicce Mare** drängt sich an die Strandbucht, nimmt noch Teil am adriatischen Urlaubsleben, hat aber mit der *Strada Panoramica* auf seinen Hausberg den anderen berühmten Nachbarorten viel voraus: Ausblicke weitum.

Von Gabicce aus erreicht man auf kurzen Nebenstraßen **Gradara**, einen im Kern überaus pittoresken *mittelalterlichen* Ort mit zinnengekrönten Mauern, alten Palazzi, Türmen und einer mächtigen **Rocca**. (Mo 8.30–13.15, Di–So 8.30–18.30 Uhr). Romantiker, die in fast jeder malatestianischen Burg den einzig wahren Schauplatz der *Liebestragödie* zwischen Francesca da Rimini und ihrem Schwager Paolo Malatesta sehen, werden auch hier in Gedanken fündig. Dante, George Byron und Gabriele d'Annunzio nahmen sich des Stoffes von der jungen untreuen Ehefrau und dem rachsüchtigen alten Ehemann an. Und die Historiker sind sich nicht einig, wo sich das Drama tatsächlich abgespielt hat. Einige Säle der Rocca, in der auch *Lucrezia Borgia* gewohnt haben soll, kann man besichtigen, in der *Kapelle* befindet sich ein Altarbild von Andrea della Robbia.

Im Hinterland von Cattolica präsentiert sich Gradara im mittelalterlichen Gewand. Mauern, Türme, Zinnen, Malerwinkel, in Würde gealtert, lohnen einen Abstecher

i Praktische Hinweise

Information

IAT, Viale della Vittoria 42, Gabicce Mare, Tel. 05 41 95 44 24, Fax 05 41 95 35 00, www.comune.gabicce-mare.ps.it

Hotel

****Capo Est**, Via Panoramica 123, Gabicce Mare, Tel. 05 41 95 33 33, Fax 05 41 95 27 35, www.capoest.com. Zauberhaft am Hang über dem Meer gelegenes Hotel mit Pool, Wellness- und Sportangebot sowie mit Aufzug zum Strand.

Restaurant

Il Traghetto, Via del Porto 27, Gabicce Mare, Tel. 05 41 95 81 51. Kreative Fischküche.

36 Pesaro

Geburtsort Gioacchino Rossinis mit einer berühmten Keramiksammlung.

Im Hügelland am Ausgang des Foglia-Tales liegt die *Industrie-* und *Hafenstadt* Pesaro mit ihrer Hotelzeile am Meer. Die frühe Gründung der Etrusker, das **Pisaurum** der Römer, erlebte seine Blütezeit als Fürstenhof unter der Herrschaft der Malatesta, Sforza und della Rovere im 13.–16. Jh. Die Signori ließen einen historischen Stadtkern zurück, der sich im zinnengekrönten **Palazzo Ducale** (15./16. Jh.) mit dem Festsaal Salone Metaurense an der Piazza del Popolo beispielhaft manifestiert. *Lucrezia Borgia* lebte hier als Kurzzeitehefrau in Teenagertagen. Am Hof der kunstsinnigen *Herzöge della Rovere* verkehrten Bernardo und Torquato Tasso,

Gioacchino Rossini, Pesaros großer Sohn, sitzt wuchtig auf dem Denkmalsockel

Ludovico Ariosto und Pietro Bembo. Das eigentliche Musenzentrum war jedoch die etwas außerhalb gelegene **Villa Imperiale** (Führungen 15. Mai–2. Okt. Mi 16, Sa 10, 16.30 Uhr, Reservierung obligatorisch: IAT, Tel. 07 21 69 34 1). Kaiser Friedrich III. legte 1469 den Grundstein, *Dosso Dossi*, Hauptmeister der ferraresischen Schule, und *Bronzino*, Hofmaler der Medici, schufen einige der dekorativen Fresken in den Sälen.

Ein kleiner Stadtrundgang führt von der **Piazza del Popolo** über die Via Rossini – rechts ein kurzer Abstecher in die Via San Francesco zum Santuario della Madonna delle Grazie – zur **Casa di Rossini** (Tel. 07 21 38 73 57, Juli, Aug. Di–So 9.30–12.30, 16–19, Di, Do bis 22.30, Sept.–Juni Di–So 9.30–12.30,, Do–So auch 16–19 Uhr), dem schlichten Geburtshaus des Komponisten Gioacchino Rossini. Über die Via Mazzolari geht es weiter zum *Palazzo Toschi Mosca* mit den **Musei Civici** (Tel. 07 21 38 74 74, www.museicivicipesaro.it, Sept.–Juni Di/Mi 9.30–12.30, Do–So 9.30–12.30 und 16–19 Uhr, Juli/Aug. Mi, Fr–So 9.30–12.30 und 16–19, Di, Do 9.30–12.30 und 16–22.30 Uhr). Besonders hervorzuheben sind hier die Gemälde *Giovanni Bellinis* in der **Pinacoteca**, vor allem die ›Pala di Pesaro‹, eine Marienkrönung, die 1473 entstand. Sehenswert ist auch das reich bestückte **Museo delle Ceramiche**. Schwerpunkte sind Werke der Renaissance und des Barock, die schönsten Stücke wurden in der nahen Umgebung gefertigt, in Umbrien und den Marken.

i Praktische Hinweise

Information

IAT, Viale Trieste 221, Pesaro, Tel. 07 21 69 34 1, Fax 07 21 30 46 2, www.comunepesaro.it

Hotels

****Bristol**, Piazzale della Libertà 7, Pesaro, Tel. 07 21 30 50 7, Fax 07 21 37 64 13. Zentral, jedoch an der schmaleren Spiaggia di Levante gelegenes Haus.

***Spiaggia**, Viale Trieste 76, Pesaro, Tel. 07 21 32 51 6, Fax 07 21 35 41 9, www.hotelspiaggia.com. Gepflegtes Hotel mit Restaurant an der Spiaggia di Ponente.

Restaurant

Da Alceo, Via Panoramica Ardizio 101, Pesaro, Tel. 07 21 51 36 0. Das Lokal in hübscher Hügellage mit prächtiger Fernsicht. bietet delikate Fischküche (So abends und Mo geschl.).

Von Pesaro ins Hügelland und nach Ancona – über Seitenstraßen zum Glanz der Vergangenheit

Immer wieder verlockt die volle runde *Hügellandschaft* unter bizarren Wolkenstimmungen zu Ausflügen ins Hinterland der abwechslungsreichen Küste. In den Hügeln der Marken bieten sich überall Impressionen von Gleichmaß. Dies ist längst keine ungebändigte Urlandschaft mehr, aber selbst gebändigt ist sie noch immer Landschaft im besten Sinne des Wortes. Und zwischen den herrlichen Hügeln verbirgt sich die Renaissancestadt **Urbino**, eine wahre Fundgrube für Kunstliebhaber. Der breite Sandstrand von **Senigallia** indessen lockt Badegäste und Sonnenanbeter aus ganz Europa an.

37 Urbino

Die Geburtsstadt Raffaels, Zentrum des italienischen Humanismus.

Zur Fahrt von Pesaro nach Urbino wählt man am besten die SS 423. Zwischen den Tälern der *Foglia* und des *Metauro* gelegen, wirkt Urbino zunächst zusammengedrängt, wehrhaft und abweisend wie ein Nest aus rotbraunem Backstein.

Umbrer und Etrusker bauten das erste Dorf auf der Bergkuppe, bereits eine befestigte Stadt war das **Urvinum Metaurense** der Römer. Die Adelsgeschlechter der Montefeltro und della Rovere schufen die Grundlagen jenes Reichtums, der den Herzogshof im 15. Jh. zu einem bedeutenden Zentrum des italienischen Humanismus werden ließ.

Gewaltig, fast maßlos, beherrscht der **Palazzo Ducale**, eine wahre Palaststadt, Urbino. Der von Federico da Montefeltro 1422 veranlasste Bau hat zwei Schauseiten. Die schöne, von *Luciano Laurana* entworfene *Facciata dei Torricini* wird flankiert von minarettartigen Türmchen. Die strenge *Facciata ad Ali* wendet sich ostwärts der Piazza Duca Federico zu. Um den von Laurana in vollkommenen Renaissanceformen entworfenen *Cortile d'*

Die schönen Gobelins in der Sala del Trono des Palazzo Ducale sind im 17. Jh. angefertigte Kopien der Wandbehänge im Vatikan, zu denen Raffael die Zeichnungen lieferte

Die ›Madonna mit Kind‹ in der Casa Natale di Raffaello – ein Jugendwerk des Meisters

Onore (Ehrenhof) gruppieren sich repräsentative Säle, die mit unzähligen Kunstwerken geschmückt waren. Doch als das Herzogtum an die Kirche fiel, brachten die päpstlichen Legaten die Gemälde und die berühmte *Bibliothek* nach Rom. Sie ließen sogar Friese und Reliefs von den Wänden klopfen. Heute ist in den wunderschönen intarsiengeschmückten Räumen die **Galleria Nazionale delle Marche** (Tel. 07 22 27 60, Mo 8.30–14, Di–Sa 8.30–19.15 Uhr) untergebracht. Von *Raffael* stammen die Entwürfe für die Gobelins in der Sala del Trono. *Giovanni Bellini* malte die ›Sacra Conversazione‹ im Appartamento della Duchessa. In der *Sala degli Angeli*, mit einem Portal, zu dem Sandro Botticelli die Entwürfe zeichnete, hängt Raffaels ›La Muta‹ (Die Stumme). *Paolo Uccello* schuf die Predella mit den ›Geschichten von der Entweihung der Hostie‹, der Flame *Justus van Gent* malte ›Die Kommunion der Apostel‹ in der *Camera da Letto del Duca*. *Piero della Francesca* beweist mit ›Die Geißelung Christi‹, ›Die Madonna von Senigallia‹ und ›La Città Ideale‹ sein besonderes Raumgefühl und Interesse für Architektur. Der erlesenen, mit vielfarbigen Marmorstücken getäfelten *Cappella del Perdono* liegt vermutlich ein Entwurf des jungen, in Fermignano bei Urbino geborenen *Bramante* zugrunde.

Fast gleichzeitig mit dem Palazzo Ducale wurde der **Duomo** (tgl. 7.30–13, 14–19 Uhr) errichtet, nach schweren Erdbebenschäden jedoch 1789 im klassizistischen Stil erneuert. Im Inneren beachte man in der *Cappella del Sacramento* das herausragende ›Letzte Abendmahl‹ des in Urbino geborenen Federico Barocci.

Die *Piazza della Repubblica* leitet zur Chiesa *San Francesco* (Säulengang aus dem 14. Jh.) und zur **Casa Natale di Raffaello** (Tel. 07 22 32 01 05, März–Okt. Mo–Sa 9–13 und 15–19, sonst Mo–Sa 9–14, So 10–13 Uhr) über, dem Geburtshaus Raffaels. Gezeigt werden Gemälde und Kopien

Fresken in zarten Farben und vergeistigten Formen malten die Brüder Salimbeni im Oratorio di San Giovanni. Zeugen der Taufe Christi sind Heilige und Edelleute des 15. Jh.

Kulturstadt Urbino – der riesige Palazzo Ducale beherrscht das sanft gewellte montefeltrische Hügelland und birgt heute eine bedeutende Gemäldesammlung

der Werke von *Giovanni Santi* und seinem Sohn Raffael, in der Camera di Raffaelo z. B. dessen Erstlingswerk, ein Madonnenfresko.

Lohnend ist ein Abstecher in die schmale Via Barocci (Nr. 18, Geburtshaus von Federico Barocci) zur Chiesa **San Giuseppe**, deren Eingangsraum eine Grotte darstellt. Diese verwandelte Federico Brandani im 16. Jh. in eine Szenerie des *Stalles von Bethlehem*. Das kleine **Oratorio di San Giovanni** schmückten Lorenzo und Jacopo Salimbeni im frühen 15. Jh. mit einem spätgotischen *Freskenzyklus*. Ausgehend von der bewegenden ›Kreuzigung‹ an der Apsiswand ist die Vita Johannes d. T. dargestellt.

i Praktische Hinweise

Information

IAT, Via Puccinotti 35, Urbino, Tel. 07 22 26 13, Fax 07 22 24 41, www.comune.urbino.ps.it

Hotels

******Bonconte**, Via delle Mura 28, Urbino, Tel. 07 22 24 63, Fax 07 22 47 82, www.viphotels.it. Angenehmes Haus in der Nähe der Stadtmauer.

******Mamiani**, Via Bernini 6, Urbino, Tel. 07 22 32 23 09, Fax 07 22 32 77 42, www.hotelmamiani.it. 2 km außerhalb gelegenes modernes Hotel, ruhig und mit guter Atmosphäre.

Restaurant

Vecchia Urbino, Via dei Vasari 3/5, Urbino, Tel. 07 22 44 47. Hier gibt es Leckerbissen wie Trüffelcrêpes und getrüffelte Crostini (Di geschl.).

38 Senigallia

Weiße Hotelzeile und eine Altstadt aus gelbbraunen Backsteinen.

Die Adriatica Sud erreicht kurz nach Fano den *Fiume Metauro*. Schulerinnerungen an Titus Livius, die Punischen Kriege und Hasdrubal stellen sich ein: Am Metauro verlor das karthagische Entsatzheer die Schlacht gegen die Römer und Hasdrubal sein Leben. Senigallia wurde die erste **römische Kolonie** an der Adria. Doch die Wichtigkeit hatte nicht Bestand: zu viele regionale Kriege, zu viele verlorene Schlachten, zu viele Herrscher und zu früh (1854) die Idee, sich als *Sommerbad* zu deklarieren. Es dauerte 100 Jahre, ehe das heutige große **Tourismuszentrum** daraus wurde.

Senigallia besteht aus zwei durch die Schienen der Eisenbahn geteilten Vierteln: dem *Hotelviertel* an der Spiaggia Levante und Spiaggia Ponente und der *Altstadt*, die von der **Rocca Roveresca** (Tel. 07 16 32 58, tgl. 8.30–19.30 Uhr) dominiert wird. Die von Baccio Pontelli als gewaltige Verteidigungsanlage konzipierte Burg wurde 1480 errichtet. Der **Palazzo del Duca** des Guidubaldo della Rovere scheint eher bescheiden für den Herzog, der in Urbino so großartig Hof hielt. Besonders sehenswert sind in der Chiesa **San Martino** (Via Marchetti) eine ›Madonna mit Kind‹ und eine ›hl. Anna‹ von *Guercino* sowie eine ›Madonna‹ von *Palma il Giovane. Federico Barocci* aus Urbino war der Maler des Altarbildes ›Grablegung Christi‹ in der **Chiesa della Croce**. Man beachte, wie geschickt er den heimatlichen Palazzo in die Komposition integrierte.

Werke von Federico Barocci und von Künstlern der Marken aus dem 16. Jh. sind in der **Pinacoteca Diocesano di Arte Sacra** (Tel. 0716 57 58, derzeit nur Sa/So 10–12 und 17.30–19.30 Uhr) im *Palazzo Vescovile* zu sehen. Die z.T. sehr schönen und sehr wertvollen Exponate trösten über das Fehlen von Kostbarkeiten im **Duomo** hinweg. Sigismondo Malatesta, der rüde Condottiere mit viel Kunstverstand und Kunstgier, ließ den ursprünglichen byzantinischen Dom abreißen und die Steine für seinen Tempio Malatestiano [s. S. 93] verwenden.

Eine Abzweigung führt von der SS 16 südlich von Marina di Montemarciano nach Chiaravalle und **Iesi**. Die Geburtsstadt Kaiser Friedrichs II. von Hohenstaufen (1194–1250) besitzt im mauernumgebenen *Centro Storico* würdevolle Paläste, alte verwinkelte Gassen und verschachtelte, malerische Häuser.

i Praktische Hinweise

Information

APT, Palazzo del Turismo, Piazzale Morandi 2, Senigallia, Tel. 0716 62 92 58, Fax 0716 62 92 71, www.senigalliaturismo.it

Hotels

******Ritz**, Lungomare Dante Alighieri 142, Senigallia, Tel. 0716 35 63, Fax 0717 92 20 80, www.webtourist.com/hotels/ritz. Komfortables Hotel mit Restaurant in guter Strandlage.

*****Olimpia**, Lungomare Leonardo da Vinci 83, Senigallia, Tel. 0716 44 78, Fax 0717 92 78 78. Einfaches, familiäres Hotel am Stadtrand.

*****Royal**, Lungomare Dante Alighieri 146, Senigallia, Tel. 0716 53 79, Fax 0717 92 54 92, www.italiaabc.it/a/royal. Gepflegtes Strandhotel mit Restaurant und Pool.

Restaurant

Riccardone's, Via Rieti 69, Senigallia, Tel. 0716 47 62. Das Lokal präsentiert in hübschen Räumen gute Speisen (Mo geschl.).

39 Ancona

Hauptstadt der Marken, Zentrum der Schiffs- und Musikinstrumentenbauer.

Deutlich ändert sich die Landschaft südlich von Senigallia. Die Ausläufer des *Monte Conero* fallen stufenweise zum Meer ab. Das Ufer bei Ancona greift zangenartig aus und gewährt der Stadt ein natürliches Hafenbecken.

Geschichte Felsvorsprung und Bucht stachen bereits griechischen Kolonisten zur Zeit des Tyrannen Dionysios (404–367 v. Chr.) ins Auge. Auf dem Monte Guasco, wo heute der Dom steht, bauten sie die erste Stadt. 278 v. Chr. besetzten die Römer **Dorica Ancon** (griech. ancon = Bogen) und entwickelten den Hafen unter Kaiser Trajan zur befestigten Flottenstation. Die fortschreitende Entwicklung von *Handel* und *Seefahrt* überdauerte die kriegerischen Jahrhunderte nach dem Niedergang des Römischen Reiches. Gegen Ende des 11. Jh. präsentierte sich Ancona als **freier Stadtstaat**, wetteiferte mit den übrigen Seerepubliken und geriet wegen seiner guten Handelsbeziehungen zu Konstantinopel in Konflikt mit *Venedig*, unter dessen Schutz es sich schließlich stellen musste. 1532 ging die Stadt an den Kirchenstaat über, 1860 wurde sie endgültig Teil des vereinigten Italien.

Besichtigung So sehr bot sich der **Monte Guasco** als Keimzelle an, dass er auch heute noch – durch die *Via Panoramica* erschlossen – einen guten Ausgangspunkt darstellt. Von hier oben sieht man die Hafen- und Industriestadt, groß, betriebsam, voll von technischer Zweckarchitektur. An der *Mole* steht, fast verloren wirkend, der 115 n. Chr. zum Lobe Trajans errichtete Triumphbogen **Arco di Traiano** und, ein wenig entfernt, der **Arco Clementino**, ein Ehrenbogen für Papst Clemens XII.

Die aussichtenreiche *Piazza del Duomo* trug in antiker Zeit einen Venustempel, wurde im 6. Jh. mit einer frühchristlichen Kirche überbaut, auf deren Resten nun der **Duomo di San Ciriaco** aus dem

Anconas ökonomisches Herz schlägt seit 2400 Jahren im Hafen, der, eine Seltenheit an der italienischen Adriaküste, in der naturgegebenen Bucht ideale Bedingungen vorfand

11.–13. Jh. steht (die Heiligenreliquien befinden sich in der Krypta). Die schlichte *Fassade* des romanisch-byzantinischen Baus bekommt Bewegung durch eine von Löwen getragene *Vorhalle* und ein feierliches, im 13. Jh. gefertigtes *Hauptportal*. Streng wirkt der *Innenraum* über dem Grundriss eines griechischen Kreuzes. Die Strenge wird gemildert durch Legenden: Das hochverehrte *Marienbild* in der Madonnenkapelle bewegte die Augen, als Napoleons rüde Mannen Ancona einnahmen, und all die Zeit, die sie in der Stadt blieben. Eine Marmorplatte im Fußboden erinnert an *Papst Pius II.*, Enea Silvio Piccolomini. Emphatisch hatte er, eher Poet als Seefahrer, 1459 einen neuerlichen Kreuzzugsbeschluss erwirkt. Regie führte jedoch das Schicksal, er starb wenige Tage vor der Einschiffung in Ancona, und der Kreuzzug entfiel.

Einen Besuch lohnt das **Museo Diocesano** (Tel. 07 12 22 43 43, So 16–19 Uhr, sonst auf Voranmeldung) links vom Dom. Man beachte den Domschatz und die Skulpturen, vor allem aber den wunderschön gearbeiteten römischen *Sarkophag* des Flavio Gorgonio (4. Jh.).

Steigt man in die Stadt hinab, ist der im 16. Jh. vom Mailänder Dombaumeister Pellegrino Tibaldi gestaltete *Palazzo Ferretti* an der Piazza del Senato ein gutes Ziel. Im Palast mit Fresken von Tibaldi und den Brüdern Zuccari hat das **Museo**

Feierliche Noblesse zeigt das Hauptportal des Duomo San Ciriaco von Ancona

Frühchristliche Symbolik: Figürliche Reliefs zieren die Kirche Santa Maria della Piazza

Archeologico Nazionale delle Marche (Tel. 071 20 26 02, tgl. 8.30–19.30 Uhr) seinen Sitz. Die Sammlung umfasst vor- und frühgeschichtliche Funde, eine gute Dokumentation der Picener-Kultur sowie vergoldete Bronzen aus der römischen Kaiserzeit.

Vorüber an der Chiesa **Il Gesù** (Piazza Stracca), der Luigi Vanvitelli im 18. Jh. eine klassizistische Fassade gab, vorbei an **San Francesco alle Scale** (Piazza San Francesco) mit einem schönen gotischen Portal von Giorgio da Sebenico, gelangt man durch die Via Ciriaco Pizzecolli zur **Pinacoteca Civica e Galleria d' Arte Moderna Francesco Podesti** (Tel. 07 12 22 43 43, Mo 9–13, Di–Fr 9–19, Sa 8.30–13.30, So 15–19 Uhr) im *Palazzo Bosdari*. Gemälde von Tizian, Carlo Crivelli, Lorenzo Lotto, Carlo da Camerino, Andrea Lilli und Carlo Maratti werden ebenso gezeigt wie Werke aus dem 18./19. Jh. und – in der Gallerie der Moderne – Kunst des 20./21. Jh.

Meerwärts liegt die Chiesa **Santa Maria della Piazza** (12. Jh.). Sie wurde über einer frühchristlichen Kirche (4.–6. Jh.) errichtet. Ganz erstaunlich sind die unvollendete byzantinisch geprägte *Fassade* mit Blendarkadenreihen und das reich mit Skulpturen verzierte romanische *Portal* des Meisters Filippo von 1210.

Im Bereich des *Hafens* beachte man die gotische Fassade der **Loggia dei Mercanti** (Via della Loggia) mit Statuen der Tugenden von Giorgio Orsini. Die Via Aranci führt hier zur Piazza Plebiscito und zur Chiesa **San Domenico**, die eine ›Kreuzigung‹ *Tizians* am Hochaltar und eine ›Verkündigung‹ *Guercinos* (am ersten Altar links) birgt.

i Praktische Hinweise

Information

APT, Via Thaon de Revel 4, Ancona, Tel. 071 35 89 91, Fax 07 13 58 99 29, www.comune.ancona.it

Bahnhof

Stazione FS, Piazza Ugo Bassi, Ancona, Tel. 89 20 21, www.trenitalia.it

Flughafen

Aeroporto di Ancona Falconara, 13 km von Ancona, Tel. 07 12 82 71, www.ancona-airport.com

Hafen

Dorica Port Services, Molo S. Maria, Ancona, Tel. 07 15 42 85, 800 21 12 00, www.doricaportservices.it

Parkplätze

Piazza Dante Alighieri, Piazza del Senato, Piazza Stamira

Hotels

********Jolly Miramare**, Rupi di Via XXIX Settembre 14, Ancona, Tel. 071 20 11 71, Fax 071 20 68 23, www.jollyhotels.it. Nettes Haus im Grünen mit Hafenblick und Restaurant.

*****City**, Via Matteotti 112/114, Ancona, Tel. 07 12 07 09 49, Fax 07 12 07 03 72, www.hotelcityancona.it. Attraktives modernes Hotel im Stadtzentrum.

Restaurants

La Cantineta, Via Gramsci 1 C, Ancona, Tel. 071 20 11 07. Stark frequentierter Familienbetrieb im Zentrum, Küche mit lokalen Spezialitäten wie dem berühmten Stockfisch nach Art Anconas.

La Moretta, Piazza Plebiscito 52, Ancona, Tel. 071 20 23 17. Historisches Ambiente und ein Menü mit Fleisch- und Fischgerichten (So geschl.).

Passetto, Piazza IV Novembre, Ancona, Tel. 07 13 32 14, 07 13 22 65. Restaurant in schöner Panoramalage mit Ausblick aufs Meer. Elegant, gehobene Preisklasse (Mi geschl.).

Vom Monte Conero an die Südküste der Marken – Ästhetik einer bukolischen Landschaft

Mit dem ›Berg der Meerkirschenbäume‹, **Monte Conero**, ziehen Ruhe, Gelassenheit, Kleinräumigkeit und landschaftliche Schönheit an der **Küste** ein. Zuerst ist sie wildromantisch, südwärts wird sie wieder sanfter, aber die kleinen alten **Städte** liegen, ob der frühen Bedrohung durch Invasoren, oft meerfern im **Hügelland** und haben nur für Fischer und Touristen Dependancen an der Küste eingerichtet. Neben dem pittoresken **Civitanova Marche** bezaubern auch das kleine legendenumrankte Wallfahrtsstädtchen **Loreto** und die einstige Picener-Siedlung **Fermo**, die mit hochkarätigen Gemälden, u.a. von Peter Paul Rubens, aufwarten kann.

40 Riviera del Conero

Weiße Felsen, blühender Ginster.

Wild und malerisch erscheint die Küste zwischen Ancona und Porto Recanati. Weiße Felsen rahmen kleine, teils steinige Buchten, das Wasser ist klar und von kräftiger, oft grüner Farbe.

Der winzige Ort **Portonovo** mit kleinen Strandabschnitten wirkt strategisch: Papst Clemens XI. ließ 1716 die stämmige *Torre di Portonovo* als Wachturm gegen die Türken errichten, Napoleon begnügte sich mit dem *Fortino Napoleonico*. Beide wurden nie auf die Probe gestellt, die Torre nahmen Poeten in Besitz, das Fortino Hotelgäste. Nur die kleine romanische Kirche *Santa Maria Portonovo* (1043) blieb als Teil einer uralten, wegen Erdrutschgefahr aufgegebenen Benediktinerabtei von Umbaulust verschont und ist daher unverändert erhalten.

Kurz hinter Portonovo führt eine links abzweigende Bergstraße auf den Gipfel des **Monte Conero** (576 m). Hier ist alles Weite, Rundschau, Meerblick. Im Frühling blüht gelb der Ginster, und die steinigen übergrünten Felsen, einst Zuflucht für Eremiten und Patres, sind heute Teil des Naturparks *Parco Regionale Monte Conero.*

TOP TIPP

In Aussichtslage, auf einer Bergkuppe, hoch über seinen Stränden, präsentiert

Adriastrand mit Silhouette – klein, gemütlich, überschaubar. Zu Füßen des Monte Conero liegen die Badeplätze von Portonovo

TOP TIPP sich das kompakte malerische Dorf **Sirolo**, nahebei auf einem schmalen Felsenrücken der Nachbarort **Numana**. Schon die umbrischen Picener blickten in vorrömischen Zeiten hier wachsam aufs Meer. Sirolo besitzt noch Reste der alten *Seeburg* und ein edles gotisches Tor. Das antike Numana hingegen versank im Meer, ein Erdbeben ließ 1929 nur Bruchsteine und einen Rundbogen zurück. Das Kleinod des heutigen Dorfes ist ein Holzkreuz aus dem 14. Jh. im *Santuario del Crocifisso*.

Porto Recanati, ein altes Fischerstädtchen, wird vom mächtigen *Castello Svevo* beschützt. Im **Museo Beniamino Gigli** (Piazza Giacomo Leopardi, Tel. 07 17 58 71, Mai–Sept. Di–Sa 10–13, 15–18 Uhr, Okt.–April Di–So 16–19 Uhr) werden Erinnerungsstücke an den weltberühmten Sänger gezeigt, der 1890 in Recanati geboren wurde.

i Praktische Hinweise

Information

APT, Riviera del Conero, Via Thaon de Revel 4, Ancona, Tel. 071 35 89 91, Fax 07 13 58 99 29, www.rivieradelconero.it

Camping

Camping Numana Blu, Costa Verde 37, Marcelli di Numana, Tel. 07 17 39 09 93, Fax 07 17 39 17 93. Gepflegter schattiger Platz im Grünen mit Freizeitprogramm und kostenlosem Shuttle Bus zum Strand.

Hotels

TOP TIPP ******Fortino Napoleonico**, Portonovo, Tel. 071 80 14 50, Fax 071 80 14 54, www.hotelfortino.it. Originelles, stilvolles Hotel in der alten napoleonischen Festung mitten im Grünen mit gutem Restaurant, Privatstrand, Sport- und Wellnessangebot.

*****Emilia**, Poggio di Portonovo, Tel. 071 80 11 17, Fax 071 80 13 30, www.hotelemilia.com. Modernes Hotel auf den Klippen mit reichem Gemäldeschmuck.

Restaurants

Da Anna, am Strand von Portonovo, Tel. 0 71 80 13 43. Fisch frisch aus dem Meer und delikate Fischsuppen.

Il Grottino, Via Ospedale 9, Sirolo, Tel. 07 19 33 12 18. Das rustikale Lokal in einem mittelaterlichen Gewölbe bietet typische Küche der Marken mit Schwerpunkt Fisch (Di geschl.).

41 Loreto

Zweitwichtigster Wallfahrtsort Italiens mit dem Geburtshaus Mariens.

Die Straße nach Loreto zweigt bei Porto Recanati von der Adriatica (und A 14) ab. Die Hügelstadt ist schon von weitem sichtbar. Festungsähnlich drängt TOP TIPP sie sich um das **Santuario della Santa Casa** (Tel. 071 97 01 04, www.

Nur wenn die frommen Pilger aus ganz Europa wieder zu ihren Fahrzeugen zurückgekehrt sind, wirkt die Piazza della Madonna von Loreto so menschenleer und ruhig

santuarioloreto.it, tgl. 6.45–19, sommers bis 20 Uhr). Hier ranken sich üppig die Legenden: Als Jerusalem 1244 unter islamische Herrschaft fiel, nahmen Engel *Marias Geburtshaus* in Nazareth auf, trugen es über das Meer auf den Hügel Trsat bei Fiume und drei Jahre später über die Adria in die Gegend von Recanati. Tatsache ist, dass 1468 unter Mitwirkung von Benedetto und Giuliano da Maiano, Bramante, Baccio Pontelli und Giuliano da Sangallo begonnen wurde, über dem Heiligtum die dreischiffige **Basilica della Santa Casa** zu erbauen. Sie vereinigt Stilelemente der Früh-, Hoch- und Spätrenaissance. Drei großartige, mit biblischen Szenen geschmückte Bronzeportale führen in den düsteren, mystisch wirkenden Innenraum. Unter der großen Vierungskuppel des Giuliano da Sangallo steht die *Santa Casa*. Bramante hat den ursprünglich rauchgeschwärzten Ziegelbau in der Art eines Reliquienschreines völlig mit Marmor verkleidet. Dekorative Reliefs und Statuen berühmter Renaissancebildhauer wie Andrea Sansovino und Antonio da Sangallo zeigen Szenen aus dem Marienleben und die Überführung der Santa Casa. Die Casa ist durch Bronzetüren zugänglich. Nur eine Kopie ist das *Gnadenbild* am Altar, es ersetzt das geschnitzte Madonnenbild, das 1921 bei einem Brand zerstört wurde.

Von den geplanten *Sakristeien* des Querschiffs der Basilica wurden nur zwei fertig gestellt. Melozzo da Forlì bemalte die Kuppel in der *Markussakristei*, Luca Signorelli die Kuppel und Wände in der *Johannessakristei*. Der *Schatzsaal*, den Cristoforo Roncalli (›Pomarancio‹) mit Fresken schmückte, wurde von Napoleons Truppen geplündert. Nur ein Teil der reichen Geschenke ist erhalten.

Das **Museo Pinacoteca** (Tel. 071 97 47 98, April–Okt. Di–So 9–13, 16–19 Uhr, sonst Di–So 10–13 und 15–18 Uhr) im Palazzo Apostolico zeigt Gemälde von Lorenzo Lotto, Gobelins nach Entwürfen von Raffael und Fayencen aus Urbino und Castelli.

i Praktische Hinweise

Information

APT, Via Solari 3, Loreto, Tel. 071 97 02 76, 07 19 77 39, Fax 071 97 00 20

Parkplätze

Außerhalb des Stadtzentrums links neben der Via Marconi

Berühmte Renaissancebildhauer hüllten die Santa Casa in Loreto in Marmor

Restaurant

Dal Baffo Vecchia Fattoria, Via Manzoni 19, Loreto, Tel. 071 97 89 76. Etwas außerhalb gelegenes Lokal mit schönem Garten, sommers speist man im Freien (Mo geschl.).

42 Civitanova Marche

Eine Stadt, zwei Seelen, viele Schuhe.

Der seit 1938 gültige Stadtname vereint die alte Hügelstadt Civitanova Alta und die moderne Strand- und Fabrikstadt Porto Civitanova. Ursprünglich lag die Keimzelle der von Picenern gegründeten Siedlung **Cluana** am Meer. Erst in der stürmischen nachrömischen Zeit setzte die Flucht der Einwohner ins Hügelland ein. Hier erlebte *Vicus Cluanensis* ein Wechselbad von Krieg und Blüte, kirchlichen und weltlichen Herren. Aufbruchsstimmung regte sich im 17. Jh. Das Rückzugsstädtchen erhielt wieder eine Außenstation am Meer: Porto Civitanova. **Civitanova Alta** mit einer *Stadtmauer* aus der Mitte des 13. Jh., mit den mächtigen alten

Stadttoren Porta Zoppa und Porta Marina und dem *Palazzo Ducale* der Herzöge Cesarini aus dem 13. Jh. ist noch immer eine pittoreske Stadt.

Im modernen, großzügig am Meer angelegten **Porto Civitanova** koexistieren Schuhfabriken, Fischereiflotten und ein lebhafter Badetourismus, vor allem am breiten *Nordstrand*.

Civitanova eignet sich ganz vorzüglich als Ausgangspunkt für die Entdeckung der umliegenden Hügelstädte mit ihrer altertümlichen Atmosphäre. Eine schmale Straße führt nach **Montecosaro**, das mit der Chiesa *Santissima Annunziata* (9. Jh.) ein kunsthistorisches Kleinod im romanischen Stil besitzt, nach **Morrovalle** mit seinem eindrucksvollen *Krippenmuseum*, zum mittelalterlichen **Montelupone** und über Potenza Picena, das alte Kirchen und Palazzi hütet, nach **Porto Potenza Picena**, einem Städtchen mit hübschen Stränden.

i Praktische Hinweise

Information

IAT, Corso Umberto I, Civitanova Marche, Tel. 07 33 81 39 67, Fax 07 33 81 50 27, www.comune.civitanova.mc.it

Hotel

*****Sant' Elena**, Via IV Novembre 124, Civitanova Marche, Tel. 07 33 81 28 01. Modernes Haus unmittelbar am Strand.

Restaurant

Da Enzo, Corso Dalmazia 213, Civitanova Marche, Tel. 07 33 81 48 77. Fischspezialitäten und sommers Service im Freien (Mo geschl.).

»Kein Specht sah je ein schöneres Nest«, schrieb Annibale Caro über seine Geburtsstadt Civitanova Marche

43 Fermo

Pferde, Trompeten, Trommeln beim Palio dell'Assunta

Bei *Porto San Giorgio* mit dem riesigen Jachthafen zweigt die Straße nach Fermo (10 km) ab. Das römische **Firmum**, eine uralte Picener-Siedlung, ist eine typische Stadt des Terreno collinare, des Hügellandes. Fermo erlebte seinen Aufstieg als freie Stadt im Mittelalter, und die Bausubstanz kündet noch von dieser Blütezeit. Alte Geschlechtertürme, Palazzi (zwei von Giuliano da Sangallo entworfen), kleine versteckte romanische Kirchen – San Zenone, Sant' Agostino, San Pietro – säumen stimmungsvolle Altstadtstraßen wie die Via Brunforte und Via degli Aceti.

Die arkadengeschmückte **Piazza del Popolo**, von der *Loggia di San Rocco* gut zu überblicken, bildet das Zentrum. Lebhaft wird es hier zum Ferragosto (15. August), wenn das historsche Pferderennen **Palio dell' Assunta** den Platz mit Rossen und Reitern füllt.

Nobel ist die **Pinacoteca** (Tel. 07 34 21 71 40, Mai–Sept. Di–So tgl. 10–13, 15.30–19.30 Uhr, Okt.–April Di–So 9.30–13, 16–20 Uhr) im nahen Palazzo dei Priori. Neben flämischen Bildteppichen, Statuen und Keramiken zeigt sie ausgezeichnete *Gemälde*: ›Die Geburt Christi‹ von Peter Paul Rubens, ein Polyptychon des umbrischen Malers Andrea da Bologna und goldgrundige Tafelbilder des Venezianers Jacobello del Fiore (1370–1439).

Vorbei an der ehem. Universität im *Palazzo degli Studi*, heute Sitz der **Biblioteca Comunale** mit bedeutenden Handschriften und wertvollen Inkunabeln, gelangt man durch einen Torbogen und über die Via del Anfiteatro zum **Duomo**. Er wurde von Giorgio da Como im 13. Jh. begonnen und von Cosimo Morelli im 18. Jh. vollendet. Mag die weiße *Kalksteinfassade* mit einer Fensterrose von Giacomo Palmieri auch Geschlossenheit vortäuschen, das *Innere* und die *Schatzkammer* präsentieren einen Querschnitt durch die Jahrhunderte von der griechisch-byzantinischen *Ikone* bis hin zum Messgewand des Thomas Becket oder von frühchristlichen *Fußbodenmosaiken* bis hin zu diversen Ausstattungsstücken des Barock.

i Praktische Hinweise

Information

IAT, Piazza del Popolo 6, Fermo, Tel. 07 34 22 87 38, Fax 07 34 22 83 25, www.fermo.net

Hotel

******Royal**, Lido di Fermo, Tel. 07 34 64 22 44, Fax 07 34 64 22 54. Modernes Haus mit Restaurant und Privatstrand.

44 San Benedetto del Tronto und Ascoli Piceno

Fischer, Palmen und Sandstrand an der Verde Riviera Picena und eine malerische Stadt im Hinterland.

TOP TIPP

Stimmungsvolle alte Burgen, die Rocca dei Pescatori und Rocca Guelfa, bewachen **San Benedetto del Tronto**, den größten *Fischereihafen* Italiens, der trotz seiner mit allen technischen Raffinessen ausgerüsteten Fangflotte bis heute nichts an Buntheit und Attraktivität verloren hat. Diese Atmosphäre strahlt auch auf den südlich des Hafens gelegenen **Strand** aus, dessen *Uferpromenade* von schönen Palmen flankiert wird.

Der von Palmen gesäumte weite Sandstrand von San Benedetto del Tronto ist ein beliebter Tummelplatz für Wasserratten und Sonnenanbeter

Die Piazza del Popolo von Ascoli Piceno mit ihren altehrwürdigen Fassaden ist eine prachtvolle Bühne für Small Talk, den Austausch gesellschaftlicher Neuigkeiten und die Gerüchteküche

Von den Orten der Umgebung ist **Ascoli Piceno** der schönste. Das Centro Piceno, von mächtigen Bergstöcken umgeben, war schon früh ein Handelszentrum, hatte seine Blütezeit als römische Kolonie und wiederum im Mittelalter. Noch sind alle Phasen der Bebauung präsent: der *Ponte di Solestà* und die *Porta Gemina* aus römischer Zeit, die romanische Kirche *Santi Vincenzo e Anastasio* (Piazza Ventido) und die kleine *San Gregorio*, die heidnische und christliche Bauteile vereint, der **Duomo Sant' Emidio** auf den Fundamenten einer römischen Basilika (Piazza dell' Arringo) und das benachbarte frühromanische *Battistero*.

Stadtzentrum ist die malerische, von Palazzi und Arkaden gesäumte **Piazza del Popolo**. Von einigen der Cafés an der Piazza bieten sich Ausblicke wie auf alten Gemälden. Der *Palazzo dei Capitani del Popolo* (13. Jh.) leitet hier zur gotischen Hallenkirche **San Francesco** über, deren Gründung auf einen Besuch des hl. Franziskus im Jahr 1215 zurückgeführt wird. Nahebei bringen die *Loggia dei Mercanti* (1513) und die als Markt genützten Arkaden des früheren Kreuzganges Fülle, Buntheit und Lärm in das Stimmungsbild. Anfang August findet in Ascoli das farbenprächtige Turnier **Quintana** statt, ein Ritterspiel in alten Trachten.

Praktische Hinweise

Information

IAT, Via delle Tamerici, San Benedetto del Tronto, Tel. 07 35 59 50 88, Fax 07 35 57 61 90, www.sanbenedetto.it

Hotels

****** Excelsior Grand Hotel**, Lungomare Rinascimento 137, San Benedetto del Tronto, Tel. 07 35 75 32 46, Fax 07 35 65 53 10, www.grandhotelexcelsior.com. Das traditionsreiche, familiäre Haus liegt direkt an der Promenade, besitzt einen eigenen Strand sowie ein Restaurant mit guter Küche.

*****Marconi**, Via Maffei 114, San Benedetto del Tronto, Tel. 073 58 18 57, Fax 073 58 19 38, www.hotel-marconi.it. Ruhig im Grünen gelegenes Hotel, 100 m vom Strand entfernt.

Restaurant

Messer Chichibio, Via Tiepolo 5, San Benedetto del Tronto, Tel. 07 35 58 40 01. Kleines Restaurant mit Tischen im Freien. Spezialitäten sind fangfrischer Fisch und Meeresfrüchte. Hervorragend munden auch die Süßspeisen (Mo geschl.).

Längs der abruzzesischen Küste zum Gargano – Hügelland, Strände und malerische Städte

Die Autobahn A 14 und die SS Adriatica folgen der Küste der **Abruzzen** von der Mündung des Tronto bis San Salvo Marina und weiter bis Termoli im Molise und bis nach Apulien. Überall findet man **Strandstreifen** vor, aus Sand oder Kies, weit und kontinuierlich, gelegentlich Felsen, die sich zu Riffen türmen. Dahinter sanfte **Hügel**, die kaum etwas von der Wildheit des abruzzesischen Berglands mit seinen bis zu 3000 m hohen Gipfeln ahnen lassen. Die Entdeckung der alten **Orte**, die hinter den modernen Strandsiedlungen auf Hügeln liegen, ist ein ganz besonderes Erlebnis.

45 Giulianova

Strandhotels, Palmen, Pinien und der ›Mutterort‹ auf dem Hügel.

Die Küstenstraße ist eine Drehscheibe der Industrie. Vorgeblendet wie ein Bauzaun sind Hotels, Pensionen, Badestrände, Palmen, Pinien und Oleander. Der einst sumpfige Küstenstreifen wurde längst trockengelegt. Hier entstand ein Badeort mit Jachthafen und Sportstätten und mit viel Grün. **Giulianova Lido** ist quasi schon zusammengewachsen mit den Seebädern Alba Adriatica und Tortoreto Lido.

Der alte Ort Giulianova auf dem Hügel, ursprünglich römisch, 1470 neu besiedelt, entpuppt sich als geschlossenes historisches Ensemble mit kleinen Museen und der **Pinacoteca Comunale Vincenzo Bindi** (Tel. 08 58 02 12 15, Mo–Fr 9–12 und 15–18.30 Uhr), die über eine der größten Sammlungen der *Scuola di Posilipo*, einer Gruppe von Landschaftsmalern aus der Mitte des 19. Jh., verfügt. Sehr dominant und wegweisend wölbt sich die Kuppel von **San Flaviano** über dem Ort. Die im 15. Jh. erbaute Basilika, eine der vollkommensten Renaissancekirchen der Abruzzen, steht heute inmitten verlassener und verfallener Häuser.

Praktische Hinweise

Information

IAT, Via Mamiani 16, Giulianova, Tel./Fax 08 58 00 30 13, www.giulianova.it

Hotels

****__Grand Hotel Don Juan__, Lungomare Zara 97, Giulianova Lido, Tel. 08 58 00 83 41, Fax 08 58 00 48 05, www.hoteldonjuan.it. Gepflegtes Haus am Strand mit Restaurant und Tennisplätzen.

****__Riviera__, Lungomare Zara 47, Giulianova Lido, Tel. 08 58 00 64 13, Fax 08 58 00 30 22, www.ixpress.it/riviera. Modernes Hotel mit Pool an der Strandpromenade.

Der Osthang des Gran Sasso, ein Bergland von außergewöhnlicher Anziehungskraft, ist nur 50 km vom Meer entfernt

Restaurants

TOP TIPP **Da Beccaceci**, Via Zola 18, Giulianova Lido, Tel. 08 58 00 35 50. Das beste Restaurant in den Abruzzen bietet maritime Feinschmeckerküche. Obere Preisklasse.

Del Torrione, Piazza Buozzi 63, Giulianova Alta, Tel. 08 58 00 33 07. Gepflegtes Lokal mit frischen Fischspezialitäten und schöner Aussicht von der Terrasse.

46 Teramo

Die Römer bauten ein Theater, Plinius lobte den Wein.

Ein lohnender Abstecher führt über die SS 80 landeinwärts nach Teramo. Die Provinzhauptstadt liegt nordöstlich des **Gran Sasso d' Italia**, still und abseits von allem in einem ärmlichen Umland.

In der antiken Hauptstadt der Praetuzen – von Römern geliebt und mit Theatern ausgestattet, von Goten zerstört, blühend unter der Herrschaft des *Hauses Anjou* – blieben bemerkenswerte Baudenkmäler erhalten. Das bedeutendste ist die **Cattedrale San Bernardo**, eine frühe Gründung des 11. Jh., die 1935 einfühlsam restauriert wurde. Ein Juwel im würdigen Innenraum – dessen ungemein spitzgiebeliges *Portal* Diodato Romano 1332 geschaffen hat – ist das silberne *Antependium* (1433–48) des Hochaltars, eine ausgezeichnete Arbeit von Nicola da Guardiagrele. Prächtig sind die 34 emaillierten Tafeln, die Bildfolge mit ihren 206 fein gearbeiteten Figuren erzählt die Geschichte des Erlösers. Weiterer Blickfang ist das 1450 von Jacobello del Fiore geschaffene Polyptychon mit der Darstellung der ›Marienkrönung‹.

Die *Cattedrale Santa Maria Aprutiensis*, in byzantinischer Zeit über einem römischen Tempel erbaut, wurde von den Normannen zerstört. Nur drei romanische Backsteinbögen und das *Presbyterium* haben in der heutigen Chiesa **San Getulio** (Via Antica Cattedrale) überdauert. Unter Glaseinsätzen im Fußboden sind die Bauphasen vom antiken Tempel zur byzantinischen Kirche gut erkennen.

Teramo ist ein guter Ausgangspunkt für Ausflüge in das Gebiet des **Gran Sasso d' Italia**. Der schönste von ihnen führt nach Pietracamela, zu dem Ski- und Wandergebiet der Prati di Tivo und zum herrlich gelgenen Fano Adriano.

i Praktische Hinweise

Information

IAT, Via G. Oberdan 16, Teramo, Tel. 08 61 24 42 22, Fax 08 61 24 43 57

Restaurant

Duomo, Via Stazione 9, Teramo, Tel. 08 61 24 17 74. Regionale Spezialitäten wie *Scrippelle* und *Fregnacce*, eine Art gut gewürzte ländliche Crêpes (Mo geschl.).

Zur Ausstattung der Cattedrale San Bernardo in Teramo gehört das prächtige goldgrundige Polyptychon der ›Marienkrönung‹ von Jacobello del Fiore (1450)

Kilometerlange Sandstrände machen Pescara – moderne Großstadt und Heimat eines exzentrischen Dichters – zum Badeparadies der südlichen Adria

47 Pescara

Geburtsort des berühmten Dichters Gabriele d'Annunzio.

Auf dem Weg nach Pescara passiert man eine Reihe von Badeorten: das hübsche *Roseto degli Abruzzi* mit Blick auf den Gran Sasso d'Italia, *Pineto* mit schönem Pinienhain und – über eine Nebenstraße erreichbar – *Atri*, das eine eindrucksvolle Kathedrale aus dem 13.–14. Jh. besitzt, sowie *Silvi Marina*, einen Badeort mit viel Trubel und Nachtleben.

Pescara ist heute eine lebenssprühende Großstadt. Sie wurde nach ihrer weitgehenden Zerstörung im Zweiten Weltkrieg großzügig und mit perfekter Infrastruktur wieder aufgebaut. Industrie und Badetourismus florieren. Für ein paar Sommermonate bringen die 10 km langen **Sandstrände** und der überaus lebhafte **Porto Turistico** internationales Flair in die größte Stadt der Abruzzen.

Die Architektur Pescaras, das sich, zweigeteilt durch die Mündung des *Fiume Pescara*, am Meeresufer drängt, ist hell und luftig. Nur der kleine **Altstadtkern** um die Piazza Unione am Porto Canale zeigt noch den Charme der Vergangenheit. Am Ende der Via Manthonè steht das **Museo Casa Natale di Gabriele d'Annunzio** (www.muvi.org/museodannunzio, Tel. 0856 03 91, Mo–Sa 9–14, So 9–13 Uhr). ›Komet von Pescara‹ nannte man die schillerndste, abenteuerlichste Figur der italienischen Literatur. D'Annunzio (1863–1938) wurde in einem schlichten Palazzo geboren, der auch als Museum nichts von dem Prunk und der Tollerei zeigt, mit der sich der Poet, Krieger, Flieger, Politiker und Freischärler ab 1921 in der Villa Cargnacco, der Keimzelle des *Vittoriale degli Italiani* in Gardone Riviera am Gardasee umgab. Pescara indes sieht in d'Annunzio noch immer den Dichter der Abruzzen, der in ›Die Tochter des Iorio‹ das Schäferleben in den Bergen so eindrucksvoll beschrieb. ›Die Tochter des Iorio‹ heißt auch ein bekanntes Bild von Francesco Paolo Michetti, einem Vertreter des italienischen Realismus, das nun in der Sala della Giunta des **Palazzo del Governo** hängt.

D'Annunzio beeinflusste auch die Baukunst des 1933 errichteten **Duomo San Cetteo**. Er spendete Geld für den Kirchenbau, schenkte ein großes Gemälde von Guercino und wünschte sich dafür eine *Domfassade* im Stil der mittelalterlichen Abruzzen-Kirchen und eine Grabstätte für seine Mutter. Beide Wünsche wurden erfüllt – wie die Architektur unschwer erkennen lässt, und Mutter Luise de Benedictis ist in der Kapelle links vom Hauptaltar beigesetzt.

Die Kultur der Abruzzen wird im **Museo delle Genti d'Abruzzo** (Via delle Caserme 22, Tel. 08 54 51 15 62, Mo–Sa 9–13, So 10–13 Uhr) nahe der Piazza Unione lebendig. Von hier sind es nur wenige

Schritte zum **Porto Canale**, wo Fischerboote und Kähne ankern. Über die Via Paolucci am jenseitigen Kanalufer (Risorgimento-Brücke) geht es zum Meeresmuseum *Museo delle Meraviglie Marine* (Via R. Paolucci, Molo Nord, Mo–Sa 9–13, 16–19, So 16–20 Uhr).

Pescara ist Ausgangspunkt für eine Fahrt in den **Parco Nazionale d'Abruzzo**. Die interessanteste Route führt über Popoli, Cocullo, Ortona dei Marsi und Bisegna nach Pescasseroli im Sangro-Tal direkt im Herzen des Parks.

Praktische Hinweise

Information

IAT, Piazza Italia 1, Tel. 08 53 72 41, Fax 08 54 22 85 33 www.provincia.pescara.it

Bahnhof

Stazione FS, Piazza della Repubblica, Pescara, Tel. 89 20 21, www.trenitalia.it

Flughafen

Aeroporto Internazionale d'Abruzzo, 4 km nordwestl. von Pescara, Tel. 08 99 13 03 10, www.abruzzo-airport.it. Busse u. a. nach Pescara.

Hotels

******Carlton**, Viale della Riviera 35, Pescara, Tel. 085 37 31 25, Fax 08 54 21 39 22, www. carltonpescara.it. Modernes, komfortables Hotel am nördlichen Strandabschnitt, unweit der lebhaften Geschäftsstraße Corso Umberto.

******Maja**, Viale della Riviera 199/201, Pescara, Tel. 08 54 71 15 45, Fax 08 57 79 30, www.hotelmaja.it. Gepflegtes kleineres Strandhotel. Zimmer nur mit Frühstück.

Restaurants

La Vongola, Lungomare Giacomo Matteotti 54, Pescara, Tel. 085 37 42 36. Lokal mit Tischen im Freien. Geboten werden delikate Fisch- und Schalentiergerichte.

Taverna 58, Corso Manthone 58, Pescara, Tel. 085 69 07 24. Gute bodenständige, auch vegetarische Küche.

48 Chieti

Herrscherin des Pescara-Tals.

Nördlich von Francavilla al Mare zweigt eine Nebenstraße von der SS Adriatica landeinwärts ab nach Chieti. Die auf einem Hügel gelegene *Provinzhauptstadt* führt ihre Gründung auf Herkules und Achill zurück. Jedenfalls bestand der Ort schon lange, bevor ihn die Römer einnahmen. Die ältesten Zeugnisse hinterließ tatsächlich das vorrömische Volk der Picener. Aus römischer Zeit wiederum sind die Ruinen des **antiken Theaters** und der **Thermen** erhalten.

Das **Museo Archeologico Nazionale d'Abruzzo** (Via Villa Comunale 3, www.soprintendenza-archeologica.ch.it, Tel. 08 71 33 16 68, Di–So 9–19 Uhr) ist das bedeutendste Museum für Altertümer in den Abruzzen. Schöner konnte man diese Sammlung nicht unterbringen als in der *Villa Comunale*, mitten in einem Park voller Zedern, Linden und Magnolien. Eindrucksvoll sind die *Münzsammlung*, die Funde aus den Totenstädten der Abruzzen, Kriegswerkzeug, Schmuck und die bei Ausgrabungen in Penna Sant' Andrea gefundenen *Grabstelen*.

Höhepunkte der Sammlung stammen von Ausgrabungen in Alba Fucens: die Bronzefigur des sitzenden *Herkules* und die Statue der *Venus Anadiomene*. Das berühmteste Stück ist der sog. *Guerriero di Capestrano* (Krieger von Capestrano) aus dem 6. Jh. v. Chr. Die über 2 m hohe polychrome Statue, mit Hut, Schwert und Kriegsgerät, Riemen und Bändern geschmückt, weist ihre Inschrift als Grabstatue eines Königs aus.

Allzu viele Bischöfe erprobten ihren Architekturgeschmack an der **Basilica di San Giusto**, deren Ursprung in frühchristlicher Zeit liegt. Schön ist nur mehr ihr *Campanile*, wertvoll ihr Kirchenschatz mit Messbüchern aus dem 11. Jh. Ein mystisches Schauspiel ist die *Karfreitagsprozession* nach uraltem Ritus, ein nächtlicher Fackelzug, der von der Erzbruderschaft des Totenberges veranstaltet wird, mit dem auf einen Sarg gebetteten verhüllten Körper Christi.

Praktische Hinweise

Information

IAT, Via B. Spaventa 29, Chieti, Tel. 087 16 36 40, Fax 087 16 36 47, www.provincia.chieti.it

Restaurant

Venturini, Via de Lollis 10, Chieti, Tel. 08 71 33 06 63. Hübsches Lokal im Stadtzentrum. Zu den Spezialitäten gehören *Fiadoni*, überbackene Teigblätter (Do geschl.).

Als antike Helden Vasto besiedelten, ahnten sie nicht, dass der Ort einst jugendlichen Anhängern des Strandkults gehören würde

49 Ortona

Weinberge und Obstgärten säumen die Stadt auf dem Felsen.

Die SS Adriatica führt von Pescara zum hübschen Ferienort *Francavilla al Mare* mit seinem antiken Zentrum auf dem Hügel, über die Mündung des Foro und den feinsandigen *Lido Riccio* nach Ortona.

Blickpunkt des Strandes *Lido Saraceni* ist die alte Frentaner-Gründung Ortona auf dem Vorgebirge hoch über dem Meer, über Obstgärten und Weinbergen.

Nur noch eine Ruine ist das wuchtige **Castello**, das Ferdinand von Aragonien zur Verteidigung des Hafens erbauen ließ. Schutz bot es nie wirklich, auch nicht vor den Sarazenen, die 1566 Stadt und Cattedrale San Tommaso mit den *Reliquien* des Apostels niederbrannten. Heute werden das alte Stadtviertel **Terravecchia** um die **Cattedrale San Tommaso** und der Corso Giacomo Matteotti mit seinen Palazzi als Centro Storico gepflegt. Wunderschöne Ausblicke bietet die *Passeggiata Orientale*.

i Praktische Hinweise

Information

IAT, Piazza della Repubblica 9, Ortona, Tel. 08 59 06 38 41, Fax 08 59 06 38 82, www.abruzzoturismo.it

Hotels

******Mara**, Via Lido Riccio 4, Ortona, Tel. 08 59 19 04 16, Fax 08 59 19 05 22, www.hotelmara.it. Modernes Strandhotel, Garten mit Swimmingpool und Tennisplatz.

*****Valente**, Via Lido Riccio 10, Ortona, Tel./Fax 08 59 19 04 15. Hotel mit Restaurant, Garten und Privatstrand.

Restaurant

Miramare, Largo Farnese 15, Ortona, Tel. 08 59 06 65 56. Beliebtes Lokal in Höhenlage mit guter abruzzesischer Küche (So abends und Mo geschl.).

50 Vasto

Grüne Höhen, alte Bäume, eine weite Bucht und eine von Diomedes gegründete Stadt.

Auf der SS Adriatica umfährt man das Felsenkap von *Penna* (Wallfahrtskirche Santa Maria da Penna) und erreicht die weite Bucht von Vasto mit dem ganz in Grün gebetteten Badeort **Marina di Vasto**. Vasto, legendäre Gründung des *Diomedes*, von Römern besiedelt, von Theoderich befestigt und von Pippin zerstört, liegt auf einem Hügel mit weitem Blick über das Meer. Am besten erschließt man sich Vasto zu Fuß, wandert vom gewaltigen **Castello** an der Cattedrale San Giuseppe vorüber zum **Palazzo d'Avalos** im Stil der Spätrenaissance und nach Süden zur Kirche **Santa Maria Maggiore** (14. Jh.), die zwei der Schule Tizians zugeschriebene Gemälde besitzt. Alte Palazzi, Malerwinkel und Terrassen bestimmen das Ortsbild.

i Praktische Hinweise

Information

APT, Piazza del Popolo 18, Vasto, Tel./Fax 08 73 36 73 12, www.abruzzoturismo.it

Hotels

****__Montecarlo__, SS 16 Adriatica 256, Marina di Vasto, Tel. 08 73 80 13 55, Fax 08 73 80 12 57, www.hotelmonte carlovasto.it. Hübsch gelegenes Strandhotel mit Restaurant und Pool.

***__Acquario__, Loc. San Tommaso, Marina di Vasto, Tel. 08 73 80 19 86, Fax 08 73 80 25 70, www.hotel-acquario.it. Angenehmes, kleineres Hotel mit schattigem Garten.

Restaurants

Castello Aragona, Via San Michele 105, Vasto, Tel. 087 36 98 85. Man sitzt herrlich auf der Terrasse mit schönem Meerblick und genießt Fischspezialitäten (Mo geschl.).

Villa Vignola, Loc. Vignola, Marina di Vasto, Tel. 08 73 31 00 50. Hübsches Villenlokal mit Atriumgarten am Strand. Geboten werden Köstlichkeiten aus dem Meer.

51 Termoli und Isole Tremiti

Eine Altstadt wie ein Schiffsbug und ein Archipel interessanter Inselchen.

Die Straße zwischen Meer und grünen Hügeln bietet reizvolle Ausblicke, vor allem auf die **Altstadt** von Termoli, die einem Schiffsbug aus Backsteinen gleich ins Meer ragt, und die Abruzzen (Maiella-Gruppe) bilden die Kulisse. Zu oft wurde Termoli zerstört, zuletzt durch die eigene Bauwut. Nur die Fassade der **Cattedrale San Basso** (12. Jh.) im romanisch-apulischen Stil ist noch schön und alt. Das **Castello**, das Kaiser Friedrich II., der Staufer, ganz am Rande seiner Provincia amatissima Apulien 1247 anlegen ließ, überdauerte halb zerfallen.

Der **Hafen** von Termoli ist Ausgangspunkt für Schiffsreisen zu den **Isole Tremiti**. Der kleine Archipel, Kalkinselchen mit steil abfallenden Felsenküsten, mit Meeresgrotten und Höhlen durchsetzt, liegt etwa 20 km vor der Gargano-Küste. Auf den nur z. T. bewohnten Inseln San Domino, San Nicola und Caprara finden *Unterwassersportler* ein ideales Revier.

Überlieferungen berichten, der argivische *Diomedes* habe einst hier ein Reich gegründet, die Geschichte weiß, dass Augustus seine Nichte Julia und Karl d. Gr. den Geschichtsschreiber Paulus Diaconus hierher verbannte. Im 9. Jh. kamen die Benediktiner und bauten ihre Abtei **Santa Maria al Mare** hoch oben auf einem schroffen Felsen von San Nicola.

i Praktische Hinweise

Information

AAST, Piazza Melchiorre Bega, Termoli, Tel. 08 75 70 39 13, Fax 08 75 70 49 56

Schiff

Fähren und Aliscafi verschiedener Agenturen gehen mehrmals täglich zu den Isole Tremiti.

Hotels

****__Kyrie__, Via San Domino, Isola di San Domino, Isole Tremiti, Tel. 08 82 66 32 41, Fax 08 82 66 34 15. Schönes, in einem Pinienhain gelegenes Hotel.

***__Gabbiano__, Piazza Berlvedere, Isola di San Domino, Isole Tremiti, Tel. 08 82 46 34 10, Fax 08 82 46 34 28, www.hotel-gabbiano.com. Nettes Hotel mit Restaurant.

***__Mistral__, Lungomare Cristoforo Colombo 50, Termoli, Tel. 08 75 70 52 46, Fax 08 75 70 52 20, www.hotelmistral.net. Modernes Haus mit Blick auf Meer und Altstadt. Restaurant mit Terrasse und Privatstrand.

Restaurant

Torre Saracena, SS 16 Europa 140, 3 km außerhalb von Termoli, Tel. 08 75 70 33 18. Das originelle Lokal in einem 400 Jahre alten Sarazenenturm bietet Fischspezialitäten (Mo geschl.).

52 Gargano

Halbinsel mit schönen Buchten und malerischen Küstenorten.

Kurz vor der Mündung des Fiume Fortore verlässt die SS Adriatica die Küste. *Lago di Lesina* und *Lago di Varano* schieben sich

Bei Rodi Garganico kratzt der Sporn des italienischen Stiefels zum ersten Mal die Adriaküste

zwischen Land und Meer. Die gebirgige Halbinsel Gargano, ein verkarstetes Kalksteinmassiv, das den Sporn des italienischen Stiefels bildet, stellt eine Zäsur in der sanften Küstenlandschaft dar. Man wählt die bei Lesina abzweigende **Strada Panoramica** und erreicht zunächst **Rodi Garganico**. Der Ort setzt sich mit seinen engen steilen Gassen, Treppen und Treppchen, vielen Winkeln und kleinen Plätzen deutlich vom adriatischen Strandeinerlei ab. Neben den noch erhaltenen Türmen des mittelalterlichen *Castello Aragonese* lohnen die Kirche *Santa Maria della Liberta* mit einem verehrten hölzernen Marienbild byzantinischer Herkunft sowie der byzantinische Glockenturm der Kirche *San Nicola di Mira* eine nähere Betrachtung.

Da die schrundigen Felsen des 1000 m hohen **Monte Gargano** hier steil ins Meer abfallen, sind die Strände nur schmal. Die Straße verläuft weiter nach **Peschici**, das wie ein Adlerhorst auf einem Felsvorsprung sitzt und als einer der schönsten Orte Apuliens gilt. Beliebt ist der pittoreske Ort mit seinen weißen Kubenhäusern und den ›Trabucchi‹, antiken Fischfanggeräten phönizischen Ursprungs, vor allem wegen einiger attraktiver Sandbuchten.

An der Spitze des Stiefelsporns und damit eigentlich schon außerhalb des Adriabeckens liegt die Ferienhochburg **Vieste**, die mit einem langen Sandstrand und dem berühmten Felsen Pizzomunno (›Spitze der Welt‹) aufwartet. Die malerische Altstadt dominieren die aus dem 11. Jh. stammende Normannenfestung und die etwa zeitgleich entstandene Kathedrale mit frühromanischen Kapitellen. Anziehungspunkt für Bootsausflüge sind die teils farbig leuchtenden Grotten in den Felsklippen rund um den Sporn.

i Praktische Hinweise

Information

APT, Via Perrone 17, Foggia, Tel. 08 81 72 31 41, Fax 08 81 72 55 36, www.gargano.it

Hotels

******D'Amato**, Loc. Spiaggia, Peschici, Tel. 08 84 96 3415, Fax 08 84 96 33 91, www.hoteldamato.it. Modernes hübsches Haus am Strand mit Restaurant, Pool und Freizeitangebot.

*****Baia Santa Barbara**, Loc. Santa Barbara, Rodi Garganico, Tel. 08 84 96 52 53, Fax 08 84 96 54 14, www.grupposaccia.it. Moderne Ferienanlage am Strand mit Restaurant und Pool.

Restaurants

Bella Rodi, Via Scalo Marittimo 49/51, Rodi Garganico, Tel. 08 84 96 57 86. Das einfache Lokal bietet fangfrischen Fisch.

La Grotta delle Rondini, Via al Molo Ovest, Peschici, Tel. 08 84 96 40 07. Das Restaurant in einer Naturgrotte ist auf Fisch spezialisiert. Im Sommer speist man auf der Terrasse hoch über dem Meer.

BUONA VISTA
BEACH VOLLEY COMPANY

Italienische Adria aktuell A bis Z

Vor Reiseantritt

ADAC Info-Service:
Tel. 0 18 05/10 11 12, Fax 30 29 28 (0,14 €/Min.)

ADAC im Internet:
www.adac.de
www.adac.de/reisefuehrer

Italienische Adria im Internet:
www.adriacoast.com

Informationen erteilt das **Staatliche Italienische Fremdenverkehrsamt ENIT** (Ente Nazionale Italiana per il Turismo), www.enit.it oder www.italia.it

Prospektbestellung:
Tel. 008 00 00 48 25 42 (gebührenfrei)

Call-Center innerhalb Italiens:
Tel. 800 11 77 00 (gebührenfrei)

Deutschland
Kontorhaus Mitte, Friedrichstr. 187, 10117 Berlin, Tel. 030/247 83 97/8, Fax 030/247 83 99, enit-berlin@t-online.de

Kaiserstr. 65, 60329 Frankfurt/Main, Tel. 069/23 74 34, Fax 069/23 28 94, enit.ffm@t-online.de

Lenbachplatz 2, 80333 München, Tel. 089/53 13 17, Fax 089/53 45 27, enit-muenchen@t-online.de

Österreich
Kärntnerring 4, 1010 Wien, Tel. 01/505 16 39, Fax 01/505 02 48, delegation.wien@enit.at

Schweiz
Uraniastr. 32, 8001 Zürich, Tel. 04 34 66 40 40, Fax 04 34 66 40 41, info@enit.ch

Allgemeine Informationen

Reisedokumente

Reisepass oder Personalausweis, Kinder unter 16 Jahren Kinderausweis oder Eintrag im Elternpass.

Kfz-Papiere

Führerschein, Fahrzeugschein und Internationale Grüne Versicherungskarte. Wer einen fremden Wagen fährt, benötigt eine Vollmacht des Fahrzeughalters.

Krankenversicherung und Impfungen

Seit dem 1. Januar 2006 ist die Europäische Krankenversicherungskarte in die übliche Versicherungskarte integriert. Sie wird in ganz EU-Europa anerkannt und garantiert die medizinische Versorgung.

Sicherheitshalber empfiehlt sich jedoch der Abschluss einer zusätzlichen Reisekranken- und Rückholversicherung.

◁ *Facetten der Italienischen Adria –* **Links:** *Tausende Sonnenanbeter suchen in Cattolica Schutz vor der Sonne.* **Oben rechts:** *Volksfestflair im Vergnügungspark Mirabilandia in Milano Marittima.* **Mitte rechts:** *Traumwesen in Tüll beim Karneval in Venedig.* **Unten rechts:** *Beach Volleyball in Cervia*

Für **Hunde** und **Katzen** ist bei Reisen innerhalb der EU ein gültiger, vom Tierarzt ausgestellter EU-Heimtierausweis vorgeschrieben, ebenso Kennzeichnung durch Mikrochip oder Tätowierung. Bis zum Jahr 2011 gelten Übergangsregelungen.

Zollbestimmungen

Reisebedarf für den persönlichen Gebrauch obliegt innerhalb der EU keinen Beschränkungen und darf abgabenfrei eingeführt werden. Für bestimmte Artikel gelten für den Privatreisenden allerdings Richtmengen: 800 Zigaretten, 400 Zigarillos, 200 Zigarren, 1 kg Tabak, 10 l Spirituosen, 20 l Zwischenerzeugnisse, 90 l Wein (davon max. 60 l Schaumwein), 110 l Bier.

Bei Reisen von und durch *Drittländer* (Schweiz) dürfen zollfrei 1 Stange Zigaretten, 1 l Spirituosen über 22 % oder 2 l Spirituosen unter 22 %, 50 ml Parfum, 250 ml Eau de Toilette, 500 g Kaffee und 100 g Tee mitgeführt werden.

Geld

Gängige Kreditkarten werden in Banken, Hotels und vielen Geschäften akzeptiert.

An zahlreichen *EC/Maestro-Geldautomaten* kann Geld rund um die Uhr abgehoben werden. Auch mit der Postbank SparCard erhält man an VISA-PLUS-Automaten rund um die Uhr Geld.

Tourismusämter im Land

In jedem der beschriebenen Orte (s. *Praktische Hinweise* im Haupttext) gibt es Tourismusämter oder Informationsbüros. Sie sind in der Regel während der Saison Mo–Sa 9–12.30 und 15–19.30 Uhr geöffnet.

Notrufnummern

Einheitlicher Notruf: Tel. 112 (EU-weit, auch mobil: Polizei, Unfallrettung, Feuerwehr)

ACI-Pannendienst (Soccorso Stradale): Tel. 80 31 16, Mobil-Tel. 800 11 68 00. Man beachte die *gelben Notrufsäulen* auf den Autobahnen (ca. alle 2 km).

ADAC-Notrufstation Mailand:
Tel. 02 66 15 91 (rund um die Uhr)

ADAC-Notrufzentrale München:
Tel. 00 49/89/22 22 22 (rund um die Uhr)

ADAC-Ambulanzdienst München:
Tel. 00 49/89/76 76 76 (rund um die Uhr)

Österreichischer Automobil Motorrad und Touring Club
ÖAMTC Schutzbrief-Nothilfe:
Tel. 00 43/(0)1/2 51 20 00

Touring Club Schweiz
TCS Zentrale Hilfsstelle:
Tel. 00 41/(0)2 24 17 22 20

Bei Unfällen mit *Sachschaden* ist es dringend erforderlich, die Versicherung und die Versicherungsnummer des Unfallgegners zu notieren. Bei Unfällen mit *Personenschaden* muss die Polizei verständigt werden. Bei *Autodiebstahl* wende man sich an die nächste Polizeidienststelle (Auskünfte über ADAC-Notruf oder ACI, s.o.).

Diplomatische Vertretungen

Konsulat der Bundesrepublik Deutschland, Viale Trieste 3 E, Rimini, Tel. 054 12 77 84, Fax 054 15 44 44

Konsulat der Bundesrepublik Deutschland, San Marco 3816, Campo Sant'Angelo , Venedig, Tel. 04 15 23 76 75, Fax 04 15 22 76 55

Österreichisches Konsulat, Via della Geppa 4, Triest, Tel./Fax 040 63 37 12

Österreichisches Konsulat, Palazzo Condulmer, Santa Croce 251, Fondamente Condulmer, Venedig, Tel. 04 15 24 05 56, Fax 04 15 24 21 51

Schweizer Konsulat, Via Cesare Battisti 18, Triest, Tel. 04 07 60 04 00, Fax 04 03 48 33 78

Schweizer Konsulat, Dorsoduro 810, Campo Sant'Agnese, Venedig, Tel. 04 15 22 59 96, Fax 04 12 44 38 63

Besondere Verkehrsbestimmungen

Tempolimits (in km/h): Für Pkw, Motorräder und Wohnmobile gilt innerorts 50, außerorts 90, auf Schnellstraßen 110 und auf Autobahnen 130 (bei Regen 110). Für Wohnmobile über 3,5 t gilt außerorts 80, auf Autobahnen 100; Pkw mit Anhänger dürfen außerorts und auf Schnellstraßen max. 70, auf Autobahnen 80 fahren.

Motorrad- und Mopedfahrer müssen immer mit *Abblendlicht* fahren, Autofahrer nur außerorts. Es besteht *Anschnallpflicht* und für Lenker und Mitfahrer von Zweiradfahrzeugen *Sturzhelmpflicht*. Kinder unter 12 Jahren müssen auf dem Rücksitz befördert werden. Das *Nationalitätenkennzeichen* ist Pflicht, es sei denn, das Fahrzeug besitzt ein EU-Kennzeichen. Jede Person, die im Falle einer Panne oder eines Unfalls auf offener Straße den Wagen verlässt, muss eine reflektierende *Warnweste* tragen.

Die *Promillegrenze* liegt bei 0,5.

Öffentliche *Parkplätze* sind durch weiße oder blaue Markierungen gekennzeichnet. Die blauen sind gebührenpflichtig.

Wichtig: Jede Ladung, die nach hinten überragt (Surfbretter, Boote, Fahrradständer) muss mit einer 50 x 50 cm großen rot-weiß-roten reflektierenden *Warntafel* (ggf. mit Rückstrahlern) versehen sein. Keine Ladung darf über die Vorderkante des Fahrzeugs hinausragen.

Anreise

Auto

Umfangreiches **Informations- und Kartenmaterial** können ADAC-Mitglieder kostenlos unter Tel. 018 05/10 11 12 (0,14 €/Min.) oder über die ADAC-Geschäftsstellen anfordern. Außerdem sind im ADAC Verlag die Reiseführer *Venedig*, *Venetien und Friaul* und *Emilia Romagna*, ferner die LänderKarte *Italien* (1 : 750 000) und die UrlaubsKarte *Italienische Adria* (1:150 000) erschienen (www.adac.de/karten).

Die wichtigsten **Routen** aus Deutschland führen durch Österreich (Brennerautobahn, Felbertauerntunnel und Plöckenpass). Anreise durch die Schweiz via Splügenpass, St.-Gotthard-Tunnel oder Simplonpass über Mailand.

Die österreichischen und Schweizer Autobahnen sind **mautpflichtig**, Vignetten sind an den Grenzstationen erhältlich. Die Autobahngebühren in Italien richten sich nach der Wagenklasse. Mit der bargeldlosen *Viacard* (Karten beim ADAC oder in Italien an der Grenze und an den Autobahnstationen erhältlich) wird man an vielen Mautstellen auf gesonderten Fahrspuren schneller abgefertigt. Da fehlende Beträge hier nicht mit Bargeld beglichen werden können, ist darauf zu achten, dass der Kredit auf der Viacard ausreicht bzw. rechtzeitig eine zweite Viacard bereitzuhalten.

Autobahn-Tankstellen sind durchgehend geöffnet, die übrigen Tankstellen meist Mo–Fr 7–12.30 und 15.30–19.30 Uhr. Auf Hauptstrecken gibt es SB-Tankstellen, die Geldscheine annehmen.

Bahn und Autozug

Im nördlichen Adria-Raum sind Triest, Venedig, Chioggia, Ravenna und alle Küstenorte südlich von Ravenna mit der Bahn zu erreichen. Die **Hauptstrecken** führen von *Deutschland* durch *Österreich* über Tarvis nach Triest, über den Brenner nach Venedig und über Mailand/Verona–Bologna nach Rimini und südwärts. Die wichtigsten Verbindungen aus der *Schweiz* führen durch den St.-Gotthard-Tunnel und über den Simplonpass nach Mailand mit Anbindung an Venedig, Rimini und die Küstenstrecken.

Autoreisezüge verkehren in der Sommersaison regelmäßig von Hamburg, Köln und Frankfurt nach Verona, von München bzw. Wien nach Venedig und Rimini.

Fahrplanauskunft

Deutschland
Deutsche Bahn, Tel. 11861 (gebührenpflichtig), Tel. 08 00/1 50 70 90, www.bahn.de

Deutsche Bahn AutoZug,
Tel. 018 05/24 12 24, www.autozug.de

Österreich
Österreichische Bundesbahn,
Tel. 05 17 17, www.oebb.at

Schweiz
Schweizerische Bundesbahnen,
Tel. 09 00 30 03 00, www.sbb.ch

Bus

Von mehreren Großstädten fahren Busse nach Venedig, Padua, Rimini und den Badeorten der Adria.

Zentrale Reservierungsstelle
Deutsche Touring, Am Römerhof 17, 60486 Frankfurt/Main,
Tel. 0 69/79 03 50, Fax 069/7 90 32 19, www.deutsche-touring.com

Flugzeug

Die Flughäfen für das Reisegebiet sind: *Triest*, Aeroporto Friuli-Venezia Giulia Ronchi dei Legionari; *Venedig*, Aeroporto Internazionale Marco Polo; *Rimini*, Aeroporto Internazionale Federico Fellini; *Ancona*, Aeroporto di Ancona Falconara und *Pescara*, Aeroporto Internazionale d'Abruzzo. Detaillierte Angaben zu diesen Flughäfen finden sich bei den jeweiligen Ortsbeschreibungen unter der Rubrik ›Praktische Hinweise‹.

Bank, Post, Telefon

Bank

Die Banken sind in der Regel Mo–Fr 8.30–13.30 und 14.30–16 Uhr geöffnet.

Post

Postämter sind Mo–Fr 8–13.30/14, Sa 8–12 Uhr geöffnet. Briefmarken *(Francobolli)* gibt es auch in Tabakläden *(Tabacchi)*.

Telefon

Internationale Vorwahlen
Italien 00 39
Deutschland 00 49
Österreich 00 43
Schweiz 00 41

Wichtig: In Italien ist die Ortsnetzkennzahl fester Bestandteil der Telefonnummern und muss *immer* (inkl. der 0) mitgewählt werden. Bei Handy-Nummern dagegen fällt die 0 weg.

Die meisten Telefonzellen sind nur für Telefonkarten (*Scheda Telefonica*, perforierte Ecke abreißen!) eingerichtet, die in Tabakläden, Kiosken und manchen Bars verkauft werden.

Die Benutzung handelsüblicher **GSM-Mobiltelefone** ist in ganz Italien problemlos möglich. Man sollte sich jedoch vor Reiseantritt über das günstigste Netz vor Ort informieren und das eigene Mobiltelefon entsprechend programmieren.

Einkaufen

Die **Geschäftszeiten** sind regional unterschiedlich. Im Allgemeinen sind Geschäfte Mo–Sa 8.30/9–12.30 und 15.30/16–19/19.30 Uhr geöffnet. Geschäfte in Fremdenverkehrsorten können durchgehend, und auch abends geöffnet sein. Ein halber Ruhetag in der Woche wird entweder Montag (in Venedig und Triest), Mittwoch oder an Samstagnachmittagen eingehalten.

Souvenirs

Das Angebot an Souvenirs ist riesig und reicht von Kitsch bis zu reizvollen handwerklichen Erzeugnissen.

In *Venedig* und *Murano* kauft man edles Glas (Vorsicht vor Industrieglas!), Spitzen und Stickereien aus Burano, handgearbeitete Masken, Marmorpapier und aus Marmorpapier gearbeitete Gegenstände, feine Stoffe, die Papuzze (Samtschuhe) der Gondolieri und Mosaiken. Im *Veneto* findet man Keramik aus Friaul, Antiquitäten und alte Stiche in Triest. Die *Emilia Romagna* ist für ihre Keramiken aus Faenza, die Leinendrucke aus Santarcangelo, Holzwaren aus Mesola, die Mosaiken aus Ravenna und die Flechtarbeiten aus den Lagunenregionen berühmt. Aus den *Marken* kommen Klöppelspitzen aus Offida, Majoliken aus Pesaro, Arbeiten aus Korallen, Lederwaren, Stroh- und Holzobjekte. Typisch für die Region *Abruzzen* sind Töpferwaren und kunsthandwerkliche Keramiken, Zinnwaren aus Teramo, Schmiedeeisernes aus Vasto und Kupferarbeiten aus Guardiagrele.

Essen und Trinken

Das **Frühstück** *(Prima colazione)* spielt in Italien eine verhältnismäßig untergeordnete Rolle. Italiener trinken meist nur einen *Caffè* (Espresso) oder einen *Cappuccino* (Milchkaffee) in einer Bar und essen ein *Brioche* (Hefegebäck), ein *Cornetto* (Teighörnchen) oder einen *Baiolo* (gesüßter Zwieback) dazu. Die Hotels der oberen Preisklasse bieten nach internationalem Brauch reichhaltige Frühstücksbufetts an, doch in preiswerteren Hotels beschränkt sich das Angebot meist auf Kaffee, Weißbrot und Marmelade.

Der sich nach dem bescheidenen Frühstück bald einstellende Hunger wird mit

›Tischlein deck dich‹ – Tafelfreuden im Lagunenland

Von Region zu Region wechseln die typischen Gerichte, die charakteristischen Zutaten, die Kräuter und Gewürze.

Friaul–Julisch Venetien: Küstenzauber

Die Küche Friaul-Julisch Venetiens war immer grenzüberschreitenden Einflüssen ausgesetzt. Zwar gibt es nicht allzu viele Nudelgerichte, dafür aber reichlich Risotti, Gnocchi und überall Polenta (Maisbreigericht) sowie gebundene Suppen (Iota, Bisna, Boreto).

An der **Küste** koste man Grigliata mista (aus Seeteufel, Scampi und Aal), Tintenfischragout mit Polenta (Seppie in umido con polenta), gratinierte Schwertfischrouladen (Involtini di pesce spada gratinati), Meerspinne nach Art von Grado (Grancseola alla moda di Grado), frittierte Scampi, Seedatteln (Datteri di mare) und Jakobsmuscheln (Cape sante). Wo der Fogolar (offener Kamin mit Grillrost) noch in der Küche anzutreffen ist, gibt es viel gegrilltes Fleisch, darunter auch kräftig gewürztes Wild, und exquisites Gemüse: Spargel, Radicchio rosso (roter Salat), Spinat und weiße Rüben aus der Carnia.

Delikatessen sind der Prosciutto di San Daniele, der speckähnliche Sauris

An der nördlichen Adriaküste kommen delikate Aalgerichte auf den Tisch

und der würzige Tafelkäse Spressa. **Weine** kommen aus dem Collio, den Colli Orientali und dem Carso. Beliebte **Weißweine**: Pinot bianco, Pinot grigio, Sauvignon und Picolit. Beliebte **Rotweine**: Cabernet, Merlot, Pinot nero.

Fantasie alla Veneziana

Kulinarische Fantasie ist vor allem in Venedig angesagt: So färbt der Tintenfisch das Risotto schwarz (Risotto nero), Spaghetti kommen mit einem Sugo aus Schalentieren (Spaghetti alla busara), mit Austern oder Heuschreckenkrebsen (Canoce) auf den Tisch. In den Tagliolini steckt Krebsfleisch, marinierte Sardinen (Sardina in saor) werden mit Zwiebeln, Rosinen und Pinienkernen zubereitet, Venusmuscheln (Vongole) in Ingwer gedünstet. Köstlich sind auch die Goldbrasse vom Grill (Orata grigliata) oder die gefüllten Miesmuscheln (Peoci alla galeotta). Natürlich geht es auch einfacher. **Reis** ist die Basis für viele Risotti mit Kräutern und jungen Gemüsen (di primavera), mit kleinen Artischocken (Carciofini), mit Geflügelleberstückchen (Rovinassi) oder in Verbindung mit Erbsen (Risi e bisi). **Maisgrieß** bildet den Grundstock für die ungemein variantenreiche Polenta, die zusammen mit Stockfisch (Baccalà), kleinen Krabben (Schìe), geschmortem Aal (Anguilla), mit Fleischragouts (al ragù) und Pilzen auf den Tisch kommt. Typisch ist die Kalbsleber mit Zwiebeln (Fegato alla Veneziana), der Schmorbraten mit Wein (Pastissada), das Filet (Filetto) mit jungen Artischocken oder das Kaninchenfilet mit Kräutern (Coniglio alla erbette).

Die originellsten **Süßspeisen** (Dolci) sind, neben Tiramisù, das von hier aus um die Welt ging, eine Baisertorte mit Vanille (Meringata) und gekochte Früchte (Frutta cotta), ganz von Zuckersirup umhüllt.

Delikatessen sind Pasteten aller Art und eingelegtes Gemüse. **Weißwein** (Pinot, Sauvignon) kommt aus den Colli Euganei, **Rotwein** (Cabernet und Merlot) aus den Colli Asolani. Beliebt ist der Prosecco (Sekt) aus Conegliano und Valdobbiadene.

Schlaraffenland Emilia Romagna

Die Emilia Romagna, eine Region mit Meer und Hügeln, Fischen und Viehzucht, gilt als das Schlaraffenland Italiens. Eine der Grundlagen der Küche ist die Foglia, der hauchdünn ausgerollte Nudelteig, aus dem die 1001 Nudelgerichte entstehen. Die Emilia Romagna ist die Heimat der Cappelletti, Tortelloni, Ravioli, Rivoltoni, der Lasagne und der Pasticci. An der **Küste** besteht ihre Füllung auch zuweilen aus Meeresfrüchten. Aus den Wäldern des Apennin kommen Pilze (schwarze und weiße Trüffel); herrliches Obst stammt aus dem Umland von Ravenna.

Emilianische Spezialitäten liebevoll angeboten in den alten Mauern von San Leo

Typisch für die Fischküche sind die Risotti nach Art der Fischerin (alla pescatora) und mit Aal (di anguille), die Aalsuppe aus Comacchio (Brodetto di anguilla) und allerlei Fischsuppen (Brodetti) aus dem täglichen Fang. Weitere **Spezialitäten** sind Spaghetti mit Muscheln (alla vongole), die Polenta mit kleinen Krebsen (Gamberetti), Seeteufel (Coda di rospo) oder Steinbutt (Rombo) in Kapernsauce, Tintenfische in Safransauce (Seppie allo zafferano), außerdem Sardellen, Seezungen, Makrelen, Goldbrassen vom Holzkohlenrost. Unter den Fleischgerichten sind der Milchschweinebraten (Arrosto al latte), die Koteletts (Costolette) mit Oliven und das Kaninchen mit Kräutern (Coniglio alle erbe) herausragend.

Delikatessen sind Prosciutto di Parma, Mortadella, Salame da sugo, eine ausgezeichnete Ferrareser Salami und Parmigiano reggiano. Beliebte **Weißweine**: Trebbiano Romagnolo, Albano secco; beliebte **Rotweine**: Sangiovese, Bonarda.

Ob Maccheroni oder Muscheln – Gaumenfreuden des Südens

Marken oder wo der Thunfisch betrunken ist

Die fruchtbare Landschaft der Marken, reiche Viehzucht, üppige Landwirtschaft und einer der wichtigsten Fischmärkte Italiens (San Benedetto del Tronto) geben die Ingredienzen für die Küche vor. Getrost kann man mit Vincisgrassi (gefülltes, gebackenes Nudelgericht) oder Cappelletti (gefüllten Teighütchen) beginnen oder mit der typischen Kapaunsuppe (Passatelle) aus Urbino. Ein schöner Einstieg ist auch eine der reichen Fischsuppen (Brodetti), die mit Tomaten (all'anconetana), mit Safran (alla recanatese) oder mit Dattelmuscheln (Zuppa di Datteri) auf den Tisch kommen. Fische werden häufig in Potacchio (im Topf), zuweilen auch mit Wein z. B. als betrunkener Thunfisch (Tonno briaco) zubereitet oder am Spieß gebraten. Muscheln werden meist gefüllt gereicht (Muscioli ripieni) oder mit Kartoffeln im Ofen gebacken, Sardinen bekommen eine Kräuterfüllung (Acciughe ripiene). Selbst die Oliven (Olive farcite) werden in Ascoli Piceno mit Fleisch und Gewürz vermengt gebacken. Fleisch und Geflügel werden am Spieß, mit Saucen im Topf (in Potaccio) oder nach Jägerinnenart (alla cacciatora) zubereitet. Dabei spielen Oliven, Wildfenchel und Salbei eine große Rolle. Das Kaninchen (Coniglio) bekommt man sehr oft mit Tomaten und Oliven geschmort, der Truthahn nach Picener Art (Tacchino alla Picena) wird mit Wildkräutern und Wein im Schweinenetz zubereitet.

Delikatessen sind Prosciutto di Montefeltro, Finocchielle (mit Fenchel gewürzte Würste) und in Würzsaucen eingelegte Oliven und Trüffel. **Weine** kommen aus den Colli Piceni und aus dem Küstenhinterland. Beliebte **Weißweine:** Bianco dei Colli Piceni, Trebbiano, Verdicchio di Jesi. Beliebte **Rotweine:** Rosso del Conero und Sangiovese Pescarese.

Aus den Colli Piceni im Hinterland der Marken stammen exquisite Tropfen

Abruzzen – rustikale Küche

Die abruzzesische Küche präsentiert sich sehr traditionell, teilweise bäuerlich. Dort ist man stolz auf Maccheroni alla chitarra, für die man den Nudelteig mit einem Werkzeug aus parallel verlaufenden Stahlsaiten schneidet. Ebenso verlockend sind Scripelle und Fregnacce (ländliche Crêpes) und die Pastuccia (Schmorbraten aus Würsten, Eiern und Schafskäse).

An der **Küste** gibt es im Tontopf gekochte Fischsuppen (Brodetti), vor allem den Brodetto vastese, einen Fischtopf mit Meeresfrüchten, sowie den Guazzetto di Pesce, die typische Fischsuppe aus Pescara mit Heuschreckenkrebsen und Scampi angereichert. Es gibt ferner gefüllte Tintenfische, Seezungen (Sogliole) mit schwarzen Oliven, tagesfrische Fische mit Tomaten und scharfen Peperoncini zubereitet sowie eine Fülle von Pesce azzurro (Fisch vom Grill) und Schalentieren. Im **Landesinneren** kocht man viel Lamm (Agnello), zuweilen noch im traditionellen Kupferkessel der Hirten. Es gibt die nach Wildkräutern duftende Hammelkeule (Castratello) oder die aus der Region Molise ›eingewanderte‹ Pezzata, ein in Wein zubereitetes gefülltes Lamm.

Delikatessen sind außerdem der Fegato dolce (Leberwurst, mit Honig und Pistazien gewürzt) und die Ventricina (mit Fenchel und Paprika zubereitete Schinkenwurst), Schafskäse aus Atri und Rivisondoli sowie als süße Leckerei der Torrone Nurzia (Nougat). Beliebte **Weine** sind der weiße Trebbiano d'Abruzzo und der rote Cerasuolo d'Abruzzo.

fantasievollen **Imbissen** gestillt. **Triestiner** gehen in ihre berühmten Kaffeehäuser oder nehmen ihren *Rebechin*, eine eher deftige Jause mit Terrano-Wein, in einer der vielen Imbissstuben im Stehen ein. **Venezianer** verwöhnen sich in Bars, kleinen Cafés, in Osterie und in den beliebten einfachen Bàcari (Kneipen) mit *Cicheti*, kleinen Häppchen, oder *Tramezzini*, dreieckigen Weißbrotsandwiches, und trinken dazu eine *Ombra* (Schatten), ein kleines Gläschen Wein (1 dl). An der nördlichen Lagunenküste besteht ein Imbiss oft aus San-Daniele-Schinken, im südlichen Veneto aus eingelegtem Gemüse, Muscheln und diversen Fischhäppchen. In der **Emilia Romagna** gibt es dünne, mit Kräutern gefüllte Fladenbrote, *Piadine* (Brötchen) mit Mortadella und *Crostini*, Weißbrotspießchen mit Mozzarellascheiben, zum Wein. In den **Marken** genießt man feine Schinkenscheiben auf dem *Panino* (Brötchen), dazu gibt es gewürzte schwarze oder grüne Oliven und *Carciofini*, ganz junge Artischocken. In der Region **Abruzzen** reicht man feine würzige Scheibchen vom gegrillten *Pecorino* (Schafskäse) auf Weißbrotscheiben.

Auch das **Mittagessen** *(Colazione* oder *Pranzo)* ist eine leichte Mahlzeit, die häufig in Pizzerie oder in Bàcari, einer typischen Weinbar, eingenommen wird. In Restaurants *(Ristoranti)* serviert man den *Pranzo* frühestens ab 12.30 Uhr. Auch in bescheidenen Lokalen erwartet man, dass der Gast eine kleine Vorspeise, einen Hauptgang und ein Dessert isst.

Die wichtigste und opulenteste Mahlzeit ist das **Abendessen** *(Cena)*. Es besteht meist aus einer kalten Vorspeise *(Antipasto)*, Suppe oder Nudelgericht *(Primo piatto)*, Hauptgang aus Fisch oder Fleisch *(Secondo piatto)* und Dessert aus Obst, Süßspeisen oder Käse (*Dolce, Frutta, Formaggio*). Das Abendessen wird ab 19.30 Uhr serviert.

Zu den Preisen auf der Speisekarte kommt noch ein Betrag für *Pane e coperto* (Brot und Gedeck) pro Person und ein Bedienungszuschlag von etwa 10–15 % hinzu. Ein zusätzliches Trinkgeld von etwa 10 % des Rechnungsbetrages ist üblich.

Rauchverbot

Am 10. Januar 2005 wurde das Rauchverbot in Italien auf Bars, Restaurants und Diskotheken ausgeweitet, die nicht über separate Räumlichkeiten mit besonderer Lüftung verfügen. Die Missachtung des Rauchverbots kann mit Geldstrafen bis zu 275 € geahndet werden.

Feste und Feiern

Feiertage

1. Januar (*Capodanno,* Neujahr), 6. Januar (*Epifania,* Heilige Drei Könige), Ostersonntag (*Pasqua*) und Ostermontag (*Pasquetta*), 25. April (*Liberazione*, Fest der Befreiung von Faschismus und deutscher Besatzung 1945), 1. Mai (*Festa del Lavoro,* Tag der Arbeit), 15. August (*Ferragosto,* Mariä Himmelfahrt), 1. November (*Ognissanti,* Allerheiligen), 8. Dezember (*Immacolata Concezione*, Mariä Empfängnis), 25./26. Dezember (*Natale,* Weihnachten). Dazu kommen noch die *Festtage der lokalen Schutzheiligen*. In Venedig ist das der 25. April (*San Marco*).

Feste

Januar

Concordia Sagittaria (5. Jan.): *Casera* mit großem Flussfeuer am Lemene (Vorabend des Dreikönigsfestes).

Venedig (6. Jan.): *Corso delle Befane.* Heilig-Drei-Königs-Volkslauf am Lido mit Volksfesttrubel.

Februar/März

Venedig (14 Tage vor Aschermittwoch): *Carnevale di Venezia* (www.carnevale.venezia.it). Der berühmte Karneval von Venedig findet an der Piazza San Marco, im Geviert Canal Grande und Riva degli Schiavoni sowie auf kleineren Plätzen der Sestieri statt.

Muggia: *Carnevale.* Fest am Faschingssonntag mit riesigen Festwagen.

März

Venedig (2. Sonntag): *Su e zo per i ponti.* Rundlauf zur Piazza San Marco über die Brücken und durch alle Sestieri.

April

San Marino (1. April und 1. Okt.): *Investitura dei Capitani Reggenti.* Feierliche Einsetzung des jeweils für ein halbes Jahr gewählten Regenten des Ministaates.

Chieti (Karfreitag): *Processione del Venerdi Santo.* Eindrucksvolle nächtliche Karfreitagsprozession, die von der Erzbruderschaft des Totenberges veranstaltet wird. Weitere Karfreitagsprozessionen in alten Kostümen finden statt in Montefiore Conca mit Brotverteilung nach altem Brauch.

Venedig (25. April): *Festa di San Marco.* Zum Tag des Stadtpatrons von Venedig gehört eine eindrucksvolle Prozession und ein feierliches Hochamt in der Basilica di San Marco; nachmittags gibt es Gondelregatten auf dem Canal Grande und ein Straßenfest auf der Piazza San Marco.

Mai

Cervia-Milano Marittima (12. Mai): *Sposalizio del Mare.* Farbenprächtige ›Vermählung mit dem Meer‹.

Santarcangelo di Romagna: *Balconi Fioriti.* Großes Blütenfest und Messe für Pflanzen und Blumen.

Venedig (Mai/Juni, So nach Christi Himmelfahrt): *Festa della Sensa.* Nostalgische Schiffsprozession mit dem heutigen ›Bucintoro‹ (Schiff des Dogen) zum Lido. Zur Erinnerung an die Begründung der venezianischen Adriaherrschaft um 1000 n. Chr. wird die Vermählung des Dogen (heute ersetzt durch den Bürgermeister) mit dem Meer gefeiert.

Juni

Padua (13. Juni): *Festa di Sant'Antonio.* Stadtfest am Tag des hl. Antonius.

Juli

Grado (1. Sonntag): *Perdon de Barbana.* Schiffsprozession zur Wallfahrtskirche auf der Insel Barbana.

Cesenatico (Ende Juli): *Carnevale.* Buntes und turbulentes Fest ohne historischen Bezug.

Venedig (3. Sonntag): *Festa del Redentore.* Die Feierlichkeiten beginnen am Vorabend mit einem Volksfest und lampiongeschmückten Booten auf dem Canale della Giudecca sowie einem nächtlichen Feuerwerk. Anderntags zieht eine festliche Prozession über die Pontonbrücke am Kanal zur Pest-Votivkirche Il Redentore.

August

Ascoli Piceno (4./5. Aug.): *Quintana.* Ritterspiel in alten Trachten.

Comacchio (13. Aug.): *Sagra di San Cassiano.* Fest des Schutzheiligen San Cassiano mit einem Wettkampf der traditionellen Batane (Boote).

Fermo (15. Aug.): *Palio dell'Assunta.* Pferderennen in historischen Kostümen.

September

San Marino (3. Sept.): *Festa di Fondazione della Repubblica.* Traditionelles Gründungsfest der Republik.

Cattolica (5./6. Sept.): *Festa de Borg.* Malerisches Fest des Stadtviertels Giuliano.

Giulianova (8.–10. Sept.): *Festa di Porto Salvo.* Prozession der Fischer.

Naviglio di Brenta (2. Sonntag): *Riviera Fiorita* (www.rivieradelbrenta.net). Regatta mit farbenprächtigen Kostümen und geschmückten Booten.

Venedig (1. Sonntag): *Regata Storica.* Prachtvolles Bootsspektakel mit historischen Booten und historischen Kostümen im Geleit des ›Bucintoro‹ auf dem Canal Grande. Zudem gibt es Wettkämpfe der Gondolieri.

November

Venedig (21. Nov.): *Festa della Madonna della Salute.* Prozession zur Chiesa Santa Maria della Salute auf einer Bootsbrücke über den Canal Grande.

Dezember

Loreto (8.–10. Dez.): *Festa della Traslazione della Santa Casa.* Fest der Überführung der Santa Casa nach Loreto.

Klima und Reisezeit

Frühlingsreisen lohnen sich vor allem in die großen Städte: Dort ist es dann noch ruhig, die Landschaft verwandelt sich im April in einen *Blütenteppich.* Die Saison in den **Badeorten** beginnt jedoch erst Ende Mai/Anfang Juni. Zwischen Juni und September herrscht ideales Badewetter. In diesem Zeitraum sind Hotels und Strände stark frequentiert, der Höhepunkt wird Mariä Himmelfahrt (Ferragosto) erreicht, wenn ganz Italien seine Ferienwoche um den 15. August einplant.

An der ganzen Küstenlinie zeichnet sich der **September** durch angenehme Temperaturen aus. Im *nördlichen Bereich* herrscht oft klares, warmes Wetter. Allerdings sind ab Mitte September schon viele Badehotels geschlossen, und im Herbst setzt häufig Regen ein.

Für kunsthistorisch Interessierte eignen sich die **Wintermonate** zum Besuch der wieder stiller gewordenen Städte.

Klimadaten Rimini

Monat	Luft (°C) min./max.	Wasser (°C)	Sonnen-std./Tag	Regen-tage
Januar	-1/12	5	3,5	6
Februar	0/17	5	4	3
März	2/20	9	6,5	2
April	6/23	13	7	8
Mai	9/26	18	6,5	10
Juni	13/29	22	8	4
Juli	14/33	25	10,5	2
August	12/32	26	8,5	2
September	11/30	19	6,5	8
Oktober	9/23	16	4	8
November	1/22	9	3,5	10
Dezember	-2/10	5	1,5	4

Kultur live

Venedigs Angebot an kulturellen Ereignissen, an Ausstellungen, Theateraufführungen und Konzerten, ist äußerst vielfältig. Aber auch die weniger berühmten Städte und Ferienorte bieten ein gutes Festivalprogramm. Hier eine Auswahl:

Juni

Venedig (Juni): *Festival Internazionale di Danza Contemporanea* (www.labiennale.org). Festival des modernen Tanzes.

Venedig (Juni – Okt., in Jahren mit ungerader Zahl): *Biennale d'Arte*. Die wichtigste und berühmteste Ausstellung zeitgenössischer Kunst. (Juni–Okt., in Jahren mit gerader Zahl): *Biennale d'Architettura*. Renommierte große Architektur-Ausstellung (www.labiennale.org).

Cattolica (Juni/Juli): *Mystfest* (www.cattolica.net). Festival des Kriminal- und Gruselfilms.

Juli

Santarcangelo: *Santarcangelo dei Teatri* (www.santarcangelofestival.com). Theaterfestival mit ungewöhnlichen Darbietungen.

Rimini (Juli/Aug.): *Notti Malatestiana* (www.nottimalatestiane.it). Begegnung von Musik- und Sprechtheater.

Triest (Juli/Aug.): *Festival Internazionale di Operetta* (www.teatroverdi-trieste.com). Operettenfestival.

Miramare (Juli/Aug.): *Luci e Suoni*. Licht- und Tonspiele im Schlosspark.

Faenza (Juli/Aug.): Internationaler Kunsttöpferwettbewerb.

Pesaro: *Mostra Internazionale del Nuovo Cinema* (www.pesarofilmfest.it). Forum des zeitgenössichen Films.

August

Pesaro (Aug./Sept.): *Rossini Opera Festival* (www.rossinioperafestival.it)

Venedig (Aug./Sept.): *Mostra Internazionale d'Arte Cinematografica* (www.labiennale.org). Internationale Filmfestspiele im Palazzo del Cinema am Lido.

September

Venedig (Sept./Okt.): *Festival Internazionale di Musica Contemporanea* (www.labiennale.org). Zeitgenössische Musik erklingt in verschiedenen Sälen.

Oktober

Venedig (Okt./Nov.): *Festival Internazionale del Teatro* (www.labiennale.org). Großes Theaterfestival.

Museen und Kirchen

Museen

Die *Öffnungszeiten* der Museen sind uneinheitlich. Detaillierte Angaben finden sich im Haupttext. Im Allgemeinen haben Museen Di–So 9–13 Uhr geöffnet.

Kirchen

Während der *Gottesdienste* sollten Kirchen nicht besichtigt werden. In den Mittagsstunden sind sie meist geschlossen. Kleinere Kirchen in abgelegenen Orten sind oft verschlossen, man frage nach dem *Custode*. Als Dank wird ein kleines Trinkgeld erwartet.

Nachtleben

Kasino

Casino Municipale di Venezia, Palazzo Vendramin-Calergi, Cannaregio 2040, Calle Larga Vendramin, Tel. 04 15 29 71 11, www.casinovenezia.it, ganzjährig tgl. 20.15–2.45 Uhr. Gespielt werden Roulette, Black Jack, Chemin de Fer und Trente et Quarante. Elegantes Ambiente.

Casino Municipale di Venezia a Ca' Noghera, Ca' Noghera, Via Triestina 222 (Nähe Flughafen), Tel. 04 15 29 71 11, ganzjährig tgl. 15.30–3.45 Uhr.

Diskotheken

In Venedig und an den Lagunenstränden gibt es (außer in Caorle) relativ wenige Diskotheken. Das *Nightlife* spielt sich vor allem in den Küstenorten der Emilia Romagna zwischen Cesenatico und Cattolica ab. In der Hochsaison Juli/August sind die Nachtlokale ab 22 Uhr bis 4 Uhr früh geöffnet. Die Discos liegen meist außerhalb der Hotelzentren auf den Hängen der ersten Hügel. Es besteht ein *Nachtbus-Service* (Blue Line).

Sport

Infrastrukturen und Anlagen in den Badeorten ermöglichen eine Fülle von sportlichen Betätigungen. Die großen *Strände* sind für alle **Wassersportarten** (Schwimmen, Segeln, Surfen, Rudern, Wasserski, Wassermotorräder, Tauchen, Sportangeln) und für viele Strandsportarten (Baseball, Beach Basketball, Beach Volleyball, Fußball, Reitsport, Golf, Tennis, Rollschuhfahren, Tontaubenschießen, Bogenschießen) eingerichtet. Es bestehen *Schulen*, die Lernwilligen Segeln, Windsurfen, Kanufahren oder Tauchen beibringen.

Für **Radtouren** und **Reitausflüge** in das Küstenhügelland und die Flusstäler – vorwiegend an der romagnolischen Küste – stellen die Tourismusämter Broschüren mit Routenangaben zur Verfügung.

Statistik

Das **Adriatische Meer** ist von Nordwest bis Südost 820 km lang und durchschnittlich 180 km breit (größte Breite: 220 km). Es bedeckt eine **Fläche** von 132 000 km² und ist im Nordbecken (nördlich des Vorgebirges Monte Gargano) durchschnittlich zwischen 40 und 200 m tief (größte Tiefe 266 m). Sein **Salzgehalt** beträgt im Mündungsgebiet der großen Flüsse etwa 2,5 % (Oberflächenwasser) und nimmt nach Süden bis 3,9 % zu.

Das Reisegebiet dieses Führers umfasst die Küstenlandschaften der Regionen Friuli-Venezia Giulia (Friaul-Julisch Venetien), Veneto (Venetien), Emilia Romagna, Marche (Marken), Abruzzo (Abruzzen), Molise und den nördlichsten Teil der Region Puglia (Apulien).

Friuli-Venezia Giulia: Diese Region ist die kleinste italienische Provinz, (Hauptstadt Triest, 210 000 Einw.). Sie befindet sich zwischen den Karnischen Alpen und der Adria, dem Stromgebiet des Tagliamento und Isonzo und besitzt den Status der Selbstverwaltung. Unter den 1,2 Mio. Einwohnern der Region sind 500 000 Friulani, welche eine rätoromanische Mundart sprechen.

Veneto: Venedig (270 000 Einw., davon 64 000 im hist. Zentrum) ist die Hauptstadt der 18 365 km² großen Region mit 4 367 000 Einwohnern. Das Gebiet schließt im Westen an die Region Friuli-Venezia Giulia an und reicht bis über die von Lagunen geprägte Küste ins Po-Delta und im Hinterland bis zum Gardasee.

Emilia Romagna: Diese Region liegt zwischen Po-Delta, Apennin und Adriaküste südlich von Cattolica und ist 22 123 km² groß. Von den 3 947 100 Einwohnern leben 373 000 in der Hauptstadt Bologna und ein Großteil in den übrigen großen Städten Ferrara, Forlì, Modena, Parma, Piacenza, Reggio nell'Emilia und Ravenna. Ravenna (138 000 Einw.) ist im Sommer nur tagsüber überfüllt, die Küstenstädte Comacchio (21 500 Einw.), Cervia (25 000 Einw.), Cesenatico (20 000 Einw.), Rimini (120 000 Einw.), Riccione (32 000 Einw.), Cattolica (16 000 Einw.) und ihre Badevororte wachsen in der Hauptsaison um ein Vielfaches ihrer Einwohnerzahlen.

Marche: Die 9693 km² große, teils gebirgige Region (Apennin) mit 1 424 000 Einwohnern (starke Abwanderung) senkt sich über ausgedehntes Hügelland zur Küste ab. Der lange Küstenstreifen reicht von Gabicce Mare (5600 Einw.) über Pesaro (90 000 Einw.), Senigallia (40 000 Einw.), Ancona (100 000 Einw.), Civitanova Marche (36 000 Einw.) bis San Benedetto del Tronto (17 000 Einw.).

Abruzzo: Mit einer Fläche von 10 794 km² reicht die Region (Verwaltungseinheit mit der Region Molise) vom zentralen Bergland Gran Sasso d'Italia bis an die Adriaküste zwischen Giulianova und Vasto. Die Hauptstadt L'Aquila (65 000 Einw.) liegt im gebirgigen Inland. Die Küstenregion ist sehr dünn besiedelt, die frühen Gründungen liegen im Hügelland. Nur Pescara (132 000 Einw.) und Vasto (33 670 Einw.) sind größere Städte an der Küste.

Molise: Der Küstenanteil der abgeschiedenen, im Apenino Napolitano gelegenen Region, auf deren 4438 km² großen Fläche nur 332 700 Einwohner leben, besitzt einen kleinen, wenig genutzten Adriaanteil bei Termoli (22 000 Einw.).

Puglia: Vom Nordrand der Region Apulien sind in diesem Führer nur die Orte des nördlichen Gargano-Massivs, Rodi Garganico (4500 Einw.), Peschici (4060 Einw.) und Vieste (13 500 Einw.) erwähnt.

Unterkunft

Agriturismo

Die italienische Antwort auf den ›Urlaub auf dem Bauernhof‹ erfreut sich großen Zuspruchs. Info:

Agriturist, Piazza Martiri 5, 40121 Bologna, Tel. 051 25 18 66, www.agriturist.it

Turismo verde, Via Bigari 5/2, 40100 Bologna, Tel. 05 16 31 43 11, www.turismoverde.it

Camping

Die Adriaküste verfügt über ein vorzüglich ausgebautes Netz von Campingplätzen verschiedener Kategorien. Einige Plätze sind in den *Praktischen Hinweisen* bei den jeweiligen Orten genannt. Eine Beschreibung geprüfter Campingplätze bietet der jährlich neu erscheinende **ADAC Camping Caravaning Führer Südeuropa** (auch als CD-ROM). Darüber hinaus informiert der jährlich erscheinende **ADAC Urlaubsführer Europa** über das Angebot an Bungalows und Mobilheimen auf Campingplätzen (www.adac.de/campingfuehrer)

Ferienhäuser- und -wohnungen

Das Angebot an Ferienhäusern und -wohnungen ist groß. Sie sind komplett eingerichtet, Bettwäsche und Handtücher müssen aber häufig mitgebracht werden.

Hotels

Hotels werden mit Sternen von * (sehr einfach) bis ***** (Luxushotel) klassifiziert. Empfehlungen bieten die *Praktischen Hinweise* bei den jeweiligen Orten.

In den Badeorten findet man meist *Mittelklassehotels* vor. Die dortigen Hotels sind oft nur während der Sommermonate geöffnet. Wer gerne unmittelbar am Strand wohnt, sollte sich unbedingt vorher über die genaue Lage des Hotels informieren. In der *Hochsaison*, vor allem während der italienischen Schulferien (Mitte Juni – Mitte September), sind die Unterkünfte häufig ausgebucht.

Jugendherbergen

Associazione Italiana Alberghi per la Gioventù (AIG), Via Cavour 44, 00184 Roma, Tel. 064 87 11 52, Fax 064 88 04 92. – Via dell'Unione 6 a, 40126 Bologna, Tel. 051 22 49 13, www.ostellionline.org.

Deutsches Jugendherbergswerk, Bismarckstr. 8, 32756 Detmold,Tel. 0 52 31/ 740 10, Fax 0 52 31/74 01 74, www.djh.de

Verkehrsmittel im Land

Bahn

Zwischen *Venedig* und *Triest* verläuft die Eisenbahn (*Ferrovia*) bis Monfalcone im Hinterland der Küste. Zu den **Badeorten** fahren Busse ab den Bahnstationen San Donà di Piave (nach Jesolo), Portogruaro (nach Caorle), Latisana (nach Bibione Lignano), Cervignano (nach Grado).

Zwischen *Venedig* und *Ravenna* hat nur Chioggia einen Bahnanschluss. Die Badeorte im Po-Delta erreicht man über Rovigo, Ferrara und Ravenna. Ab Ravenna verbindet die Bahn alle Badeorte bis Peschici. Infos:

Trenitalia, Tel. 89 20 21 (nur in Italien), www.trenitalia.it

Bus

Ein dichtes *Autobusnetz* verschiedener Busgesellschaften verbindet die Adriaküste mit allen wichtigen Orten im Hinterland. Fahrkarten *(Biglietti)* sind in Kiosken, Geschäften oder im Bus erhältlich. Einfache Papierausdrucke der saisonal gültigen Fahrpläne gibt es zumeist in den Touristenbüros.

Mietwagen

In allen größeren Orten und an den Flughäfen kann man Autos mieten. ADAC-Mitglieder können über die **ADAC-Autovermietung**, Tel. 0 18 05/31 81 81 (0,14 €/ Min.), oder über die ADAC-Geschäftsstellen zu günstigen Konditionen einen Wagen vorbuchen.

Schiff

Schiffsverbindungen gibt es zwischen **Venedig** und **Triest**, Personenfähren verbinden die Laguneninseln miteinander, Autofähren verkehren zum Lido und nach Punta Sabbioni.

Autofähren verkehren in der Saison auch zwischen Venedig und **Ancona**, Ancona und **Rimini**.

Ausflugsverkehr besteht in der Saison zwischen Venedig, Caorle, Grado, Duino und Triest. Ausflugsschiffe von Grado fahren in die Laguna di Marano und die Laguna di Grado.

Reger Schiffsverkehr findet im *Po-Delta* statt. Die Schiffe fahren bis Ferrara.

Die *Isole Tremiti* erreicht man von Ortona aus mit dem Tragflächenboot, von Vasto und Termoli mit der Personenfähre.

Sprachführer

Italienisch für die Reise

Das Wichtigste in Kürze

Ja/Nein	*Si/No*
Bitte/Danke	*Per favore/Grazie*
In Ordnung./Einverstanden.	*Va bene./D'accordo.*
Entschuldigung!	*Scusi!*
Wie bitte?	*Come dice?*
Ich verstehe Sie nicht.	*Non La capisco.*
Ich spreche nur wenig Italienisch.	*Parlo solo un po' d'italiano.*
Können Sie mir bitte helfen?	*Mi può aiutare, per favore?*
Das gefällt mir (nicht).	*(Non) Mi piace.*
Ich möchte ...	*Vorrei ...*
Haben Sie ...?	*Ha ...?*
Wie viel kostet ...?/	*Quanto costa ...?*
Kann ich mit Kreditkarte bezahlen?	*Posso pagare con la carta di credito?*
Wie viel Uhr ist es?	*Che ore sono?/Che ora è?*
Guten Morgen!/Guten Tag!	*Buon giorno!*
Guten Abend!	*Buona sera!*
Gute Nacht!	*Buona notte!*
Hallo!/Grüß dich!	*Ciao!*
Wie ist Ihr Name, bitte?	*Come si chiama, per favore?*
Mein Name ist ...	*Mi chiamo ...*
Ich bin Deutsche(r)	*Sono tedesco(-a)*
Ich komme aus Deutschland.	*Sono della Germania.*
Wie geht es Ihnen?	*Come sta?*
Auf Wiedersehen!	*Arrivederci!*
Tschüs!	*Ciao!*
Bis bald!	*A presto!*
Bis morgen!	*A domani!*
gestern/heute/morgen	*ieri/oggi/domani*
am Vormittag/am Nachmittag	*la mattina/al pomeriggio*
am Abend/in der Nacht	*la sera/la notte*
um 1 Uhr/um 2 Uhr ...	*all' una/alle due ...*
um Viertel vor (nach) ...	*alle ... meno un quarto (e un quarto)*
um ... Uhr 30	*alle ... e trenta*
Minute(n)/Stunde(n)	*minuto(-i)/ora(-e)*
Tag(e)/Woche(n)	*giorno(-i)/settimana(-e)*
Monat(e)/Jahr(e)	*mese(-i)/anno(-i)*

Zahlen

0	*zero*	19	*diciannove*
1	*uno*	20	*venti*
2	*due*	21	*ventuno*
3	*tre*	22	*ventidue*
4	*quattro*	30	*trenta*
5	*cinque*	40	*quaranta*
6	*sei*	50	*cinquanta*
7	*sette*	60	*sessanta*
8	*otto*	70	*settanta*
9	*nove*	80	*ottanta*
10	*dieci*	90	*novanta*
11	*undici*	100	*cento*
12	*dodici*	200	*duecento*
13	*tredici*	1000	*mille*
14	*quattordici*	2000	*duemila*
15	*quindici*	10 000	*diecimila*
16	*sedici*	1 000 000	*un millione*
17	*diciassette*	1/2	*mezzo*
18	*diciotto*	1/4	*un quarto*

Wochentage

Montag	*lunedì*
Dienstag	*martedì*
Mittwoch	*mercoledì*
Donnerstag	*giovedì*
Freitag	*venerdì*
Samstag	*sabato*
Sonntag	*domenica*

Monate

Januar	*gennaio*
Februar	*febbraio*
März	*marzo*
April	*aprile*
Mai	*maggio*
Juni	*giugno*
Juli	*luglio*
August	*agosto*
September	*settembre*
Oktober	*ottobre*
November	*novembre*
Dezember	*dicembre*

Maße

Kilometer	*chilometro(-i)*
Meter	*metro(-i)*
Zentimeter	*centimetro(-i)*
Kilogramm	*chilo(-i)*
Pfund	*mezzo chilo*
100 Gramm	*etto(-i)*
Liter	*litro(-i)*

Unterwegs

Nord/Süd/West/Ost	*nord/sud/ovest/est*
oben/unten	*sopra/sotto*
geöffnet/geschlossen	*aperto/chiuso*
geradeaus/links/ rechts/zurück	*diritto/sinistra/ destra/indietro*
nah/weit	*vicino/lontano*
Wie weit ist …?	*A che distanza si trova…?*
Wo sind die Toiletten?	*Dove sono le toilette?*
Wo ist die (der) nächste …	*Dove si trova nelle vicinanze …*
Telefonzelle/	*una cabina telefonica/*
Bank/	*una banca/*
Geldautomat/	*un bancomat/*
Post/	*la posta/*
Polizei?	*la polizia?*
Bitte, wo ist …	*Scusi, dov'è …*
der Hauptbahnhof/	*la stazione centrale/*
der Busbahnhof/	*la stazione autolinee/*
der Flughafen?	*l'aeroporto?*
Wo finde ich …	*Dove si trova …*
eine Bäckerei/	*un panificio/*
Fotoartikel/	*gli articoli fotografici*
ein Kaufhaus/	*un grande magazzino/*
ein Lebensmittel-geschäft/	*un negozio di alimentari/*
den Markt?	*il mercato?*
Ist das der Weg/ die Straße nach …?	*È questa la strada per ….?*
Ich möchte mit …	*Vorrei andare …*
dem Zug/	*col treno/*
dem Schiff/	*colla nave/*
der Fähre/	*col traghetto/*
dem Flugzeug	*col aereo*
nach … fahren.	*a …*
Gilt dieser Preis für Hin- und Rückfahrt?	*È la tariffa di andata e ritorno?*
Wie lange gilt das Ticket?	*Fino a quando è valido il biglietto?*
Wo ist das Fremden-verkehrsamt/	*Dov'è l'Ufficio per il turismo/*
ein Reisebüro?	*un'agenzia viaggi?*
Ich suche eine Hotelunterkunft.	*Cerco un albergo.*
Wo kann ich mein Gepäck lassen?	*Dove posso deposi-tare i miei bagagli?*
Ich habe meinen Koffer verloren.	*Ho perso la mia valigia.*
Ich möchte eine Anzeige erstatten.	*Vorrei fare una denuncia.*
Man hat mir …	*Mi hanno rubato …*
Geld/die Tasche/	*i soldi/la borsa/*
die Papiere/	*i documenti/*
die Schlüssel/	*le chiavi/*
den Fotoapparat/	*la macchina foto-grafica/*
den Koffer/	*la valigia/*
das Fahrrad gestohlen.	*la bicicletta.*

Freizeit

Ich möchte ein …	*Vorrei noleggiare …*
Fahrrad/	*una bicicletta/*
Motorrad/	*un moto/*
Surfbrett/	*una tavola da surf/*
Mountainbike/	*un mountain bike/*
Boot/	*una barca/*
Pferd mieten.	*un cavallo.*
Gibt es in der Nähe ein(en) …	*Dove si trova nelle vicinanze …*
Freizeitpark/	*un parco di divertimento/*
Freibad/	*una piscina pubblica/*
Golfplatz/	*un campo di golf/*
Strand?	*una spiaggia?*
Wann hat … geöffnet?	*Quando è aperto (aperta) …?*

Bank, Post, Telefon

Brauchen Sie meinen Ausweis?	*Vuole vedere i miei documenti?*
Wo soll ich unterschreiben?	*Dove debbo firmare?*
Ich möchte eine Telefon-verbindung nach …	*Vorrei un colle-gamento telefonico con …*
Wie lautet die Vorwahl für …?	*Qual è il prefisso per …?*
Wo gibt es …	*Dove trovo …*
Telefonkarten/	*le schede telefoniche/*
Briefmarken?	*i francobolli?*

Tankstelle

Wo ist die nächste Tankstelle?	*Dov'è la stazione di servizio più vicina?*

Hinweise zur Aussprache

c, cc	vor ›e‹ und ›i‹ wie ›tsch‹, Bsp.: **ci**ao; sonst wie ›k‹, Bsp.: **co**me
ch, cch	wie ›k‹, Bsp.: **ch**e, **ch**ilo
g, gg	vor ›e‹ und ›i‹ wie ›dsch‹, Bsp.: **ge**nte; sonst wie ›g‹, Bsp.: **go**la
gli	wie ›Lilie‹, Bsp.: fi**gli**o
gn	wie ›Cognac‹, Bsp.: ba**gn**o
sc	vor ›e‹ und ›i‹ wie ›sch‹, Bsp.: **sci**opero; sonst wie ›sk‹, Bsp.: **sc**ala
sch	wie ›sk‹, Bsp.: I**sch**ia
sci	vor ›a,o,u‹ wie ›sch‹, Bsp.: la**sci**are
z	wie ›ds‹, Bsp.: **z**uppa

Ich möchte … Liter … Benzin/Super/Diesel.	*Vorrei … litri … di benzina/super/diesel.*
Volltanken, bitte.	*Faccia il pieno, per favore.*
Bitte prüfen Sie …	*Verifichi per favore …*
den Reifendruck/	*la pressione delle ruote/*
den Ölstand/	*il livello dell'olio/*
den Wasserstand/	*il livello dell'acqua/*
das Wasser für die Scheibenwischanlage/	*l'acqua per il tergicristallo/*
die Batterie.	*la batteria.*
Würden Sie bitte …	*Per favore, mi può …*
den Ölwechsel vornehmen/	*cambiare l'olio/*
den Radwechsel vornehmen/	*cambiare la ruota/*
die Sicherung austauschen/	*sostituire il fusibile/*
die Zündkerzen erneuern/	*sostituire le candele/*
die Zündung nachstellen.	*regolare l'accensione.*

Panne

Ich habe eine Panne.	*Ho un guasto.*
Der Motor startet nicht.	*La macchina non parte.*
Ich habe die Schlüssel im Wagen gelassen.	*Ho le chiavi in macchina.*
Ich habe kein Benzin/Diesel.	*Non ho più benzina/diesel.*
Gibt es hier in der Nähe eine Werkstatt?	*C'è un'officina qui vicino?*
Können Sie mein Auto abschleppen?	*Può effettuare il traino?*
Können Sie mir einen Abschleppwagen schicken?	*Mi potrebbe mandare un carro attrezzi?*
Können Sie den Wagen reparieren?	*Può riparare la mia macchina?*
Bis wann?	*Quando sarà pronta?*

Mietwagen

Ich möchte ein Auto mieten.	*Vorrei noleggiare una macchina.*
Was kostet die Miete …	*Quanto costa il noleggio …*
pro Tag/	*al giorno/*
pro Woche/	*alla settimana/*
mit unbegrenzter km-Zahl/	*senza limite chilometraggio/*
mit Kaskoversicherung/	*con assicurazione ›kasko‹/*
mit Kaution?	*con cauzione?*
Wo kann ich den Wagen zurückgeben?	*Dove posso restituire la macchina?*

Unfall

Hilfe!	*Aiuto!*
Achtung!/Vorsicht!	*Attenzione!*
Rufen Sie bitte schnell …	*Per favore, chiami subito …*
einen Krankenwagen/	*un'ambulanza/*
die Polizei/	*la polizia/*
die Feuerwehr.	*i vigili del fuoco.*
Es war (nicht) meine Schuld.	*(Non) È stata colpa mia.*
Geben Sie mir bitte Ihren Namen und Ihre Adresse.	*Mi dia il suo nome ed indirizzo, per favore.*
Ich brauche die Angaben zu Ihrer Autoversicherung.	*Mi dia i particolari della sua assicurazione auto.*

Krankheit

Können Sie mir einen guten Deutsch sprechenden Arzt/Zahnarzt empfehlen?	*Mi può consigliare un bravo medico/dentista che parla il tedesco?*
Wann hat er Sprechstunde?	*Qual è l'orario delle visite?*
Wo ist die nächste Apotheke?	*Dove si trova la farmacia più vicina?*
Ich brauche ein Mittel gegen …	*Vorrei qualcosa contro …*
Durchfall/	*la diarrea/*
Halsschmerzen/	*mal di gola/*
Fieber/	*la febbre/*
Insektenstiche/	*le punture d'insetti/*
Kopfschmerzen	*mal di testa*
Verstopfung/	*la costipazione/*
Zahnschmerzen	*mal di denti.*

Hotel

Können Sie mir bitte ein Hotel/eine Pension empfehlen?	*Potrebbe consigliarmi un albergo/una pensione, per favore?*
Ich habe bei Ihnen ein Zimmer reserviert.	*Ho prenotato una camera.*
Haben Sie ein Einzel-/Doppelzimmer …	*Ha una camera singola/doppia …*
mit Dusche/	*con doccia/*
mit Bad/WC/	*con bagno/toilette/*
für eine Nacht/	*per una notte/*
für eine Woche/	*per una settimana/*
mit Blick aufs Meer?	*con vista sul mare?*
Was kostet das Zimmer …	*Quanto costa una camera …*
mit Frühstück/	*con prima colazione/*

mit Halbpension/	*con mezza pensione/*
mit Vollpension?	*con pensione completa?*
Wie lange gibt es Frühstück?	*Fino a che ora viene servita la colazione?*
Ich möchte um … Uhr geweckt werden.	*Vorrei essere svegliato alle ore …*
Ich reise heute Abend/ morgen früh ab.	*Vorrei partire questa sera/ domani mattina.*
Haben Sie ein Fax/ einen Hotelsafe?	*Ha un fax/una cassetta di sicurezza?*
Kann ich mit Kreditkarte zahlen?	*Posso pagare con la carta di credito?*

Restaurant

Ich suche ein gutes/günstiges Restaurant.	*Cerco un buon ristorante/ un ristorante non troppo caro.*
Die Speisekarte/ Getränkekarte, bitte.	*Vorrei la carta/ la lista delle bevande, per favore.*
Welches Gericht können Sie besonders empfehlen?	*Quale piatto mi può consigliare?*
Ich möchte das Tagesgericht/ das Menü (zu …).	*Vorrei il piatto del giorno/ il menù (da …).*
Ich möchte nur eine Kleinigkeit essen.	*Vorrei uno spuntino.*
Haben Sie … vegetarische Gerichte/ offenen Wein/ alkoholfreie Getränke?	*Ha dei … piatti vegetariani/ vini della casa/ analcolici?*
Kann ich bitte … ein Messer/ eine Gabel/ einen Löffel haben?	*Vorrei avere … un coltello/ una forchetta/ un cucchiaio.*
Darf man rauchen?	*Si può fumare?*
Die Rechnung/ Bezahlen bitte!	*Vorrei il conto, per favore!*

Essen und Trinken

Abendessen	*cena*
Apfel	*mela*
Artischoken	*carciofi*
Auberginen	*melanzane*
Bier	*birra*
Brot/Brötchen	*pane/panino*
Butter	*burro*
Ei (Eier)	*uovo (uova)*
Ente	*anitra*
Erdbeeren	*fragole*
Espresso (mit Milch)	*caffè (macchiato)*
Essig	*aceto*
Feigen	*fichi*
Fisch	*pesce*
Flasche	*bottiglia*
Fleisch	*carne*
Fruchtsaft	*succo di frutta*
Frühstück	*prima colazione*
gegrillt	*ai ferri/alla griglia*
Gemüse	*verdura*
Glas	*bicchiere*
Huhn	*pollo*
Kalbfleisch	*vitello*
Kalbshaxenscheibe	*ossobuco*
Kaninchen	*coniglio*
Kartoffeln	*patate*
Käse	*formaggio*
Knoblauch	*aglio*
Kotlett	*costoletta*
Krabben	*gamberetti*
Lamm	*agnello*
Languste	*aragosta*
Maisgericht	*polenta*
Meeresfrüchte	*frutti di mare*
Miesmuscheln	*cozze*
Milch mit einem Schuss Espresso	*latte macchiato*
Milchkaffee	*caffellatte*
Mineralwasser (mit/ ohne Kohlensäure)	*acqua minerale (con/senza gas)*
Mittagessen	*pranzo*
Nachspeise	*dolce*
Obst	*frutta*
Öl	*olio*
Orange	*arancia*
Parmesankäse	*parmigiano*
Pfeffer	*pepe*
Pfirsich	*pesca*
Pilze	*funghi*
Reisbällchen, gefüllt	*arancine*
Rindfleisch	*carne di manzo*
Salat	*insalata*
Salz	*sale*
Schafskäse	*ricotta*
Schinken	*prosciutto*
Schweinefleisch	*maiale*
Spinat	*spinaci*
Steak	*bistecca*
Suppe	*minestra/zuppa*
Tee	*té*
Thunfisch	*tonno*
Tintenfische	*polpetti*
Tomaten	*pomodori*
Venusmuscheln	*vongole*
Vorspeisen	*antipasti*
Wein, Weiß-/ Rot-/ Rosé-Wein	*vino bianco/ rosso/ rosato*
Weintrauben	*uva*
Zucker	*zucchero*
Zwiebeln	*cipolle*

Register

Impressum

Lektorat: Dagmar Walden
Bildredaktion: Johannes Graf von Preysing, Dagmar Walden
Aktualisierung: Astrid Rohmfeld
Karten: Computerkartographie Carrle, München
Reproduktion: eurocrom 4, Villorba/Italien
Druck, Bindung: Ebner & Spiegel, Ulm
Printed in Germany

ISBN 978-3-89905-458-3
ISBN 978-3-89905-541-2 Reiseführer Plus

Gedruckt auf chlorfrei gebleichtem Papier

Neu bearbeitete Auflage 2007
 Die Daten und Fakten für dieses Werk wurden mit äußerster Sorgfalt recherchiert und geprüft. Wir weisen jedoch darauf hin, dass diese Angaben häufig Veränderungen unterworfen sind und inhaltliche Fehler oder Auslassungen nicht völlig auszuschließen sind. Für eventuelle Fehler können die Autoren, der Verlag und seine Mitarbeiter keinerlei Verpflichtung und Haftung übernehmen.

Bildnachweis

Umschlag-Vorderseite: Badefreuden in Numana an der Riviera del Conero. *Foto: Rainer Hackenberg, Köln*
Umschlag-Vorderseite Reiseführer Plus: Strandvergnügen in Sirolo. *Foto: Hanna Wagner, Wörth*

Titelseite:
Oben: Sand, Meer und Sonnenschirme in San Benedetto del Tronto (Wh. von S. 115)
Mitte: Mittelalterliche Mauern auf sanften Hügeln – Civitanova Marche (Wh. von S. 114)
Unten: Venezianische Prachtentfaltung – Votivkirche Santa Maria della Salute (Wh. von S. 31)

AKG photo, Berlin: 23, 26, 30, 64 (oben), 67, 81 (oben), 83 (oben), 84 – *dpa Picture Alliance, Frankfurt/Main:* 61 (Hedda Eid) – *Bildagentur Huber, Garmisch-Partenkirchen:* 40 (Joe Murador), 81 unten (Guido Baviera), 115 (Massimo Ripani), 107 (Simeone) – *Franz Marc Frei, München:* 24 (unten) – *Rainer Hackenberg, Köln:* 6, 7 (oben), 8 (oben), 9 (oben), 10 (2), 10/11, 16/17, 18/19, 21, 22, 29, 32 (oben), 33, 34 (oben), 35, 36/37, 39, 42, 43, 44, 47, 52, 53, 55, 56, 58, 59, 66, 69, 73, 76, 77, 78, 79, 82, 83 (unten), 85 (2), 86, 87, 89, 94, 96, 97, 100 (2), 101, 102 unten, 103, 104, 105, 106 (2), 109 (2), 110, 111, 112, 114, 117, 118, 119, 121, 123, 124 links sowie Mitte und unten rechts – *Horst Herzig, Groß-Gerau:* 8 (unten), 9 (unten), 34 (unten), 60 (unten), 68, 113 – *Tina Herzig, Groß-Gerau:* 32 (unten), 129 – *Gerold Jung, Ottobrunn:* 45, 46 (2), 48, 49, 50, 57, 63, 70 – *Look, München:* 116 (Ingolf Pompe) – *Silvestris Fotoservice, Kastl:* 74 (oben), 98/99 – *Süddeutscher Verlag, Bilderdienst, München:* 12, 13 (unten), 15 (2) – *Klaus Thiele, Warburg:* 11 (Mitte), 102 oben – *Martin Thomas, Aachen:* 31, 64 (unten), 65, 74 (unten), 75 – *Sandro Vannini, Viterbo:* 5, 24/25, 91, 124 (oben rechts) – *Harald Walden, Düsseldorf:* 38 – *Hanna Wagner, Wörth:* 128, 130 – *Ernst Wrba, Sulzbach/Taunus:* 7 (unten), 27, 28, 90, 93, 95, 102 (oben)

ADAC
reisemagazin
Reisen mit Lust und Laune.
ADAC reisemagazin BRETAGNE
Rau, aber herzlich
ADAC reisemagazin FLORIDA
Sonne, Sand & Sterne
ADAC reisemagazin MÜNCHEN
Die bewegte Stadt
ADAC reisemagazin ROM
Ewig schön, ewig jung
ADAC reisemagazin TOSKANA
Sanfte Hügel, süßes Leben
Die Reisemagazine vom ADAC gibt es für Städte, Länder und Regionen.
Alle zwei Monate neu.
ADAC reisemagazin TÜRKEI
Mehr erleben
ADAC reisemagazin VIETNAM
LAOS & KAMBODSCHA
Stop-over zwischen den Zeiten
ADAC reisemagazin WIEN
Glanzvoller Auftritt
www.adac.de/reisemagazin

Le Vaglie
CLASSICO